KB164234

하드씽

2014년에 출간된 《하드씽》의 개정판입니다.

경영의 난제를 푸는 최선의 한 수

THE HARD THING

하드씽

벤 호로위츠 지음

안진환 옮김

ABOUT HARD THINGS

한국경제신문

THE HARD

THING

ABOUT

HARD THINGS

비즈니스 세계에 공식 같은 건 없다

> 이것이 진짜 세상이야, 친구, 학교는 끝났어.
> 그들이 네 꿈을 훔쳐갔어, 너는 누가 그랬는지 모르지.
>
> 카니예 웨스트(Kanye West)의 〈고저스(Gorgeous)〉

경제경영서나 자기계발서를 읽을 때마다 나는 이렇게 중얼거리곤 한다. "그래, 무슨 소린지 알겠는데, 진짜 어려운 문제는 그게 아니잖아."

비즈니스에서 '난제'란 크고 대담한 목표를 세우는 게 아니다. 바로 그런 목표가 실패로 돌아갔을 때 직원들을 해고하는 일이다. 훌륭한 인재를 영입하는 게 아니라, 그들이 권리의식을 키우며 지나친 요구를 늘어놓는 것에 대처하는 일이다. 회사의 조직도를 마련하는 일이 아니라, 그렇게 구성해놓은 조직 내에서 사람들이 서로 의사소통하게 만드는 일이다. 원대한 꿈을 갖는 게 아니라, 그 꿈이 악몽으로 변했을 때 식은땀을 흘리며 깨어나 해답을 찾는 일이다.

시중에 출간된 책들의 문제점은, 공식 같은 비법이 있을 수 없는 난제에 공식을 제공하려 시도하는 데 있다. 진정으로 복잡하고 역동적인 상황에 대응하는 공식은 없다. 첨단 기술 기업을 세우는 공식은 없다. 노래를 연속으로 히트시키는 공식은 없다. NFL(미국 프로미식축구 연맹) 쿼터백이 되는 공식은 없다. 대통령에 출마하는 공식은 없다. 사업이 망가지는 상황에서 직원들에게 동기를 부여하는 공식은 없다. 하지만 복잡하고 힘든 상황을 조금은 수월하게 만드는 데 도움이 되는 경험칙과 조언은 적잖이 있을 수 있다.

그래서 이 책에는 공식 같은 건 없다. 대신에 비즈니스 현장에서 내가 직접 겪었던 갖은 어려움과 그것을 이겨낸 방법을 소개하려 한다. 나는 직장생활도 했고, 사업가로 뛰기도 했으며, CEO(chief executive officer, 최고경영자)로 일하기도 했다. 지금은 벤처캐피털리스트로 활동하고 있다. 이 모든 과정에서 직접 경험하며 얻은 교훈들은 그 무엇과도 바꿀 수 없을 정도로 귀중하고 유용한 자산이다.

　나는 이 교훈들이 새로운 세대의 창업자 겸 CEO들에게 특히 유용할 것이라고 생각한다. 회사를 설립해 키워나가는 일은 힘든 시기를 수반할 수밖에 없다. 나 역시 그런 과정에 참여해봤고, 힘들고 모진 시기를 겪어왔다. 상황은 다를지언정 어려움의 근본적인 부분과 그에 필요한 교훈은 일맥상통할 것이다.

몇 년 전부터 나는 나만의 교훈을 요약해 블로그에 포스팅하기 시작했다. 지금까지 내 블로그에 와서 글을 읽은 독자들이 수백만 명에 달한다. 그들 중 많은 사람들이 깊은 관심을 보이며, 그 교훈의 배경이 되는 이야기를 알고 싶다고 전해왔다. 이 책은 바로 그런 요청에 대한 최초의 공식 답변이다. 이 책의 목적은 블로그에 올린 교훈을 포함해 내가 쌓은 모든 교훈을 밝히고 그 배경 이야기를 소개하는 데 있다. 더불어, 인생 전반에 걸쳐 친구, 조언자, 가족들로부터 받은 도움과 힙합, 랩 음악으로부터 얻은 영감도 공유하려 한다.

비즈니스와 힙합이 무슨 연광성이 있냐는 생각이 들지도 모르겠지만, 전혀 그렇지 않다. 힙합 아티스트들만큼 위대해지길 꿈꾸고, 성공하길 열망하는 부류도 없다. 그들은 스스로를 사업가로 여긴다. 경쟁, 돈벌이, 부당한 오해 등 그들이 가사로 다루는 주제에는 비즈니스의 여러 난제에 대한 날카로운 통찰력이 담겨 있다. 아무쪼록 무에서 유를 창출하려 애쓰는 모든 이에게 나의 경험과 교훈이 문제해결의 실마리와 영감을 제공하게 되길 바란다.

벤 호로위츠

THE HARD THING

차례

THE HARD THING

1장

수줍은 꼬마 울보에서
용감무쌍한 벤처캐피털리스트로

ABOUT HARD THINGS

통념을 따르고 지름길에 의존하는 것은
아무것도 알지 못하는 것보다 더 나쁠 수 있다.

여기 이게 내 아내와 내 아이
내가 살아온 인생에 대한 모든 거야.
밤새 나는 그의 것이었어, 그게 옳았어.
하지만 난 잘나갈 때도 있었고 못 나갈 때도 있었지
실수도 저질렀고 넘어지기도 했었지.
나의 시련과 고난, 나의 가슴, 나의 배짱.

DMX의 〈후 위 비(Who We Be)〉

얼마 전 집에서 바비큐 파티를 열었다. 친한 친구 100명 정도를 초대했다. 특별한 목적이 있었던 건 아니고, 종종 일상적으로 여는 파티 같은 거였다. 처남인 카튜(Cartheu)와 나는 벌써 수년째 바비큐 파티의 주인 노릇을 해왔고, 덕분에 고기 굽는 기술이 늘어 내 흑인 친구들은 나를 '바비큐계의 재키 로빈슨'이라 칭한다. 그렇다. 미국 최초의 흑인 메이저리거였던 그 로빈슨 말이다. 고기 굽는 실력으로 인종을 초월한 셈이다.

그날 바비큐 파티에서 이런저런 한담 끝에 화제가 위대한 래퍼 나스(Nas)에 대한 얘기로 옮겨갔다. 기업가로 활동하는 내 흑인 친구 트리스탄 워커(Tristan Walker)가 나스의 출신 지역이 자신이 관여한 주택

단지 사업지인 뉴욕의 퀸스브리지라고 자랑스럽게 말했다. 퀸스브리지는 미국에서 가장 규모가 컸던 공공주택 사업단지 중 하나라면서 말이다. 그때 갑자기 아버지가 끼어들며 말했다. "내 거기 퀸스브리지에 가본 적이 있다오." 일흔셋의 유대인, 그러니까 백인 노인이 퀸스브리지에 가봤을 리 없다고 확신한 트리스탄은 이렇게 받아쳤다. "퀸스브리지가 아니라 퀸스에 가보셨겠죠. 퀸스브리지는 극도로 거친 동네의 공공주택단지거든요." 아버지는 고개를 저었다. "아냐. 진짜로 퀸스브리지에 가봤다니까."

나는 트리스탄에게 우리 아버지가 퀸스 출신이라 혼동할 리 없다고 말했다. 그러고 나서 아버지에게 물었다. "근데 퀸스브리지에는 무슨 일로 가셨는데요?" 아버지는 이렇게 답했다. "공산주의 홍보 전단지를 돌리러 간 거야. 열일곱 살 때였는데 지금도 기억이 생생해. 왜냐하면 공산당에서 나한테 그런 일을 시켰다고 어머니께서 노발대발하셨거든. 어린 애한테 너무 위험한 일을 시켰다고 생각하신 거지."

조부모님은 실제로 정식 공산당원이었다. 열혈 당원이었던 할아버지 필 호로위츠(Phil Horowitz)는 매카시즘(McCarthyism, 1950년대 미국을 초토화시킨 공산주의 격퇴 열풍 – 옮긴이)의 거센 풍랑 속에서 교사직을 잃었다. 공산당원의 자식이었던 아버지는 당연히 좌파 철학을 주입받으며 성장했다. 아버지는 1968년 가족을 데리고 캘리포니아주 버클리로 이주해 그 유명한 신좌익 잡지 〈람파츠〉의 편집자가 됐다.

그래서 나는 거주민들이 애정을 담아 '버클리 인민공화국'이라 칭하는 도시에서 성장했다. 어린 시절 나는 믿을 수 없을 정도로 수줍음이 많았고, 특히 어른을 무서워했다. 어머니가 나를 유아원에 처음 데려간 날, 나는 도착한 순간부터 울기 시작했다. 유아원 선생님은 어머니에게 그냥 두고 가라며, 흔한 일이니까 걱정하지 말라고 당부했다. 하지만 그 말을 믿고 3시간 후에 돌아온 어머니 엘리사 호로위츠(Elissa Horowitz)는 흠뻑 젖은 채 여전히 울고 있는 나를 발견했다. 선생님은 내가 울음을 그치질 않아서 이렇게 옷이 흠뻑 젖게 됐다고 설명했다. 나는 그날로 유아원에서 쫓겨났다. 만약 어머니가 세상에서 가장 인내심이 강한 분이 아니었다면 나는 학교 문턱도 밟지 못했을 것이다. 주변에서 모두들 나를 정신과에 한번 데려가보라고 권했지만 어머니는 그저 참을성 있게 기다렸다. 얼마나 오래 걸리든 내가 세상을 편하게 받아들이게 될 때까지 무한한 애정으로 감싸며 말이다.

내가 다섯 살이었을 때 우리 가족은 글렌 애비뉴에 있던 침실 하나짜리 집(6인 가족이 살기에는 너무 비좁았다)에서 보니타 애비뉴의 보다 크고 넓은 집으로 이사했다. 보니타는 버클리 나름의 중산층 거주지였다. 중산층 동네라고 하면 흔히 떠오르는 이미지와는 다소 다른 면모를 지닌 동네였다는 의미다. 그 거리에는 히피와 미치광이들, 신분 상승을 위해 열심히 일하는 노동자 계층, 밑바닥 인생을 열망하듯 끝도 없이 약을 빨아대는 상류층 사람들이 뒤섞여 살았다.

하루는 친형 조너선(Jonathan)의 친구인 로저(가명)가 우리 집에 놀러왔다. 로저는 내게 한 블록 아래쪽을 보라며 손으로 가리켰다. 한 흑인 아이가 빨간색 자동차 운전석에 앉아 있었다. 로저는 내게 겁이 없음을 보여주라고 부추겼다. "저기 가서 저 놈에게 잠깐 타볼 테니 차를 내놓으라고 해봐. 그리고 만약 저 놈이 이런저런 핑계를 대거들랑 얼굴에다 침을 뱉고 '니거'(nigger, 깜둥이)라고 소리치는 거야."

먼저 분명히 짚고 넘어갈 사실이 있다. 첫 번째, 당시 우리가 살던 버클리에서는 누구도 그런 말을 입에 담지 않았다. 사실 나는 그 '니거'라는 단어를 들어본 적이 없어서 정확한 뜻도 몰랐다. 그저 찬사는 아닌 것으로 짐작했을 뿐이었다. 두 번째, 로저는 인종차별주의자도 아니었고, 열악한 가정환경에서 자라는 청소년도 아니었다. 그의 아버지는 버클리대학 교수였고, 양친 모두 세상에서 가장 친절한 사람이라 해도 과언이 아닐 정도로 좋은 분들이었다. 나중에 안 사실이지만 로저는 당시 정신분열증을 앓고 있었다. 그의 어두운 내면이 싸움을 구경하고 싶었던 것이다.

궁지에 몰린 기분이었다. 나는 로저가 무서웠다. 그의 지시를 따르지 않으면 분명 내게 한 방 날릴 것만 같았다. 한편 모르는 애한테 가서 차를 내놓으라고 할 일도 겁이 났다. 젠장, 모든 게 무섭고 겁이 났다. 나는 로저와 함께 서 있는 것 자체가 겁이 나서 차에 탄 그 아이를 향해 거리를 내려가기 시작했다. 30미터도 채 안 되는 거리가 마치 30킬로미터가 넘는 듯 느껴졌다.

마침내 도착은 했지만 거의 몸을 움직일 수 없을 정도로 얼어붙었다. 무슨 말을 해야 할지 떠오르질 않았다. 그래서 그냥 입을 열고 말을 하기 시작했다. "혹시 차 좀 태워줄 수 있니?" 이게 결국 내 입에서 나온 말이었다. "물론이지." 그 아이, 조엘 클락 주니어(Joel Clark Jr.)가 흔쾌히 응했다. 로저는 뭐 하고 있는지 궁금해서 돌아보니 사라지고 없었다. 분명 그의 밝은 내면이 지배력을 회복해 그를 다른 볼일로 데려갔을 터였다. 조엘과 나는 그날 하루 종일 함께 놀았고, 이후 우리는 가장 가까운 친구가 됐다. 그리고 18년 후 조엘은 나의 결혼식에 신랑 들러리로 참석했다.

지금 이 순간까지 나는 이 이야기를 누구에게도 한 적이 없다. 하지만 이 경험은 내 인생을 바꿔놓을 정도로 큰 영향을 미쳤다. 나는 이 사건을 계기로 겁을 먹는다는 것이 배짱이 없음을 의미하지는 않는다는 사실을 깨달았다. 내가 무엇을 하느냐, 즉 나의 행동이 중요한 것이었다. 영웅이 되느냐, 겁쟁이가 되느냐를 결정하는 것은 다름 아닌 행동이었다. 나는 지금도 종종 그날을 되새겨보는데, 그때마다 내가 했던 행동에 흡족해진다. 만약 그날 로저가 시키는 대로 했다면, 나는 최고의 친구를 만나지 못했을 것이다.

겉모습으로 뭔가를 판단하지 말라는 가르침을 또한 얻을 수 있었다. 사람이든 상황이든 사물이든 먼저 알기 위해 노력을 기울이기 전까지는 그에 대해 아무것도 모르는 것이다. 이러한 앎에는 지름길이 없다. 특히 직접 겪으며 얻는 지식이 그렇다. 통념을 따르고 지름길에 의존하는 것은 아무것도 알지 못하는 것보다 더 나쁠 수 있다.

"피똥 싸게 해주마"

그 후 나는 첫인상에 영향을 받거나 맹목적으로 인습에 얽매이지 않기 위해 노력을 기울였다. 내가 학창 시절을 보낸 버클리의 그 동네에서는 미식축구를 그다지 좋게 보지 않았다. 너무 군국주의적인 스포츠라는 이유에서였다. 그런 분위기 속에서 우등생으로 중학교를 마친 탓에 모두들 내가 버클리고등학교 미식축구팀에 들어가리라고는 상상조차 못 했다. 하지만 나는 고교 미식축구팀에 합류했고, 그 활동은 내게 한걸음 크게 도약하는 경험을 안겨줬다. 초중등 리그에서 뛰어본 적이 없었기 때문에 미식축구는 처음 접해보는 운동이었다. 그럼에도 불구하고 이전에 자동차 사건에서 터득한 교훈, 두려움을 다루는 방법에 대한 그 교훈이 크게 도움이 됐다. 고등학교 미식축구에서는 두려움을 다룰 줄 알면 75퍼센트는 먹고 들어가는 셈이기 때문이다.

나는 우리 팀의 헤드코치 치코 멘도사(Chico Mendosa)와 만난 첫 번째 팀 미팅을 결코 잊지 못한다. 멘도사 코치는 텍사스크리스천대학의 미식축구팀 혼드프록스(Horned Frogs)에서 선수로 뛴 적이 있는 나이 든 터프가이였다. 그는 우리를 세워놓고 다짜고짜 이렇게 퍼부었다. "너희들 중 일부는 뭐 그냥 대충 노는 덴 줄 알고 여기에 나올 것이다. 그런 놈들은 피똥을 싸게 될 거다. 그런 놈들은 개똥 같은 소리, 헛소리나 지껄이게 될 거고 개똥도 하는 일 없이 그냥 그 똥 유니폼 입고 똥폼만 잡고 싶게 될 거다. 만약 그렇게 되면 그다음은 어떻게 되는지 아나? 피똥을 싸게 될 거다."

그리고 나서 그는 결코 용인되지 않는 금지 사항을 자세히 들려줬다. "연습에 늦게 나와? 피똥을 싸게 될 거다. 부딪치길 피해? 피똥을 싸게 될 거다. 슬슬 걸어 다녀? 피똥을 싸게 될 거다. 날 치코라고 불러? 피똥을 싸게 해주마."

이것은 내가 그때까지 들어본 중 가장 강력하고 재미나고 시적인 연설이었다. 너무 맘에 들었다. 나는 집에 오자마자 어머니에게 그대로 들려줬다. 어머니는 기겁을 했지만 나는 여전히 재밌고 좋았다. 돌이켜보면, 그것은 리더십에 관한 내 인생 최초의 수업이었다. 전 국무

장관 콜린 파월(Colin Powell)은 리더십에 대해 누군가를 따라오게 만드는 능력, 호기심에서라도 따라오게 만드는 능력이라고 정의한 바 있다. 나는 정말로 멘도사 코치가 다음번에는 무슨 말을 할지 호기심이 일었다.

내가 미식축구팀에서 유일하게 수학 우수반에 드는 학생이었던 터라 나와 팀원들은 같이 듣는 수업이 별로 없었다. 결과적으로 나는 각기 상이한 세계관을 가진 아이들 집단을 옮겨 다니며 다중적인 사교 생활을 영위하게 됐다. 그러면서 나는 관점에 따라 세계의 모든 중요한 사건의 의미가 달라지는 걸 보고 놀라지 않을 수 없었다. 예를 들면, 런 디엠씨(Run D.M.C)의 앨범 〈하드 타임스〉가 나왔을 때, 그 끊임없는 베이스 드럼에 매료된 우리 미식축구 팀원들 사이에서는 광분이 일었지만 미적분학 수업을 같이 듣는 반에서는 잔물결조차 일지 않았다. 로널드 레이건(Ronald Reagan)의 전략 방위 구상은 그 미심쩍은 기술적 토대 때문에 어린 과학도들 사이에 격분을 야기했지만, 축구부원들 사이에서는 전혀 관심의 대상이 되질 않았다.

이렇게 서로 다른 프리즘을 통해 세상을 보면서 나는 인식과 사실을 구별하는 능력을 키웠다. 그리고 이 능력은 훗날 기업가와 CEO로 활동할 때 믿을 수 없을 만큼 많은 도움이 됐다. 특히 모종의 '사실들'이 특정 결과를 좌우하는 것처럼 보이는 긴박한 상황이 발생하면, 나는 근본적으로 다른 관점에서 오는 대안적인 내러티브와 설명을 찾아 내 관점을 정립하곤 했다. 타당성 있는 대안적 시나리오가 존재한다는 사실 자체가 종종 걱정에 휩싸인 직원들 사이에 희망의 불씨를 되살리는 데 필요한 유일한 해법이 될 수 있다.

'이 인간, 깡패잖아?'

1986년 여름, 나는 컬럼비아대학에서 2학년을 마치고 아버지 댁에 머물며 방학을 보냈다. 당시 아버지는 LA에 거주했다. 그 여름의 어느 날, 고교 미식축구팀에서 함께 뛰었던 친구 클로드 쇼(Claude Shaw)가 소개팅을 주선했다. 자신의 여자친구 재키 윌리엄스(Jackie Williams)의 친구인 펠리샤 와일리(Felicia Wiley)를 내게 소개시켜준다는 것이었다. 클로드와 나는 집에서 더블데이트를 즐길 요량으로 정성 들여 저녁 식사를 준비했다. 우리는 꼼꼼하게 계획을 세워 하루 종일 요리에 매달렸다. 스테이크도 근사하게 굽고 여러 가지 요리도 곁들였다. 그렇게 저녁 7시 데이트 시간에 딱 맞춰 완벽한 한 상을 차릴 수 있었다.

하지만 여자들이 나타나질 않았다. 1시간이 흘렀다. 아직 화를 내거나 뭐 그럴 상황은 아니라고 생각했다. 재키는 원래 늦게 나타나는 걸로 유명했던 터라 그냥 별 걱정 없이 기다렸다. 하지만 그렇게 또 1시간이 지났고, 클로드가 상황을 확인하기 위해 전화를 걸었다. 나는 이제 차갑게 식어버린 고급 음식들을 물끄러미 바라보며 둘의 통화 내용을 듣다가 충격에 휩싸였다. 내 소개팅 상대인 펠리샤가 너무 피곤해서 오늘은 그냥 집에서 쉬기로 했다는 내용이었다. 와우, 이 얼마나 무례한 태도인가! 불쾌함이 밀려왔다.

클로드에게 수화기를 건네달라고 했다. 먼저 내 소개를 했다. "안녕하세요. 벤입니다. 오늘 소개팅 하기로 한 상대 말이에요."

펠리샤 아, 미안해요. 근데 오늘 너무 피곤하고, 또 너무 시간도 늦었고….

나 그래요, 늦은 시간이네요. 그쪽이 늦는 바람에 이렇게 됐죠.

펠리샤 알아요. 하지만 그저 너무 피곤해서 거기에 갈 수 없는 거예요.

이 시점에서 나는 그녀의 감성에 호소해보기로 마음먹었다. 입장을 바꿔놓고 생각하게 하며 공감대를 형성하려는 의도였다.

나 그쪽이 곤란한 상황이라는 건 이해가 가요. 하지만 이런 얘기는 이제 와서가 아니라 우리가 하루 종일 요리하며 저녁을 준비하기 전에 했어야 한다고 생각해요. 지금 이 시점에서는 그쪽이 차를 타고 즉시 이곳으로 달려오는 것 말고는 달리 방도가 없습니다. 그렇지 않으면 무례하기 이를 데 없는 것은 물론이고, 우리에게 영원히 나쁜 인상을 남기게 될 겁니다.

만일 그녀가 완전히 자기중심적인 사람이라면(일단은 그렇게 보였다), 간청해봤자 아무 소용이 없을 것 같았다. 또 그렇다면 차라리 안 만나는 게 나한테 더 이로울 것 같았다. 하지만 그냥 이런 식으로 끝내길 원치 않는다면 그녀가 다른 반응을 보이지 않을까 싶었다.

펠리샤 알겠어요. 가볼게요.

1시간 반 후 그녀는 하얀 반바지에 최대한 예쁜 차림새로 모습을 드러냈다. 문제는 내 상태였다. 나는 소개팅에 대한 기대에 온통 정신이 팔린 나머지 그 전날 있었던 주먹다짐에 대해 까맣게 잊고 있었다. 샌 페르난도 밸리에서 길거리 농구시합을 하던 중에 거의 190센티미터에 달하는 키에 머리는 짧게 깎고 위장복 반바지를 입은, 남학생 사교 클럽 회원쯤으로 보이는 대학생 녀석이 친형인 조너선에게 농구공을 냅다 던졌던 것이다.

조너선은 당시 뮤지션으로 활동하던 터라 긴 머리에 70킬로그램 정도밖에 안 나가는 가냘픈 체구였다. 반면에 나는 미식축구와 싸움으로 단련된 몸이었고, 언제든 행동에 나설 준비가 돼 있었다. 첫 느낌으로 상황을 판단한 나는 그 녀석을 향해 돌진했다. 몸싸움이 이어졌다. 몇 대 제대로 때렸는데, 와중에 나도 왼쪽 눈 밑에 라이트훅을 한 방 맞고 피멍이 들었다. 어쩌면 녀석이 형을 집적대며 괴롭히려던 게 아니라 그저 심한 파울에 순간 화가 나 공을 던진 것일 수도 있었다. 하지만 이는 시간을 들여 상황을 파악하지 않았을 때 따르는 대가에 다름 아니다. 실상은 결코 알지 못하게 된다는 얘기다.

실상이 어떠했든, 내가 문을 열고 소개팅 상대 펠리샤를 맞이했을 때, 그녀의 예쁜 초록 눈은 즉시 내 눈 밑의 부푼 자국에 가서 꽂혔다. 나에 대한 그녀의 첫인상은 이랬다(물론 몇 년 후에 들은 얘기다). '이 인간 깡패잖아, 완전히 잘못 왔어!'

다행히도 우리 둘은 서로에 대한 첫인상에 의존하지 않았다. 벌써 25년째 행복한 결혼생활을 영위하며 멋진 아이들을 셋이나 두고 있다.

실리콘밸리에 발을 내딛다

대학 시절 어느 여름방학 동안, 나는 실리콘그래픽스(Silicon Graphics, SGI)라는 회사에서 엔지니어로 일자리를 얻었다. 이 경험은 황홀함 그 자체였다. 이 회사는 현대적인 컴퓨터 그래픽을 발명해 영화 〈터미네이터 2〉에서부터 비행 시뮬레이터에 이르는 완전히 새로운 차원의 애플리케이션에 동력을 제공하고 있었다. 머리가 비상한 사람들만 모인 집단이었다. 그들이 만드는 모든 것이 멋졌다. 남은 인생 전부를 SGI에서 일하며 보내고 싶을 정도였다.

컴퓨터공학 전공으로 대학과 대학원을 마친 후 나는 정식으로 SGI에 입사했다. 그곳에서 일한다는 것은 한마디로 꿈의 실현이었다. SGI에서 첫해를 보낸 후, 나는 이 회사의 마케팅 책임자 출신으로 새로운 스타트업을 경영하던 로젤리 부오나우로(Roselie Buonauro)를 만났다. 당시 SGI에서 일하던 딸에게서 나에 대해 듣고 나를 스카우트하기 위해 만나자고 했던 것이다. 로젤리는 무척이나 집요하게 설득했고, 결국 나는 그녀의 설득에 넘어가 넷랩스(NetLabs)로 직장을 옮겼다.

넷랩스 합류는 끔찍한 결정이었던 것으로 드러났다. 그 회사는 휴렛팩커드(Hewlett-Packard, HP) 경영진 출신으로, 더 중요하게는 로젤리의 남편인 앙드레 슈웨이저(Andre Schwager)가 운영하고 있었다. 앙드레와 로젤리는 벤처캐피털리스트들이 그 스타트업에 영입한 전문 경영팀이었다. 불행히도 그들은 제품이나 기술에 대해 거의 이해하는 바가 없었으며, 계속 회사를 이 미친 방향에서 저 미친 방향으로만 몰고 갔다. 그것을 보며 나는 처음으로 설립자가 회사를 운영하는 것의 중요성을 이해하기 시작했다.

설상가상으로 둘째 딸 마리아(Mariah)가 자폐증 진단을 받았다. 그런 상황에서 내가 스타트업에서 일하는 것은 우리 가족에게 끔찍한 부담으로 작용했다. 가정에 좀 더 시간을 할애해야 하는데 그럴 수가 없었기 때문이다.

몹시 더웠던 어느 날 아버지가 우리 집을 방문했다. 당시 우리는 에어컨을 들여놓을 처지가 안 돼서 아버지와 나는 세 아이가 울고불고 하는 가운데 40도가 넘는 폭염 속에서 땀을 뻘뻘 흘리며 앉아 있었다. 아버지는 나를 돌아보며 물었다.

"벤, 값싼 게 뭔지 아니?"

무슨 말씀을 하는 건지 전혀 감이 안 왔기에 그저 이렇게 답했다.

"아니요. 뭔데요?"

"꽃이다. 꽃이 정말 싸지. 값비싼 건 뭔지 아니?"

다시 나는 영문을 모르겠다는 듯 답했다. "아뇨. 뭔데요?"

아버지는 답했다. "이혼."

언뜻 들으면 농담 같았지만, 뼈가 있는 말이었다. 그 순간 더는 지체할 수 없는 상황임을 깨달았다. 내게 여유를 부릴 시간 따위는 없었다. 그때까지 나는 뭐든 진지하게 선택한 게 없었다. 마치 스스로 무한한 대역폭이라도 지닌 양 원하는 것은 모두 동시에 할 수 있다고 느끼고 있었다.

그러나 아버지의 농담은 불현듯 이런 식으로 계속 가다가는 가족을 잃을 수도 있다는 사실을 상기시켰다. 모든 것을 다 하려다가 가장 중요한 것에서 실패를 맛볼지도 몰랐다. 순전히 내 자신의 우선순위를 통해서만 세상을 보던 관점에 처음으로 변화가 일었다. 경력을 추구하며 모든 관심사도 좇고 가정도 잘 꾸려나갈 수 있을 것으로 생각했었다. 그래서 항상 내 자신을 제일 먼저 생각했었다. 가정에서든 조직에서든 그런 류의 사고방식은 문제를 안겨주기 십상이다. 나는 실로 깊은 곤경에 처해 있었다. 마음속으로는 늘 스스로 좋은 사람이고 이기적이지 않다고 믿었건만 내 행동은 그 반대로 움직이고 있었다. 이제 진정 어른이 돼야 할 시점이었다. 가장 중요한 것을 우선시해야 했다. 내 자신보다 내가 가장 아끼는 사람들을 먼저 배려해야 했다.

나는 다음 날 넷랩스를 그만두기로 결정했다. 로터스디벨롭먼트 (Lotus Development)에서 새 일자리를 찾았고, 더불어 가정생활을 원만하게 영위할 여유도 찾았다. 나는 내 자신에 대한 생각을 멈추고 가족에게 가장 좋은 선택이 무엇인지에 초점을 맞췄다. 비로소 내가 되고 싶은 사람이 돼가고 있었다.

인터넷의 미래, 넷스케이프

로터스에서 일하던 어느 날, 동료 하나가 나에게 모자이크(Mosaic)라는 새로운 제품을 보여줬다. 일리노이대학 학생들 몇 명이 개발한 제품으로, 본질적으로 인터넷에 사용하는 그래픽 기반의 인터페이스였다. 인터넷은 이전까지는 과학자들과 연구원들만 이용하는 기술이었다. 나는 놀라지 않을 수 없었다. 인터넷이 분명한 미래로 보였다. 그와 관계없는 일은 결국 시간 낭비인 셈이었다.

몇 달 후 넷스케이프(Netscape)라는 회사에 대한 기사를 읽었다. SGI

의 전 창업자인 짐 클락(Jim Clark)과 모자이크의 발명가인 마크 앤드리슨(Marc Andreessen)이 공동으로 설립한 회사라 했다. 나는 즉시 그곳에 지원을 해야겠다고 결심했다. 넷스케이프에서 일하는 친구에게 전화를 걸어 면접을 볼 수 있도록 주선해달라고 청했다. 면접은 순조롭게 진행됐다.

첫 번째 면접 자리에서 나는 제품관리팀의 모두를 만났다. 면접을 성공적으로 마쳤다고 생각하며 그날 저녁 집에 도착했는데, 펠리샤가 울고 있었다. 넷스케이프의 신입사원 모집 담당자가 내게 몇 가지 조언을 해주려고 집에 전화를 했다가 아내와 통화한 모양이었다. 휴대폰이 상용화되기 이전이었다. 그 담당자가 아내에게 내가 넷스케이프에서 일자리를 얻을 가능성이 별로 없다고 말했다고 했다. 거기서는 스탠퍼드나 하버드 MBA를 보유한 후보자를 물색 중이라는 이유였다. 펠리샤는 아무래도 내가 학교로 돌아가 관련 공부를 더 하는 게 낫지 않을까 생각했다. 하지만 아이가 셋이라는 점을 감안하면 그게 비현실적인 일임을 아는 아내였기에 눈물을 흘리고 있었던 것이다.

나는 아내에게 그 담당자는 관리자를 고용하는 담당이 아니라고 설명했다. 그리고 어쩌면 적절한 경영학 학위가 없음에도 나를 고려하고 있기에 전화한 건지도 모른다고 덧붙였다. 다음 날 그 고용 담당자가 다시 전화를 걸어와 공동창업자 겸 CTO(chief technology officer, 최고기술책임자)인 마크와 면접 일정이 잡혔다는 내용을 알려왔다. 마크는 당시 스물두 살이었다.

돌이켜 생각해보면 웹브라우저와 인터넷 둘 다 필연적인 것으로 생각하기가 쉽다. 하지만 마크의 작품이 없었다면 우리는 지금 매우 다른 세상에서 살고 있을 가능성이 높다. 당시에는 대부분의 사람이 인터넷은 과학자나 연구원들만 사용하는 것으로 믿었다. 인터넷은 너무 불가사의하고 불안정한 데다가 실제 비즈니스 니즈를 충족하기에는 너무 느린 것으로 여겨졌다. 심지어 세계 최초의 브라우저인 모자이크가 도입된 이후에조차 인터넷이 과학 공동체를 넘어서 중요한 의미를 갖게 될 거로 생각하는 사람이 거의 없었다. 특히 가장 중요한 기술 산업계 리더들마저도 그저 독점적 대안을 구축하느라 바쁠 뿐이었다. 오라클(Oracle)과 마이크로소프트(Microsoft) 등과 같은 업계의 유력 집단은 이른바 초고속정보통신망(Information Superhighway)을 향한 경쟁에 지배력을 행사하려는 열망으로 독점적 기술에만 매달렸다. 그들의 이야기는 비즈니스 언론의 상상력을 사로잡았다.

사실 그렇게 비논리적인 발상도 아니었다. 대부분의 기업들이 TCP/IP(인터넷을 위한 소프트웨어 기반 – 옮긴이)가 아닌, 애플토크(AppleTalk)나 넷바이오스(NetBIOS), SNA 등과 같은 독점적 네트워킹 프로토콜을 운용하고 있었기 때문이다. 1995년 11월까지만 해도 빌 게이츠(Bill Gates)는 자신이 쓴 책《미래로 가는 길》에서 마찰 없는 상거래 세상에서 모든 사업체와 소비자를 연결하는 네트워크인 초고속정보통신망이 인터넷의 논리적 계승자가 돼 미래를 지배하게 될 것이라고 예측했다. 게이츠는 나중에 그 언급을 초고속정보통신망에서 인터넷으로 바꿨지만, 어쨌든 그의 오리지널 비전은 독점적 네트워크에 꽂혀 있었다.

이러한 독점 중심 비전의 결과는 사업체나 소비자에게 결코 이롭지 않았다. 빌 게이츠와 래리 엘리슨(Larry Ellison) 같은 선지자들은 초고속정보통신망을 소유한 기업들이, 당시 마이크로소프트의 CTO였던 네이선 미어볼드(Nathan Myhrvold)의 표현을 빌리자면 '수수료'를 부과함으로써 모든 트랜잭션(transaction)에 세금을 물리는 그림을 그리고 있었다.

당시 독점적 초고속정보통신망이 떨치던 위세는 실로 대단했다. 모자이크를 내놓은 이후 심지어 마크와 공동창업자 클락조차도 처음에는 인터넷이 아닌 독점적 초고속정보통신망을 토대로 비디오를 배포하는 사업을 구상했을 정도다. 그 계획을 한참 추진한 뒤에야 비로소 그들은 브라우저의 안전성, 기능성, 편의성을 개선하면 인터넷을 미래의 네트워크로 만들 수 있다는 데에 생각이 미쳤다. 그리고 그것이 넷스케이프의 사명이 됐다. 그들은 그 사명을 진정 멋들어지게 완수해 냈다.

마크와의 면접은 전에 경험해본 어떤 취업 면접과도 달랐다. 그는 이력이나 경력, 근무 습관 등에 대한 질문은 하나도 하지 않았다. 대신이메일과 협업 소프트웨어의 역사 그리고 미래 전망 등에 관해 현란한 질문을 쏟아냈다. 그런 주제라면 내가 전문가였다. 지난 몇 년을 그 범주의 선도적 제품들을 연구하며 보냈기 때문이었다. 어쨌든 스물두 살짜리가 토해내는 컴퓨터 산업사에 대한 해박한 지식에는 놀라움을 금할 수 없었다. 그동안 컴퓨터 분야에서 일하며 젊고 똑똑한 친구들을 많이 만나봤지만 이렇게 젊은 기술사학자는 처음이었다. 마크의 지능과 본능은 나를 당황케 할 정도였다. 역사에만 해박한 게 아니었다. 복제와 관련된 기술에 대한 통찰력도 예리하기 이를 데 없었다. 면접이 끝난 후, 나는 형에게 전화해서 방금 마크 앤드리슨과 면접을 봤는데 내가 만난 가장 똑똑한 사람인 것 같다고 말했다.

일주일 후, 나는 그 일자리를 얻었다. 감격에 몸이 떨려왔다. 조건은 아무 상관이 없었다. 마크와 넷스케이프가 세상을 바꿀 것임을 알았기 때문이다. 난 그런 일에 일조하고 싶을 뿐이었다. 하루라도 빨리 출근하고 싶을 뿐이었다.

넷스케이프에서 나는 그들의 엔터프라이즈 웹서버 제품라인을 책임지게 됐다. 그 라인은 1,200달러짜리 일반 웹서버와 5,000달러짜리 보안 웹서버, 이렇게 두 제품으로 구성돼 있었다. 보안 웹서버는 넷스케이프가 개발한 보안소켓계층(SSL)이라는 최신 보안 프로토콜을 포함했다. 내가 합류한 시점에 웹서버 라인에서 일하는 엔지니어는 롭 맥쿨(Rob MaCool)과 그의 쌍둥이 형제 마이크(Mike), 단둘이었다. 롭은 NCSA 웹서버를 개발한 인물이었다. 1995년 8월 넷스케이프가 상장할 무렵, 우리 웹서버팀은 9명의 엔지니어로 인원이 늘어나 있었다.

넷스케이프의 기업공개(IPO)는 역사에 남을 장관을 이뤘다. 주가는 처음에는 주당 14달러로 책정됐다가 공모 직전에 2배로 올려 주당 28달러로 결정됐다. 첫날 주가는 1일 상승폭으로는 거의 기록 갱신에 가깝게 올라 주당 75달러까지 치솟았다가 58달러로 마감했다. 그리하여 넷스케이프는 기업공개 당일에 30억 달러에 육박하는 시장가치를 갖는 기업이 됐다. 이 기업공개의 의미는 거기서 그치는 게 아니었다. 비즈니스 세계의 지각변동을 알리는 신호였다. 내 친구이자 투자은행가인 프랭크 쿠트론(Frank Quattrone)은 당시 이렇게 말했다. "어느 누구도 손주들에게 이것을 놓쳤다고 말하고 싶지 않을 것이다."

이 거래는 모든 것을 바꿔놓았다. 마이크로소프트는 창업하고 10여 년을 기다린 끝에 기업공개를 단행했다. 하지만 우리는 사업을 시작한 지 16개월밖에 안 되는 회사였다. 이후 기업들은 '신경제'와 '구경제'로 구분되기 시작했다. 그리고 물론 신경제가 승리의 개가를 올리고 있었다. 〈뉴욕타임스〉는 넷스케이프 기업공개를 '세상을 뒤흔든' 사건으로 기록했다.

그러나 금세 우리의 갑옷에 균열이 생기기 시작했다. 마이크로소프트가 곧 출시할 획기적인 운영체제인 윈도95 버전에 자사의 브라우저인 인터넷 익스플로러를 번들로 묶어 무료로 제공할 것이라고 발표한 것이다. 이는 넷스케이프에 막대한 문제를 안겼다. 회사 수익의 거의 모든 부분이 브라우저 판매에서 발생하고 있었고, 마이크로소프트가 운영체제 시장의 90퍼센트 이상을 점유하고 있었기 때문이다. 투자자들에 대한 우리의 대답은 "우리는 웹서버에서 돈을 벌 테니 걱정하지 말라"는 것이었다.

두 달 후, 마이크로소프트에서 곧 본격적으로 시판할 웹서버인 인터넷정보서버(IIS)의 초기 견본품을 입수했다. 우리는 IIS를 해체해보고, 그것이 우리 제품이 지닌 모든 기능을 지녔으며 우리의 고급 제품에만 들어가는 보안 기능까지 갖춘 데다가 속도는 5배나 빠르다는 사실을 확인했다. 낭패가 아닐 수 없었다. 마이크로소프트가 IIS를 출시하기까지 약 5개월 정도 남았다는 계산이 나왔다. 나는 그 안에 문제를 해결하지 못하면 우리가 끝장나기 십상이라는 생각이 들었다. '구경제'에서는 제품주기가 완료되는 데 통상 18개월이 걸렸다. 5개월이라면 '신경제'에서조차 예외적으로 짧은 시간이었다. 그래서 나는 우리 부서의 책임자인 마이크 호머(Mike Homer)를 찾아갔다.

마이크는 사내에서 마크를 제외한 나머지 중 가장 주목할 만한 창의적 인물이었다. 게다가 상황이 나빠질수록 더욱 강인한 힘을 발휘하는 인물이었다. 특히 잔인한 경쟁적 공격을 받을 때면 대부분의 경영진은 언론을 피해 숨기 마련이었지만 마이크는 항상 전면에 나서서 포화를 상대했다. 마이크로소프트가 그 유명한 '포옹 및 확장' 전략을 전개했을 때에도, 마이크는 밖에서 걸려오는 모든 전화를 다 받았다. 때로는 양손에 수화기를 하나씩 들고 2명의 기자를 동시에 상대하기도 했다. 그는 최후의 전사였다.

마이크와 나는 이후 수개월 동안 마이크로소프트의 위협에 대한 포괄적인 대응책을 도출하고자 개발 작업에 매진했다. 저들이 '우리의 제품'을 공짜로 줘버린다면 우리는 고가인 데다가 독점까지 유지하던 마이크로소프트 백오피스(BackOffice) 제품라인에 타격을 가한다는 작전이었다. 헐값의 개방형 대체품을 제공함으로써 말이다.

그다음으로 우리는 두 회사를 인수했다. 이를 통해 우리는 마이크로소프트 익스체인지(Exchange)와 겨룰 수 있는 대체품을 확보했다. 그러고 나서 데이터베이스 회사 인포믹스(Infomix)와 획기적인 거래를 성사시켰다. 인포믹스에서 우리에게 카피당 50달러에 웹을 통한 관계형 데이터베이스 접속을 무제한으로 제공한다는 내용의 계약이었다. 이는 문자 그대로 마이크로소프트에서 부과하는 금액에 비하면 수백분의 1에 해당했다. 그렇게 전체 패키지를 준비하고 나자 마이크가 거기에 넷스케이프 스위트스팟(SuiteSpot)이라는 이름을 붙였다. 마이크로소프트의 백오피스를 대체할 '스위트'(suite), 즉 세트가 된다는 의미였다. 우리는 1996년 3월 5일 뉴욕에서부터 출시한다는 계획에 따라 만반의 준비를 갖췄다.

그런데 출시 2주를 앞둔 시점에서 마크가 마이크나 나에게 아무런 말도 하지 않은 채 〈컴퓨터릴리스뉴스〉라는 업계 전문지에 우리의 모든 전략을 소상히 밝혔다. 그 기사를 보자마자 나는 화가 치밀어올라 즉시 그에게 이메일을 보냈다.

> 보내는 사람: 벤 호로위츠
> 받는 사람: 마크 앤드리슨
> 참조: 마이크 호머
> 제목: 출시
>
> 그러니까 3월 5일까지 기다리지 말고 출시를 앞당기자는 얘기겠지요.
> 벤

15분이 채 안 돼서 답신이 날아왔다.

> 보내는 사람: 마크 앤드리슨
> 받는 사람: 벤 호로위츠
> 참조: 마이크 호머, 짐 박스데일(CEO), 짐 클락(회장)
> 제목: Re: 출시

당신은 분명 상황이 얼마나 심각한지 이해하지 못하고 있는 것 같군요. 우리는 지금 시장에서 짓밟히고 짓밟히고 또 짓밟히고 있단 말입니다. 현재 제품은 경쟁 제품에 비해 형편없기 그지없어요. 그 때문에 나는 지난 수개월간 할 말이 없었고, 그러는 동안 우리의 시가총액은 30억 달러나 빠졌소. 이제 회사 전체가 날아갈 판국이고 이 모든 게 서버 제품관리자들의 책임이란 말이오.

다음번에는 당신이 직접 염병할 인터뷰를 하시오.

엿이나 드쇼.

마크

내가 이 이메일을 받은 날은 공교롭게도 맨발의 마크가 왕좌에 앉은 모습이 〈타임〉 표지에 실린 날이었다. 표지를 처음 본 순간에는 몸에 전율이 일 정도의 흥분을 느꼈다. 내가 아는 사람을 〈타임〉 표지에서 만나는 첫 경험이었기 때문이었다. 하지만 나는 곧 메스꺼움을 느꼈다. 이메일 출력본과 〈타임〉 잡지, 2개를 모두 들고 집에 와서 아내에게 보여줬다. 가까운 사람의 의견을 듣고 싶어서였다. 나는 몹시 걱정스러웠다. 스물아홉 나이에 아내와 애 셋이 딸린 나는 일자리가 있어야 했다. 펠리샤는 이메일과 잡지를 번갈아 보더니 이렇게 말했다. "당장 다른 일자리를 알아봐야 되겠네요."

하지만 나는 해고당하지 않았고, 다음 2년 동안에 스위트스팟은 무(無)에서 연 4억 달러의 수익을 창출하는 사업으로 성장했다. 더 충격적인 것은 마크와 내가 결국 친구가 됐다는 사실이다. 그 후 우리는 오늘날까지 친구이자 사업파트너로 잘 지내고 있다.

사람들은 종종 어떻게 그와 내가 18년에 걸쳐 세 회사를 거치며 계속 효과적으로 함께 일하는 관계를 유지할 수 있었는지 묻는다. 사업상의 관계는 대부분 너무 신경이 날카로워져 서로를 참아낼 수 없게 되거나 아니면 일정 기간 후에는 너무 긴장이 풀어져 생산적인 것과 거리가 멀어지기 마련이다. 서로 염증을 느낄 때까지 상대를 몰아붙이거나 상대의 피드백에 안주해 더 이상 관계에서 아무런 이익도 얻지 못하게 된다는 얘기다. 마크와 나의 경우는 18년이 흐른 지금에도 거의 일상적으로 상대의 사고에서 잘못된 무언가를 찾아냄으로써 속상하게 하거나 당황하게 만드는 관계다. 내 생각엔 서로에게 도움이 되는 관계인 것 같다.

새로운 회사를 출범하다

마이크로소프트는 운영체제 독점의 이점을 활용해 넷스케이프와 경쟁하는 모든 제품군에서 무료 제품을 지원하며 총공세를 펼쳤다. 결국 1998년 말 마이크로소프트의 공세에 압도당한 우리는 회사를 아메리카온라인(America On Line, AOL)에 팔았다. 단기적으로 보면 이는 분명 마이크로소프트의 대승이었다. 가장 위협적인 경쟁자를 훨씬 약한 경쟁 상대의 한 부문으로 전락시킨 셈이었기 때문이다.

하지만 장기적인 면에서는 그렇게만 볼 수 없었다. 넷스케이프가 마이크로소프트의 컴퓨팅업계 거점에 회복할 수 없는 피해를 안겼기 때문이다. 우리의 노력으로 인해 개발자들이 마이크로소프트의 독점적 플랫폼인 윈도 애플리케이션 프로그램 인터페이스(Win32 API)에서 벗어나 인터넷으로 옮겨갔다는 얘기다. 컴퓨터를 위한 새로운 기능을 개발하는 사람들은 이제 더 이상 마이크로소프트의 독점적 플랫폼을 기반으로 프로그램을 작성하지 않았다. 대신에 그들은 인터넷과 월드와이드웹 표준 인터페이스를 기반으로 프로그램을 작성하기 시작했다. 이렇게 마이크로소프트가 개발자들에 대한 장악력을 상실하자 운영체제에 대한 독점권을 잃게 되는 것도 단지 시간문제가 됐다. 넷스케이프는 존립하는 동안에 자바스크립트(JavaScript)와 SSL, 다양한 쿠키(cookie, 웹사이트 방문기록을 남겨 사용자와 웹사이트 사이를 매개해주는 임시 정보 파일 – 옮긴이) 등을 포함해 현대적인 인터넷의 기초 기술 다수를 개발했다.

넷스케이프가 AOL에 인수된 후 나에게는 전자상거래 플랫폼을 운영하는 일이 할당됐고, 마크는 CTO가 됐다. 그리고 몇 달이 지나면서 마크와 내게 AOL은 기술 기업이라기보다는 미디어 기업이라는 사실이 점차 명백해졌다. 기술을 탑재한 덕분에 거대한 미디어 프로젝트를 전개하는 일이 가능해졌지만, 전략의 초점은 늘 미디어에 맞춰졌고, CEO 밥 피트먼(Bob Pittman)은 기술이 아닌 미디어의 천재적 경영인이었다. 미디어 기업이 위대한 이야기를 창출하는 일에 집중한다면, 기술 기업은 일을 수행하는 더 나은 방식을 창출하는 데 초점을 맞춘다. 우리는 새로운 아이디어에 대해, 새로운 회사를 설립하는 것에 대해 생각하기 시작했다.

그 과정에서 우리는 잠재적 공동창업자로 두 사람을 추가로 논의에 동참시켰다. 그중 한 사람인 팀 호웨스(Tim Howes) 박사는 복잡한 X.500을 탁월하게 단순화한 라이트웨이트 디렉토리 액세스 프로토콜

(LDAP)의 공동발명가였다. 우리는 그를 1996년에 넷스케이프로 영입해 LDAP를 인터넷 디렉토리 표준으로 만든 바 있었다. 오늘날까지도 특정 프로그램이 특정인에 대한 정보에 관심이 있는 경우 LDAP를 경유해서 그 정보에 접근한다. 우리 팀의 네 번째 멤버는 키바시스템스(Kiva Systems)라는 애플리케이션 서버 회사의 공동창업자 출신인 이인식이었다. 우리는 넷스케이프 시절에 키바시스템스를 인수하면서 그를 알게 됐고, AOL에서도 줄곧 함께 일해왔다. 그는 AOL에서 내가 운영하던 전자상거래 부문의 CTO로 일하며 협력 회사들과 밀접하게 교류하고 있었다.

한번은 아이디어를 논의하는 자리에서 이인식이 AOL 전자상거래 플랫폼에서 AOL 협력 회사와 연결을 시도할 때마다 협력 회사의 사이트가 다운된다고 불평했다. 협력 회사의 사이트가 트래픽 부하를 감당하지 못해서 벌어지는 일이었다. 수백만의 유저를 다루는 규모로 소프트웨어를 배치하는 일과 수천의 유저가 이용하게 하는 일은 완전히 다른 문제였다. 그리고 수백만의 유저가 이용하게 하는 일은 극도로 복잡한 문제이기도 했다. 흠, 그런 문제를 모두 해결해줄 회사가 있어야 했다.

그 아이디어를 확대해나가던 중에 우리는 컴퓨팅 클라우드(cloud)라는 개념에 이르렀다. '클라우드'는 사실 그때까지 텔레콤업계에서 경로 배정과 청구서 발부 등과 관련된 모든 복잡한 특성을 다루는 스마트 클라우드를 묘사하기 위해 쓰던 용어였다. 우둔한 기기를 플러그로 연결만 하면 모든 스마트 기능을 무료로 얻을 수 있는 그런 스마트 클라우드 말이다. 우리는 이와 동일한 개념이 컴퓨팅에도 필요하다고 생각했다. 이 개념을 도입하면 소프트웨어 개발자들이 보안이나 규모 확대, 재해복구 등에 대해 걱정할 필요가 없어질 터였다.

그리고 이왕 클라우드를 구축한다면 크고 시끄러워야(loud) 마땅했다. 그래서 탄생한 회사가 라우드클라우드(LoudCloud)였다. 재밌는 것은 이 회사에서 가장 오래 남게 되는 부분은 이름 자체라는 사실이다. 이 회사로 인해 '클라우드'가 컴퓨팅 플랫폼을 묘사하는 용어로 도입돼 자리 잡았기에 하는 말이다.

우리는 법인을 설립하고 자금을 모으기 시작했다. 때는 1999년이었다.

THE HARD THING

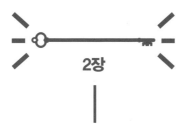

2장

—

어떻게든, 살아남을 것

ABOUT HARD THINGS

그러던 어느 날, 불현듯 이런 질문이 떠올랐다.
"만약 회사가 파산한다면 나는 무엇을 하면 좋을까?"
그러자 스스로도 놀랄 만한 답이 입 밖으로 나왔다.
"라우드클라우드에서 구동되는 우리의 소프트웨어 옵스웨어를 사서
소프트웨어 회사를 차리고 싶다."

> 내가 무너질 거라 생각했어?
>
> 내가 쓰러져 죽을 거로 생각했냐고?
>
> 천만에, 난 아냐.
>
> 난 살아남을 거야.

글로리아 게이너(Gloria Gaynor)의 〈아이 윌 서바이브(I Will Survive)〉

넷스케이프를 성공시킨 전력이 있기에 마크는 실리콘밸리의 일류 벤처캐피털리스트 모두를 잘 알았다. 덕분에 우리를 소개하기 위해 고생할 필요가 없었다. 다만 운이 없게도, 넷스케이프를 지원했던 벤처캐피털 회사 클라이너퍼킨스(Kleiner Perkins)가 이미 잠재적 경쟁 상대라 할 수 있는 회사에 자금을 투자한 상태였다. 우리는 여타의 모든 일류 벤처캐피털과 상담을 진행했고, 결국 벤치마크캐피털(Benchmark Capital)의 앤디 라흘레프(Andy Rachleff)와 손을 잡기로 결정했다.

앤디를 한마디로 묘사해야 한다면, '신사'라는 표현이 딱 어울렸다. 영리하고 세련되며 품위 있는 앤디는 복잡한 전략을 함축적인 문장으로 쉽사리 요약해내는 명석한 관념적 사색가였다. 벤치마크캐피털과 우리 회사는 투자 전 기업가치(pre-money valuation)를 4,500만 달러로 합의했고, 그에 따라 벤치마크캐피털에서 1,500만 달러를 투자하기로 했다. 여기에 마크가 600만 달러를 투자해 현금을 포함하는 회사의 전체 가치를 6,600만 달러로 끌어올리며 '이사회 상근 회장직'을 맡기로 했다. 팀 호웨스는 우리의 CTO가 되고, 내가 CEO직을 맡기로 했다. 라우드클라우드는 그렇게 출범 2개월 만에 모양새를 갖췄다.

회사의 가치평가와 펀딩의 규모는 당시 분위기를 알리는 표시였고, 그래서 자금조달이 잘된 유사한 경쟁업체가 한발 먼저 움직이기 전에 규모를 키워 시장을 확보해야 할 필요성이 대두됐다. 그 시점에 앤디가 내게 아주 중요한 충고 하나를 건넸다. "벤, 자본에 구애받지 않는다면 어떻게 사업을 키워나갈지, 그 방안을 궁리해보게나."

두 달 후에 모건스탠리(Morgan Stanley)에서 3년 거치 상환 조건으로 4,500만 달러를 대출받을 예정이었기 때문에 앤디의 말은 절대 얼토당토않은 허풍이 아니었다. 그럼에도 "만약 자본에 구애받지 않는다면 어떻게 할 것인가?"라는 질문은 기업가에게 묻기에는 위험한 것이었다. 그것은 뚱뚱한 사람에게 "만약 아이스크림이 브로콜리와 칼로리가 똑같다면 어떻게 할 것인가?"라고 묻는 것이나 매한가지였다. 이러한 언질이 유도하는 사고는 극도로 위험할 수 있다는 의미다.

나는 그 충고를 받아들이고 그에 맞춰 계획을 짰다. 우리는 신속하게 클라우드 인프라를 구축하고 빠른 속도로 고객들과 계약을 체결하기 시작했다. 설립 7개월도 채 안 돼서 우리는 벌써 1,000만 달러 상당의 계약고를 올렸다. 라우드클라우드는 이륙 단계였지만 우리는 시간 그리고 경쟁업체와 경주를 벌이고 있었다. 이는 곧 최고의 인재를 영입해서 가장 폭넓은 클라우드 서비스를 제공해야 한다는 것을 의미했다. 더불어 돈을 써야 한다는 것도 의미했다. 그것도 대단히 많이.

우리가 아홉 번째로 채용한 인물은 신입사원 모집 담당자였고, 직원이 12명에 이르렀을 때에는 인사담당자를 영입했다. 이후 매달 실리콘밸리에서 가장 똑똑하다는 친구들 다수를 낚아채며 30명 정도씩을 채용했다. 신입사원 중 한 사람은 2개월간 등산을 하며 보낼 요량으로 AOL을 그만뒀지만, 그 휴가 계획을 포기하고 우리에게 합류했다. 또 다른 직원은 라우드클라우드에 들어오려고 수백만 달러를 날리기도 했다. 다니던 회사가 기업공개를 하는 날 그만뒀기 때문이다. 출범 6개월이 되자 거의 200명에 달하는 직원을 보유하게 됐다.

실리콘밸리는 후끈 달아올랐다. 〈와이어드〉는 라우드클라우드를 커버스토리로 다루며 "마크 앤드리슨의 재림"으로 묘사했다. 우리는 우리의 첫 번째 사무실을 벗어나 서니베일에 있는 1,400제곱미터짜리 창고 건물로 옮겼다. 첫 번째 사무실은 전자오븐과 커피메이커를 동시에 돌리면 전기가 나갈 정도로 열악했다. 하지만 두 번째 사무실도 우리가 이사해 들어갈 무렵에는 이미 너무 비좁은 상태가 됐다.

옥색 타일이 깔린 그 3층짜리 벽토 건물로 들어가는 데 500만 달러를 썼다. 우리는 그 건물을 '더 타지'(the Taj)라고 불렀다. 타지마할의 그 타지였다. 그 건물 역시 우리의 고용 광풍을 따라잡기에는 너무 작았다. 복도에 책상을 놓고 앉는 직원들이 생길 정도였다. 주차 공간이 비좁아 거리 아래쪽에 따로 주차장 부지를 임차해 사무실까지 셔틀밴을 운행했다. 그 때문에 주민들은 우리를 싫어했지만 말이다.

사무실 부엌은 마치 코스트코(Costco)에 들어선 듯한 착각이 들 정도로 각종 대용량 식자재로 가득 채워졌다. 회사의 냉장고를 필립 로스(Philip Roth)의 《굿바이, 콜럼버스》에 나오는 냉장고처럼 보이게 만들었다는 이유로 간식 납품업자를 해고했을 때 그는 대신에 지분을 좀 달라고 요청했다. 때는 그런 시절이었다.

다음 분기에 우리는 2,700만 달러 상당의 새로운 계약을 체결했다. 설립 9개월도 안 된 시점이었다. 역사상 가장 거대한 사업체를 만들어나가고 있는 듯 보였다. 그러던 중 닷컴 붕괴(닷컴기업, 즉 인터넷을 기반으로 사업을 전개하던 IT 업체들이 줄줄이 몰락하던 현상 – 옮긴이)가 시작됐다.

2000년 3월 10일 나스닥은 5048.62를 기록하며 정점을 찍었다. 1년 전에 비해 가치가 2배 이상 뛴 셈이었다. 그리고 이후 열흘 사이에 10퍼센트 하락했다. 〈배런〉이 커버스토리 제목으로 뽑은 "소각"(Burning Up)이 다가올 일을 예언했다. 4월경 정부에서 마이크로소프트를 독점기업으로 천명하자 나스닥지수는 더욱더 곤두박질쳤다. 스타트업들은 막대한 가치를 상실했고, 투자자들은 막대한 부를 잃었으며, 한때 신경제의 전령으로 예고되던 닷컴기업들은 거의 하룻밤 새에 업계에서 사라지며 닷폭탄들(dot-bombs)로 전락했다. 나스닥지수는 결국 1,200선 밑으로 떨어졌다. 정점에서 80퍼센트나 빠진 것이다.

그 시점에 우리는 우리 사업이 역사상 가장 빠른 속도로 성장 중인지도 모른다고 생각했다. 그것은 좋은 소식이었다. 나쁜 소식은 이 재난과도 같은 분위기 속에서 훨씬 많은 자금을 더 끌어와야 한다는 사실이었다. 자기자본과 부채로 조성했던 6,600만 달러의 거의 모두가 세계 최고의 클라우드 서비스를 구축해서 빠르게 성장하는 일련의 고객들을 지원한다는 목표를 추구하는 가운데 이미 효율적으로 사용된 상태였다.

닷컴 붕괴는 투자자들을 겁먹게 만들었다. 결국 돈을 끌어오는 게 쉽지 않으리라는 의미였다. 특히 우리의 고객 대부분이 닷컴 스타트업이라 더더욱 그랬다. 이런 정황은 우리가 일본의 소프트뱅크캐피털(Softbank Capital)에 거래를 제안하며 참여를 권유했을 때 아주 명료해졌다. 나의 친구이자 우리 이사회 임원인 빌 캠벨(Bill Campbell)이 소프트뱅크 사람들을 매우 잘 알았다. 그가 비공식 루트를 통해 저들이 우리의 제안에 대해 어떻게 생각하는지 정보를 캐오겠다고 했다. 나는 그의 연락을 초조한 마음으로 기다렸다. 비서가 빌의 전화가 왔다고 알렸을 때 황급히 수화기를 들었다. 그만큼 저들의 반응이 궁금했던 것이다.

내가 물었다. "빌, 그 사람들이 뭐라고 하던가요?" 빌은 쉿소리가 나는 거친 목소리로 답했다. "벤, 음, 솔직히 말하면 이 사람들은 지금 우리들이 마약에 취한 거로 생각하고 있다네." 직원은 거의 300명인데 현금은 거의 다 말라가던 상태였기에 나는 우리가 곧 도산할 것만 같았다. 라우드클라우드의 CEO로서 그런 느낌이 든 게 그때가 처음이었다. 안타깝게도 그런 느낌은 그 한 번으로 끝나지 않았다.

이 시절 나는 비상장기업이 자금을 끌어올 때 유념해야 할 가장 중요한 규칙을 배웠다. '단일시장을 물색하라.' 단 한 곳의 투자자에게서만 동의를 얻어내면 된다. 바꿔 말하면, 거부하는 다른 수십 군데는 무시해버리는 게 상책이라는 의미다. 우리는 결국 일련의 C 라운드, 즉 자금 모집의 세 번째 라운드에서 투자 전 기업가치 7억 달러라는 놀라운 평가액에 투자자를 확보했고, 1억 2,000만 달러를 조성할 수 있었다. 다음 분기 예상 매출이 1억 달러로 나왔다. 충분히 달성 가능한 수치로 보였다. 내가 그런 확신을 가진 것은 지난 분기 매출이 예상치를 뛰어넘는 실적을 올렸기 때문이었다. 그리고 짐작컨대, 우리가 고객 기반을 닷컴 폭탄들에서 보다 안정적이고 전통적인 기업들로 매끄럽게 옮겨놓을 수 있을 것 같았다. 당시 우리의 최대 고객이었던 나이키(Nike)와 같은 그런 전통적인 기업들로 말이다.

얼마 후 바퀴가 더 이상 굴러가질 않았다. 우리는 2000년 3분기를 3,700만 달러의 계약고로 마감했다. 예상 매출 1억 달러의 절반에도 못 미치는 실적이었다. 닷컴 붕괴의 충격은 우리가 예상했던 것보다 훨씬 더 파괴적인 것으로 드러났다.

희열과 공포

그런 상황에서 또 자금을 끌어와야 했다. 훨씬 악화된 환경에서 말이다. 2000년 4분기 내내 나는 사우디아라비아의 알 왈리드 빈 탈랄(Al Waleed Bin Talal) 왕자를 비롯해 돈이 나올 수 있다고 판단되는 모두를 만나보았다. 하지만 어느 누구도 어떤 평가액으로든 투자하려 나서질 않았다. 6개월 전만 해도 누구나 투자하고 싶어 하는, 실리콘밸리에서 가장 잘나가는 스타트업 아니었던가. 477명의 직원과 시한폭탄을 닮은 사업체를 끌어안은 채 나는 해답을 찾아 헤맸다.

만약 돈이 완전히 떨어지면 어떻게 될까? 내가 그렇게 세심하게 선별해 고용한 모든 직원을 다 해고해야 하지 않는가. 투자자들의 돈을 다 날리는 게 아닌가. 우리를 믿고 거래를 튼 모든 고객을 위험에 빠뜨리는 게 아닌가. 이런 생각들이 머릿속에 들어차는 바람에 가능성 있는 해법을 찾기가 더욱 힘들었다. 그러던 어느 날 마크 앤드리슨이 내 기분을 북돋아주려고 그랬는지 별 시답지 않은 농담을 건넸다.

마크   벤, 스타트업에서 가장 좋은 점이 뭔지 알아?

나   뭔데?

마크   늘 두 가지 감정만 경험하게 된다는 거지. 희열 아니면 공포. 심지어 수면 부족 때문에 그런 감정이 더욱 풍부해지지.

시간이 초조하게 흘러가는 가운데 한 가지 매력적이지만 다소 음모적인 선택안이 부상했다. 기업을 공개하자는 것이었다. 때가 때인 만큼 사모펀드 시장은 우리와 같은 회사들에 문을 걸어 잠갔지만, 공개시장에는 그나마 우리가 고개를 들이밀 수 있는 창문이 조금은 열려 있었다. 미친 변칙으로 들릴지도 몰랐지만(사실 변칙이었다), 어쨌든 사모펀드 시장은 완전히 냉소적으로 돌아선 상태였고, 공개시장은 자금조달 전체 시장의 80퍼센트를 차지했다. 다른 방도가 없는 상황이었기에 나는 이사회에 기업공개 방안을 제안하기로 했다. 그리고 준비 과정에서 기업공개의 장단점을 목록으로 작성했다.

나는 빌 캠벨이 비판적으로 나오리라는 것을, 그래서 어떻게든 설득해야 할 대상이라는 것을 잘 알았다. 빌은 이사회에서 유일하게 상장기업의 CEO로 일한 적이 있는 인물이었다. 그는 어느 누구보다도 기업공개의 장단점을 잘 알았다. 더 중요한 점은 이사회 임원 모두가 이런 종류의 불편한 상황에서는 늘 빌을 따르는 경향이 있다는 사실이었다. 그는 그렇게 특별한 뭔가가 있는 사람이었다.

당시 빌은 60대의 나이에 머리는 허옇게 세고 목소리는 거칠었지만 20대 못지않은 활력을 자랑했다. 대학 축구팀의 코치로 활동하다가 마흔 살이 되어서야 비즈니스 세계로 들어왔다. 시작이 늦었음에도 불구하고 그는 결국 인튜이트(Intuit)의 회장 겸 CEO 자리에 올랐다. 이후 그는 첨단 기술업계의 전설로 부상해 애플의 스티브 잡스(Steve Jobs), 아마존의 제프 베이조스(Jeff Bezos), 구글의 에릭 슈미트(Eric Schmidt) 등과 같은 위대한 CEO들의 멘토 역할을 했다.

빌은 머리가 비상하고 카리스마가 넘치는 엘리트다. 하지만 그의 성공은 이런 특성에만 기인하는 게 아니다. 어떤 환경에서든 빌은 필연적으로 모두가 가장 좋아하는 사람이 된다. 10년 넘게 이사로 참여한 애플 이사회에서도 그랬고, 회장직을 맡았던 컬럼비아대학 이사회에서도 그랬으며, 여자 축구팀 감독으로 뛸 때도 그랬다.

빌이 그렇게 높이 평가되는 이유에 대해 사람들은 여러 복잡한 해석을 내놓는다. 내 경험으로 보면 그 이유는 매우 간단하다. 무슨 일을 하는 어떤 사람이든 간에 삶을 살아가는 데는 두 종류의 친구를 필요로 한다. 첫 번째 종류는 자신에게 좋은 일이 생겼을 때 전화할 수 있는 친구다. 같이 좋아해줄 누군가가 필요하기 때문이다. 시기심을 가리고 거짓으로 기뻐해주는 게 아니라 진심으로 기쁨을 공유하며 자기한테 그런 일이 생겼을 때보다 더 좋아해줄 누군가 말이다. 두 번째 종류는 상황이 정말 끔찍하게 잘못되고 있을 때 전화할 수 있는 친구다. 죽느냐 사느냐 하는 상황에서 딱 한 통화를 할 수 있을 때 생각나는 누군가 말이다. 빌 캠벨은 이 두 종류 모두에 해당하는 친구다.

나는 빌을 포함한 이사진에 내 생각을 피력했다. "우리는 사모편드 시장에서 어떤 투자자도 찾을 수 없었습니다. 이제 우리에게 남은 선택은 둘 중에 하나입니다. 그래도 계속 사모펀드 시장의 문을 두드리느냐, 기업을 공개할 준비를 하느냐. 사실 어느 것도 쉬운 선택은 아닙니다. 사적으로 자금을 조성할 수 있는 가망성은 매우 희박해 보이고 기업을 공개하는 데는 다음과 같은 많은 문제가 따르기 때문입니다."

- "우리의 판매 프로세스가 견실하지 못해서 어떤 환경에서든 매출 예측을 하기가 어렵습니다."
- "우리는 지금 급속히 쇠퇴하는 환경에 처해 있고 바닥이 어디인지도 잘 모르는 상황입니다."
- "우리 고객들이 놀라운 속도로, 그리고 예측할 수 없는 속도로 파산하고 있습니다."
- "우리는 계속 손실을 보고 있으며 앞으로도 한동안은 손실을 볼 겁니다."
- "우리는 현재 운영 건전성이 취약한 상태입니다."
- "종합적으로 볼 때 우리는 기업을 공개할 준비가 안 된 상태입니다."

이사진은 주의 깊게 귀를 기울였다. 모두 내가 제기한 문제점에 대해 깊이 우려하는 표정이었다. 어색한 침묵이 길게 이어졌다. 역시 기대대로 빌이 죽음의 적막을 깼다.

"벤, 돈이 문제가 아닐세."

나는 묘하게도 안도감이 들었다. 어쩌면 기업을 공개할 필요가 없게 될지도 몰랐다. 어쩌면 내가 우리의 현금 문제를 과대평가하고 있었는지도 몰랐다. 어쩌면 다른 방도가 있는 건지도 몰랐다.

그때 빌이 다시 말했다. "'염병할 놈'의 돈이 문제라고."

오케이, 우리는 기업공개로 가는 것이었다.

문제는 거기서 끝이 아니었다. 투자자들이 보기에 우리 사업은 너무 복잡하고 난해했다. 우리는 통상 고객들과 2년 계약을 맺고 그 수익을 월 매출로 인정했다. 이러한 모델은 요즘은 흔하지만 당시에는 매우 특이했다. 계약고의 빠른 성장세를 고려할 때 수익이 새로운 계약금액에 상당 부분 뒤처질 수밖에 없었다.

결국 우리의 S-1(미국 증권거래위원회 등록서류)에는 6개월에 걸친 수익이 1억 9,400만 달러였음에도 다음 해 1년 예상 수익은 7,500만 달러로 명시됐다. 놀라울 정도로 급격한 수익 변동세가 아닐 수 없었다. 순이익은 수익에서 나오는 것인 관계로 우리는 막대한 손실을 기록한 셈이었다. 게다가 당시의 스톡옵션 규칙은 우리의 손실액을 실제보다 4배 정도 커 보이도록 만들었다. 이러한 요인들로 인해 언론은 기업공개를 앞둔 우리에 대해 극도로 부정적인 기사를 쏟아냈다.

예를 들면 〈레드헤링〉은 준열한 비판 기사에서 우리의 고객 목록이 "상당히 빈약하며" 닷컴기업들에 대한 의존도가 매우 높다고 지적했다. 그 기사는 양키그룹(Yankee Group)의 한 애널리스트를 인용해서 우리가 "지난 12개월간 직원 1인당 100만 달러에 상당하는 손실을 입었을 것"으로 상정했다. 또한 그 원인을 주차장에 모닥불이나 피워

놓고 모두들 지폐를 태우는 데 열중한 데서 찾을 수 있을지도 모른다고 비꼬았다. 그런가 하면 〈비즈니스위크〉는 한 기사에서 우리를 놓고 "지옥에서 온 기업공개"라고 언명했다. 또 〈월스트리트저널〉 커버 기사는 우리의 기업공개에 대한 한 금융업자의 반응을 인용했다. "와우, 무지 절박했나봅니다." 심지어 우리의 기업공개에 자본을 투자한 자본가마저 이렇게 평했다. "특히 형편없는 일단의 선택지 중에서는 그나마 가장 나은 투자 대상이다."

소름 끼치는 보도에도 불구하고 우리는 길을 나설 채비를 했다. 비교 가능한 회사들을 벤치마킹하며 곧 주식병합(reverse split)을 단행한 후 주당 10달러에 주식을 공모하기로 했다. 이는 회사의 가치를 7억 달러에 약간 못 미치는 정도로 평가하는 셈이었다. 이전의 사모펀드 자금조달 라운드의 평가액보다 낮았지만 파산보다는 훨씬 나았다.

그 공모가로 과연 성공을 거둘 수 있을지 여부도 전혀 확실치 않았다. 주식시장이 붕괴하고 있었고, 우리가 방문한 공개시장 투자자들은 망설이고 있는 게 눈에 보일 정도였다.

준비 과정의 막바지에, 그러니까 주간사로 참여할 은행들도 정해진 시점에 우리의 재무 책임자 스콧 쿠퍼(Scott Kupor)가 모건스탠리의 담당 은행가로부터 전화를 받았다.

은행가 스콧, 당신네 보유 현금 가운데 2,760만 달러가 부동산 투입 용도로 묶여 있다는 사실을 알고 있었소?

스콧 그야 물론이죠.

은행가 그렇다면 당신네들은 고작 3주 정도 버틸 돈밖에 없다는 소리 아니오?

스콧　　맞습니다.

스콧은 이 대화 내용을 내게 전달하며 말했다. "믿어지세요? 이번 거래에 인수사로 참여하는 인간들이 현금이 묶여 있다는 사실을 지금까지도 몰랐다는 게? 필요한 자료는 다 제공했는데 말이에요."

기업공개 로드쇼(유가증권 발행을 위해 발행회사가 투자자(주로 금융기관)를 대상으로 벌이는 설명회. 주요 국제 금융도시를 순회하며 열리기에 로드쇼라 불린다-옮긴이)에 나서기 직전, 나는 두 가지 소식을 전하기 위해 전 직원을 소집했다. 하나는 우리가 기업공개에 들어간다는 소식이었고, 다른 하나는 회사의 가치가 떨어져서 주식 2개를 하나로 합하는 주식합병을 실시한다는 소식이었다.

첫 번째 소식은 무리 없이 수용될 테지만 두 번째 소식은 어떻게 받아들여질지 걱정됐다. 주당 가격을 상장하는 데 충분한 수준으로 높이려면 주식을 병합해야만 했다. 이론상으로 주식병합은 문제될 게 전혀 없었다. 각 직원은 회사의 일정 비율(지분)을 소유했고, 회사 전체로는 보유주식의 총 개수가 정해져 있었다. 그 총 개수를 각 직원의 소유 비율별로 할당한 값이 각 직원의 보유주식 수가 되는 것이었다. 주식 2개를 하나로 합치면, 즉 주식의 수를 반으로 줄이면 각 직원의 보유주식도 반으로 줄겠지만, 회사에 대한 각 직원의 소유 비율은 아무런 변동 없이 그대로 유지되는 것이었다. 바뀌는 게 없었다.

아, 그러나 바뀌는 게 있었다. 18개월도 안 되는 기간에 직원이 600명으로 불어나는 가운데 어리석은 과장과 타성의 무대가 마련됐다. 과도하게 흥분한 일부 관리자들이 꿈을 부풀려 전파했다. 그들은 지분 비율은 제쳐놓고 주식 수의 관점에서만 말하며 주당 주가가 100달러가 될 수도 있다는 이야기를 그럴듯하게 지어냈다. 직원들은 그때부터 환상의 주가를 주식 수로 곱하고 얼마나 많은 돈을 거머쥐게 될지 그리며 꿈에 부풀기 시작했다. 나 역시 그런 분위기가 조성되고 있다는 것을 알았지만, 주식을 병합하게 될 줄은 꿈에도 몰랐고, 그래서 전혀 우려하지 않았던 것이다. 그 기간에 내가 망쳐버렸던 다른 여러 상황과 마찬가지로 문제의식을 갖고 사전에 적절한 조치를 취했어야 마땅했다.

매번 그랬듯이 아내 펠리샤도 전 직원회의에 참석했다. 이번에는 장인, 장모도 우리 집에 놀러와 있던 터라 아내와 같이 회사에 왔다. 회의는 매끄럽게 진행되질 않았다. 직원들은 우리가 얼마나 벼랑 끝에 몰려 있는지 인식하질 못했고, 그래서 기업공개 소식도 반기질 않았다. 주식병합 소식은 더욱 반기지 않았다. 사실은 그 소식에 모두들 분노했다. 내가 문자 그대로 그들의 환상의 수를 절반으로 깎아버린 셈이었으니 반가울 리 있었겠는가. 물론 내게 대놓고 거슬리는 소리를 내는 직원은 없었다. 그렇지만 처가 식구들은 좌중에서 토해내는 모든 소리를 들었다. 그리고 장인어른의 표현을 빌리자면 "우호적인 소리들이 전혀 아니었다".

장모님은 한 술 더 떠서 아내에게 이렇게 물었다. "왜들 이렇게 네 남편을 증오한다니?" 아내는 원래 활기차고 사교적인 성격이었다. 하지만 당시에는 탈장 수술을 받고 회복 중이었기에 그렇지 않아도 평소처럼 명랑하고 쾌활한 상태가 아니었다. 아내는 낙심했고, 장인, 장모는 우울함에 빠졌다. 직원들은 성이 나서 씩씩거렸고, 나는 자금을 조성할 수 있을지 심히 걱정됐다. 무슨 로드쇼를 이런 식으로 시작하게 됐단 말인가. 팡파르를 울리며 나가도 시원찮은 판에….

로드쇼는 한마디로 참혹했다. 주식시장은 날이 바뀔 때마다 추락했고, 모든 비난이 기술주에 몰렸다. 찾아가서 만나는 투자자들마다 하나같이 고문실에서 막 나온 사람들처럼 보였다. 한 뮤추얼펀드 매니저는 나와 마크를 똑바로 쳐다보며 물었다. "여긴 뭐 하러 오셨어요? 지금 세상이 어떻게 돌아가고 있는지 알고들은 계신 건가요?" 절망스러웠다. 자금을 조성할 가능성이 없을 것 같다는 생각이 들었다. 그대로 파산으로 가는 길밖에 없어 보였다. 로드쇼를 위한 그 3주간의 여행 동안에 나는 2시간 이상을 자본 적이 없었다.

투어에 돌입하고 사흘 후, 장인어른이 전화를 했다. 장인어른 존 와일리(John Wiley)는 그때까지 70여 년 생애를 살아오면서 정말 숱한 사건을 겪은 분이었다. 소년 시절에는 아버지가 텍사스에서 살해당하는 일을 겪었다. 그저 생존을 위해 그의 어머니는 그를 데리고 아홉 자녀를 둔 박정한 남자의 집에 들어가 살았다. 거기서 존은 학대를 당했다. 저녁도 굶은 채 동물이 있는 헛간으로 쫓겨나는 날이 많았고, 그런 날이면 다른 아이들이 그의 저녁을 먹어치웠다. 결국 존과 어머니는 그들의 소유물 모두를 싸들고 그 잔인한 인간의 집을 나와 흙길을 3일 동안 걸었다. 존은 평생에 걸쳐 그 3일간의 탈출기를 상세히 되새기곤 했다.

청년 시절에는 어머니를 부양하기 위해 한국전쟁에 참전했다. 가정을 꾸린 후에는 다섯 자녀의 아버지가 돼 가족을 부양하기 위해 상상할 수 있는 모든 일을 했다. 부두에서 하역부로 일하기도 했고, 알래스카 송유관 건설 현장에 참여하기도 했다. 60세가 되기 전에 자식 둘을 먼저 하늘나라로 보내는 비극을 겪은 그는 실로 만만치 않은 삶을 살았고, 그래서 나쁜 소식들에 이골이 난 인물이었다. 장인어른은 사소한 이유로 내게 전화하는 분이 아니었다. 전화를 했다면 그것은 심각한 일이라는 의미였다. 어쩌면 치명적으로 심각한 일일 수도 있었다.

나　여보세요.

존　벤, 사무실에서는 가급적 자네를 방해하지 말아달라고 부탁했네만, 이 일은 자네에게 알리는 게 마땅하다고 생각해서 전화했네. 펠리샤가 호흡을 멈췄다네. 하지만 죽지는 않을 걸세.

나　죽지는 않을 거라니요? 무슨?!?! 대체 무슨 일이 있었던 거죠?

믿을 수가 없었다. 그동안 일에 집중하느라 내게 실로 중요한 유일한 대상을 소홀히 하고 있었다. 또 이렇게, 관심을 기울여야 마땅한 상황을 방치하고 있었던 것이다.

나　어떻게 된 겁니까?

존　병원에서 약을 좀 처방해줬는데 애가 알레르기 반응을 일으켜 호흡이 정지됐었다네. 하지만 지금은 괜찮아졌어.

나	언제, 언제 그랬나요?
존	어제.
나	네? 그럼 그때 연락해주셨어야죠.
존	자네가 바쁘다는 걸 아는데 어떻게 그러겠나. 그때 그 직원 회의에 나도 가봤잖은가. 자네가 회사일로 지금 곤경에 처했다는 걸 잘 아는 마당에 선뜻 전화하기가 좀 그랬네.
나	제가 지금이라도 집에 가봐야 할 상황인 거죠?
존	아, 아닐세. 펠리샤는 우리가 돌볼 테니, 자네는 자네 일에나 신경 쓰게나.

나는 망연자실했다. 얼마나 땀이 쏟아졌던지 전화 통화를 끝내자마자 옷을 갈아입어야 했다. 무엇을 어떻게 해야 할지 몰랐다. 집으로 돌아가면 회사는 분명 파산할 터였다. 그렇다고 그냥 그대로 일을 보자니… 그럴 순 없었다. 나는 다시 전화를 걸어 펠리샤를 바꿔달라고 했다.

나	당신이 나를 필요로 한다면 당장 돌아가겠소.
펠리샤	무슨 소리예요. 기업공개를 완수해야죠. 지금 당신이나 회사나 내일이 없는 상황이잖아요. 나는 괜찮아질 거예요.

나는 완전히 혼란스러운 상태로 비틀거리며 남은 로드쇼를 진행해나 갔다. 하루는 양복 상의와 하의를 서로 다른 짝으로 맞춰 입고 나가기 도 했다. 그것도 미팅 도중에 마크가 지적해서 알아차렸을 정도다. 시 간 중 절반은 어디에 와 있는지도 모르는 채로 흘려보냈다. 장도에 오

른 3주 동안 시장에서 우리와 비교되는 회사들은 시가총액의 절반을 상실했다. 이는 곧 우리가 설정한 주당 10달러 공모가가 현 기준점의 대략 2배라는 의미였다. 은행가들은 새로운 현실을 반영해 공모가를 6달러 선으로 낮추라고 권유했다. 그러면서도 그들은 거래에 참여하겠다는 확답은 주질 않았다. 기업공개가 하루 앞으로 다가온 날, 인터넷 붐을 선도하던 야후(Yahoo)에서 팀 쿠글(Tim Koogle) CEO의 사퇴 소식을 발표했다. 우리가 닷컴 붕괴의 최악의 순간에 기업을 공개하는 꼴이 돼버렸다.

라우드클라우드는 결국 6달러에 기업공개를 실행했고 1억 6,250만 달러를 조성했다. 하지만 아무런 축하도, 파티도 없었다. 우리의 기업공개를 이끈 두 투자은행인 골드만삭스(Goldman Sachs)와 모건스탠리도 관례로 행하던 뒤풀이 연회조차 베풀지 않았다. 역사상 가장 축하를 못 받은 기업공개였을 것이다.

그래도 펠리샤가 웃음을 되찾았고 우리가 힘든 일을 해냈다는 의미가 남았다. 나는 집으로 돌아오는 비행기 안에서 잠깐이나마 들뜬 기분을 맛봤다. 그래서 우리의 재무 책임자인 스콧 쿠퍼를 돌아보며 이렇게 말했다. "우리가 해냈군요!" 그러자 그가 답했다. "그래요. 하지만 상황은 여전히 개떡이에요."

그 뒤로 한참의 세월이 흐른 2012년의 어느 날, 야후에서 스콧 톰슨(Scott Thompson) CEO를 해고했다는 소식을 들은 펠리샤가 사색에 잠긴 채 혼잣말을 했다. "그럼 이제 쿠글을 다시 불러들이려는 건가?" 그 말을 들은 내가 응수했다. "팀 쿠글? 아니 당신이 팀 쿠글을 어떻게 알지?" 그러자 아내는 우리가 11년 전에 나눴던 대화를 되살려줬다. 대충 이런 내용이었다.

나   완전히 망했어.

펠리샤   무슨 말이에요? 무슨 일인데요?

나   야후에서 쿠글을 잘랐어. 끝난 거야. 모든 게 끝난 거라고.

펠리샤   쿠글이 누군데요?

나   야후의 CEO. 덕분에 우리도 망했어. 회사 문을 닫아야 할 거 같아.

펠리샤   정말이에요?

나   얘기했잖아. 저들이 쿠글을 쫓아냈다고. 그럼 우리도 끝난 거야.

아내는 내가 그렇게 의기소침해하는 모습을 전에 본 적이 없어서 그 날을 잊지 못했다고 했다. 대부분의 CEO에게 기업공개 전날 밤은 경력의 최정점이다. 하지만 내게 그 밤은 의기소침함의 최정점이었다.

비난을 감수하려거든 한꺼번에 감수하는 게 낫다

로드쇼 기간에 마크는 내 긴장을 풀어주려고 종종 이런 농담을 건넸다. 긴장을 풀려는 방편으로 이렇게 말하곤 했다. "잊지 말아요 벤, 완전히 깜깜해지기 직전이 언제나 가장 어둡다는 사실을."

마크는 농담을 한 것이었지만, 상장기업으로서 첫 분기에 들어서

자마자 그 말이 선견지명처럼 느껴지기 시작했다. 고객들은 계속해서 우왕좌왕 헤맸고, 거시경제 환경은 악화일로를 걸었으며, 우리의 매출 전망은 하락세를 탔다. 투자자들을 대상으로 한 우리의 첫 순이익 발표(earnings call, 상장기업이 무료 전화나 인터넷을 통해 행하는 재무성과 발표 – 옮긴이)가 가까워짐에 따라 나는 우리가 여전히 가이던스(guidance, 매출액, 영업이익, 당기순이익 등 실적에 대한 기업의 예상 전망치 – 옮긴이)를 충족하는 궤도를 밟고 있는지 확인하기 위해 철저한 자료 검토를 수행했다.

좋은 소식은 해당 분기의 예상치는 맞출 수 있으리라는 것이었다. 나쁜 소식은 연간 예상치를 충족할 가능성은 극히 희박하다는 사실이었다. 일반적으로 투자자들은 첫해의 예상치조차 충족하지 못할 것 같은 회사는 기업공개에 나서지 않는 것으로 믿는다. 우리는 이미 기업공개를 단행한 상태였다. 아무리 예외적인 시기라 해도 첫 번째 순이익 발표에 대한 가이던스를 재설정하는 것은 여전히 아주 나쁜 행태로 인식될 수밖에 없었다.

가이던스 재설정의 제반 사항에 관한 논의에 들어갔을 때 우리는 진퇴양난의 선택을 해야 했다. 가능한 한 조정 폭을 줄여 초기의 악영향을 최소화해야 할까? 충분한 조정을 가해 또다시 재설정에 들어가게 되는 위험성을 최소화해야 할까? 만약 수치를 많이 줄이면 주식이 결딴날지도 몰랐다. 하지만 충분히 낮추지 않으면 또 재설정해야 하는 상황에 처할 가능성이 높았고, 그러면 우리는 그나마 남은 신뢰마저 몽땅 상실하게 될 터였다.

우리 회사의 감사인 데이브 콘트(Dave Conte)가 손을 들었다. 그의 입에서 결정적인 조언이 튀어나왔다. "무슨 말을 하든 우리는 묵사발

나게 될 겁니다. 가이던스를 재설정하는 순간 투자자들에게 신뢰를 잃을 거고요. 그러니까 한 번에 모든 고통을 감수하는 게 낫습니다. 어차피 한 번 재설정하면 누구든 그 예상치 역시 확실한 것으로 보지 않게 됩니다. 그러니까 비난을 감수하려거든 찔끔 찔끔 감수하지 말고 한꺼번에 감수하고 넘어가는 게 낫다는 겁니다." 그렇게 우리는 그해의 가이던스를 애초의 7,500만 달러에서 5,500만 달러로 대폭 후려쳐 재설정했다.

수익 가이던스의 재설정은 비용 가이던스도 재설정해야 한다는 것을 의미했고, 이는 다시 인원을 감축해야 한다는 것을 의미했다. 스타트업계의 총아였던 우리가 이제 직원의 약 15퍼센트를 집으로 돌려보내야 하는 상황에 처한 것이다. 그것은 내가 실패의 길을 걷고 있다는 가장 명확한 표시였다. 나는 투자자들에게, 직원들에게, 그리고 내 자신에게 실패를 안겨주고 있었다.

가이던스를 재설정하자마자 골드먼삭스와 모건스탠리는 그들의 연구조사 목록에서 우리를 빼버렸다. 그곳의 애널리스트들이 이제 더 이상 고객을 대신해 우리 회사의 진행 상황을 지켜보지 않는다는 의미였다. 이는 우리의 뺨에 날아온 야멸찬 따귀나 마찬가지였고, 그들이 우리에게 거래를 맺자고 설득할 때 했던 약속에 대한 심각한 위반이었다. 하지만 모두 어려운 시기였고 우리는 어디 하소연할 데도 없었다. 투자은행들의 불신임 결정과 낮춰진 수익 예상치 때문에 주가는 6달러에서 2달러로 곤두박질쳤다.

엄청난 부정적 여파에도 불구하고 우리는 굳건히 나아갔다. 2001년 3분기에는 꽤나 건실한 실적을 쌓아올렸다. 그러던 9월 11일, 테러

리스트들이 네 대의 제트 여객기를 납치하는 사건이 발생했다. 그중 두 대는 세계무역센터로 돌진했고, 한 대는 미 국방부 청사에 떨어졌다. 일순간에 전 세계가 혼돈에 휩싸였다.

우리도 그 혼돈을 빗겨갈 순 없었다. 그 분기에 우리의 가장 큰 거래는 영국 정부와 맺은 계약으로 드러났다. 그것은 해당 분기 총 계약고의 3분의 1을 차지했으며, 그게 없으면 도저히 분기 목표를 달성할 수 없었다. 9·11 테러가 발생하고 얼마 후 그 거래의 담당자가 전화를 걸어 불행한 소식을 전했다. 토니 블레어(Tony Blair) 수상이 우리와의 거래에 쓸 예산을 전쟁자금으로 전환해버렸다는 것이다. 다행히 우리의 세일즈 책임자가 수상의 비서 중 한 사람을 설득해 다시 그 돈을 되돌려놓게 했다. 우리는 거래를 체결하고, 분기 목표를 달성할 수 있었다. 기적과도 같은 일이었다.

구사일생으로 위기의 순간은 넘겼지만, 이는 우리의 전체적인 사업기반이 너무 취약하다는 신호나 마찬가지였다. 9월 26일 나는 그와 관련된 또 하나의 신호를 포착했다. 그날 우리 분야의 최대 경쟁업체인 엑소더스(Exodus)가 파산을 신청한 것이다. 실로 믿을 없는 파산이었다. 불과 1년여 전에 500억 달러로 평가된 회사였기 때문이다. 엑소더스는 9개월 전에 '전액 조달 계획'을 토대로 8억 달러를 조성했었다. 그런 회사가 한순간에 사라져버리다니 놀랄 수밖에 없는 일이었다.

나중에 엑소더스의 한 임원은 이를 두고 내게 이런 농담을 건넸다. "우리가 벼랑에서 떨어질 때는 스키드 자국조차 남기지 않았다오." 엑소더스 같은 회사가 500억 달러의 시가총액과 8억 달러의 현금을 그렇게 빠른 시간 내에 날릴 수 있는 거라면, 우리는 진정 백업(backup)

계획, 즉 모종의 대안을 마련할 필요가 있었다.

'플랜 B'에 따른 첫 번째 시도로 우리는 데이터리턴(Data Return)이라는 회사를 인수하는 방안을 검토했다. 이 회사는 우리와 동일한 일을 했지만 우리가 유닉스 애플리케이션에 초점을 맞추는 반면 이들은 윈도 애플리케이션에 더 집중했다. 우리는 이 거래에 대해 수주의 시간을 들여 연구했다. 두 회사를 합치면 어떤 모양새가 나올지 모형을 도출하고 제품 제공 및 비용 측면에서 어떤 시너지 효과를 얻을 수 있을지 따져봤다. 당시의 회사 CFO(chief financial officer, 최고재무관리자)는 이 거래에 극도로 흥분하며 매달렸다. 본인이 가장 좋아하는 기량, 즉 비용절감 기량을 활용하게 될 터였기 때문이다.

　그 준비 과정의 말미에 나는 오리건주 애슐랜드로 이틀 일정의 휴가를 떠났다. 그곳에 도착해 짐을 풀자마자 존 오파렐(John O'Farrell)에게서 긴급한 전화가 걸려왔다. 그는 우리 회사의 법인 및 사업 개발 책임자였다.

존　벤, 휴가를 방해해서 죄송해요. 하지만 방금 데이터리턴 인수건과 관련해서 회의를 했는데요. 아무래도 이 건은 추진하지 말아야 할 것 같아서 전화를 드린 겁니다.

나　이유가 뭔가?

존　솔직히 말씀드리면, 우리의 사업이 곤경에 처해 있고 저쪽의 사업도 곤경에 처해 있기 때문에 둘을 합치면 곤경만 2배로 늘리는 셈이 된다는 판단입니다.

나　　실은 나도 똑같은 생각을 하고 있던 참이네.

사실 데이터리턴의 사업을 보면 라우드클라우드가 바람직한 종국을 맞이할 가능성이 별로 없다는 사실이 명백히 드러났다. 어떤 것들은 이렇게 자기 자신보다는 남에게서 훨씬 더 잘 보이는 법이다. 데이터리턴을 자세히 들여다보면서 나는 라우드클라우드의 미래를 그려볼 수 있었다. 그 그림은 그리 아름답지 않았다.

당시 나는 우리의 운명에 대해 고민하느라 심각한 불면증에 시달리고 있었다. 그럴 때면 스스로 질문을 던져보는 것으로 기분 전환을 시도했다. "일어날 수 있는 최악의 상황은 무엇인가?" 이에 대한 답은 늘 똑같은 것으로 돌아왔다. "파산하는 것이다. 내 어머니의 돈을 포함해서 관계된 모두의 돈을 잃게 되는 것이다. 극심한 경기침체 속에서도 그토록 열심히 일해온 모든 직원을 해고하게 되는 것이다. 나를 믿는 모든 고객을 엿 먹이게 되는 것이다. 그리고 내 평판이 무너지는 것이다." 아이러니하게도 이런 문답 놀이는 전혀 기분 전환에 도움이 되질 않았다.

그러던 어느 날, 불현듯 이런 질문이 떠올랐다. "만약 회사가 파산한다면 나는 무엇을 하면 좋을까?" 그러자 스스로도 놀랄 만한 답이 입 밖으로 나왔다. "라우드클라우드에서 구동되는 우리의 소프트웨어 옵스웨어(Opsware)를 사서 소프트웨어 회사를 차리고 싶다." 옵스웨어는 그 클라우드 운용의 모든 임무를 자동화하기 위해 창출한 소프트웨어였다. 그 소프트웨어는 서버의 권한 설정, 장비의 네트워크 연결, 애플리케이션의 배치, 재난 시 환경 복구 등을 자동으로 실행했다.

그래서 나는 다시 스스로에게 물었다. "파산에 이르는 일 없이 그렇게 할 수 있는 방법은 없을까?"

나는 클라우드 사업에서 빠져나와 소프트웨어 사업으로 옮겨갈 여러 시나리오를 구상해봤다. 어떤 시나리오에서든 1단계는 옵스웨어를 라우드클라우드에서 분리하는 것이었다. 옵스웨어는 오직 라우드클라우드에서만 구동되도록 작성됐다. 따라서 어떤 환경에서든 작동하는 제품이 되게 하려면 많은 제약이 따랐다. 나는 공동창업자이자 CTO인 팀 호웨스에게 옵스웨어를 라우드클라우드에서 분리하는 데 얼마의 시간이 걸릴 것 같은지 물었다. 대략 9개월 정도면 된다는 답이 돌아왔다. 나는 즉시 10명의 엔지니어로 팀을 꾸려 그 일을 개시하도록 지시했다. 그렇게 우리의 '옥사이드'(Oxide) 프로젝트는 닻을 올렸다.

그 시점에서 우리의 사업은 어디까지나 클라우드 사업이었기에 나머지 직원들에게는 내가 구상 중인 다른 아이디어에 대해 아무런 암시도 내비치지 않았다. 만약 다른 구상을 하고 있다는 게 알려지면 그 즉시 우리가 종사하던 유일한 사업이 파국을 맞이할 게 뻔했다. 모두가 과거가 아닌 미래를 놓고 일하고 싶어 할 테니까. 나는 옥사이드가 그저 또 하나의 제품라인일 뿐이라고 설명했다.

이 설명이 스탠퍼드경영대학원 출신의 두 직원을 심히 우려케 만들었나 보다. 어느 날 두 사람이 내게 시간을 좀 내달라고 하더니 슬라이드 데크까지 준비해 프레젠테이션을 했다. 옥사이드를 출범시키는 나의 결정이 어째서 잘못된 판단이고 돈키호테 식이며 순전한 바보짓인지 입증하기 위한 내용이었다. 그들은 옥사이드 프로젝트가 실패할

게 빤한 제품을 추구하기 위해 우리의 핵심사업에서 귀중한 자원을 훔쳐내는 것과 같다고 주장했다. 나는 한마디 질문도 던지지 않은 채 그들이 45개의 슬라이드를 모두 제시하게 놔뒀다. 그리고 프레젠테이션이 다 끝났을 때 한마디를 던졌다. "내가 이런 프레젠테이션을 준비하라고 지시했나?" 이것이 내가 '평시 CEO'에서 '전시 CEO'로 변모하면서 내뱉은 첫마디였다.

우리가 상장기업이라는 사실과 나의 지위 때문에 나 말고는 어느 누구도 완전한 그림을 볼 수 없었다. 나는 우리가 깊고도 깊은 곤경에 처해 있음을 알았다. 나 말고는 어느 누구도 우리를 곤경에서 빠져나오게 할 수 없었다. 이제 나는 전체를 이해하지 못하는 사람들이 하는 조언에 더 이상 귀를 기울이지 않기로 했다. 나는 구할 수 있는 모든 자료와 정보를 원했지만, 회사가 나아갈 방향에 대한 권고는 더 이상 필요치 않았다.

지금은 전시였다. 내 결정의 적절성 여부에 따라 회사는 살 수도, 죽을 수도 있었다. 그 책임을 한정하거나 완화할 방법도 없었다. 만약 내가 고용한 모두를, 회사에 생을 건 그 사람들을 집으로 돌려보내야 한다면 거기에는 변명의 여지가 없었다. "경제적 환경이 너무 끔찍했잖아요.", "형편없는 조언을 받아들였지 뭡니까.", "상황이 너무 급변했어요." 이 따위 변명으로 넘어갈 문제가 아니었다.

선택은 살아남느냐, 총체적 파멸이냐 둘 중 하나뿐이었다. 여전히 대부분의 일을 위임하고 관리자에게 그들의 전문적 사안에 관한 결정권을 부여할 수 있었다. 하지만 라우드클라우드의 생존 방안에 대한 근본적인 질문은 내가 해야 했고, 나만이 답할 수 있었다.

운이 좋게도 우리는 2001년 4분기를 그럭저럭 버텨냈고 연매출 예상치를 돌파했다. 5,500만 달러로 재설정된 가이던스를 넘어서 5,700만 달러를 기록했던 것이다. 대단한 승리는 아니었지만 그해에 기대치를 충족한 기업이 몇 안 되었기에 나는 우리의 성과를 작은 승리로 받아들였다. 주가도 서서히 올라 4달러에 이르렀다. 표면상 우리가 클라우드 사업을 잘 굴러가게 할 수 있는 것처럼 보였다.

그러기 위해선 더 많은 현금이 필요했다. 우리는 재무계획서를 면밀히 분석하고 현금흐름에 손익평형을 맞춰주려면, 즉 더 이상 자금을 조성할 필요가 없는 상태로 만들려면 추가로 5,000만 달러가 필요하다는 결론을 내렸다. 시장에서 우리가 발휘할 수 있는 힘을 고려해볼 때 공모로 자금을 조성하는 것은 가능성이 희박해 보였다. 결국 자금 조성의 유일한 방법은 상장주식 민간투자(PIPE)라는, 좀처럼 이용되지 않는 방법뿐이었다. 우리는 5,000만 달러를 조성한다는 목표 아래 투자자들을 줄 세우기 위해 모건스탠리와 손을 잡았다.

월요일 아침이었다. 우리는 PIPE를 성사시키기 위해 다음 날인 화요일에 장도에 오를 계획이었다. 준비 상황에 대한 마지막 점검을 하고 있을 때 전화벨이 울렸다. "벤, 애트리액스(Atriax)의 CEO께서 전화하셨습니다. 연결해드릴까요?"

애트리액스는 시티뱅크와 도이치뱅크가 후원하는 온라인 외환거래 플랫폼으로, 우리의 최대 고객이었다. 2년 기한이 보장된 계약을 맺고 매월 우리에게 100만 달러 이상을 지불하는 회사였다. 인사 담당 부사장인 뎁 캐사도스(Deb Casados)와 한창 미팅 중이었지만 나는 "전화를 연결하라"고 했다. 그는 애트리액스가 파산했다고, 그래서 우리에게 지불하기로 돼 있던 2,500만 달러 중 한 푼도 지불할 수 없게 됐다는 사실을 전했다.

지구가 회전을 멈춘 듯한 느낌이 일었다. 나는 한동안 멍한 상태로 자리에 앉아 있다가 뎁의 목소리를 듣고서야 현실로 돌아왔다. "벤, 벤, 벤, 우리 미팅은 다음으로 미룰까요?" 나는 "그러지"라고 답했다. 그러고는 천천히 걸어서 CFO의 집무실로 갔다. 우리가 입을 피해를 평가해보기 위해서였다. 생각보다 훨씬 더 나빴다.

그 계약이 차지하던 비중을 감안했을 때 자금을 조성하려면 먼저 우리가 최대 고객을 잃었고 그래서 우리의 재무계획서에서 2,500만 달러가 빠져나갔다는 사실을 밝혀야 했다. 우리는 PIPE 로드쇼를 보류하고 보도자료를 배포했다. 주식은 즉시 50퍼센트나 하락했다. 이렇게 급격히 하락하는 1억 6,000만 달러의 시가총액으로는 PIPE를 통해 5,000만 달러를 모금하려는 계획을 이어갈 수 없었다. 게다가 우리가 조달해야 할 자금도 5,000만 달러에서 7,500만 달러로 순식간에 불어났다. 하지만 도저히 그 격차를 메울 방도가 없었다. 라우드클라우드는 명운이 다했다. 이제 옵사이드를 배치해야만 했다.

상황이 복잡하기 이를 데 없었다. 450명 직원 가운데 440명은 클라우드 사업에 매달려 있었다. 우리의 모든 고객이 클라우드 사업 고객이었으며, 매출도 100퍼센트 거기서 나오고 있었다. 나는 직원들에게, 심지어 중역진에게조차도 클라우드 사업의 포기를 고려하고 있다고 말할 수 없었다. 그 소식이 알려지면 주식이 휴지가 될 터였고 회사를 매각해 파산을 피한다는 희망마저 산산이 부서질 터였다.

그때 내게 필요한, 내가 신뢰할 수 있는 한 사람이 바로 존 오파렐이었다. 존은 법인 및 사업 개발을 책임지고 있었다. 하지만 그보다 중요한 것은 그가 내가 아는 가장 위대한 '빅딜' 협상가라는 사실이었다. 방금 생을 마감한 한 종교인이 조물주 앞에 서서 최종 심판을 받는다고 치자. 심판이 내려지면 그의 운명은 영원히 결정된다. 이때 그를 대신해서 협상할 수 있는 단 한 사람을 선택할 수 있다면 그는 누구를 선택할 것인가? 내가 그라면 아일랜드계 형제인 존 오파렐을 택할 것이다.

나는 존에게 둘이 비상계획을 실행해야 한다고 말했다. 그것도 즉시 2인 프로젝트를 출범시키자는 것이었다. 다른 사람들은 각자 당면한 임무에 집중할 필요가 있었다. 라우드클라우드의 현금 소진을 줄이는 임무 말이다. 이어서 나는 빌 캠벨에게 전화해 내가 클라우드 사업에서 빠져나와야 할 필요가 있다고 생각하는 이유를 설명했다.

빌은 1990년대에 고코퍼레이션(GO Corporation)의 CEO를 맡아봤기에 위기라는 게 어떠한 것인지 잘 아는 인물이었다. 핵심만 밝히자면 고코퍼레이션은 1992년에 아이폰과 같은 기기를 창출하려고 시도했다가 결국 사상 최대의 벤처캐피털 손실을 기록하는 것으로 끝난 회사였다. 내가 빌을 이끈 논리는 이랬다. 클라우드 사업이 파산을 모면할 수 있는 유일한 출구는 매출 증대뿐이다. 설령 직원을 전부 해고한다 해도 매출 곡선의 보다 급격한 상승세가 없으면 결국 인프라에 들어가는 비용 때문에 우리는 고사하고 만다. 그런데 현재 우리는 점점 줄어드는 현금잔고 때문에 고객의 신뢰까지 잃고 있는 상황이다. 고객의 신뢰도가 떨어지면 그것은 다시 매출에 악영향을 미치고, 이는 다시 현금잔고를 줄어들게 만들 뿐이지 않는가. 그가 간단하게 한

마디 대꾸했다. "급락이지." 그가 이해했음을 알 수 있었다.

존과 나는 어떤 기업들이 라우드클라우드 사업 인수에 관심을 가질만한지 알아보기 위해 업계의 생태계를 그려봤다. 불행히도 잠재적 구매자 상당수가 경제적으로 궁핍한 상태에서 허덕이는 중이었다. 거대 텔레콤 기업인 퀘스트(Qwest)와 월드컴(WorldCom)은 회계부정 사건에 휘말려 있었고, 엑소더스는 이미 파산한 상태였다. 우리는 가장 가능성 높은 기업에 집중하기로 결정했다. IBM, 케이블앤드와이어리스(Cable & Wireless), 일렉트로닉데이터시스템스(Electronic Data Systems, EDS) 이렇게 셋이었다.

우리와 성미가 잘 맞는 짐 코젤(Jim Corgel)이 이끄는 IBM 호스팅 사업부문이 즉시 강력한 관심을 표명했다. 짐은 라우드클라우드 브랜드와 우리의 기술적 우월성에 대한 명성을 높이 평가했다. 반면에 EDS는 아무런 관심도 보이지 않았다. 이는 나를 심히 불안하게 만들었다. 두 회사에서 나온 공개 자료 모두를 면밀히 검토해본 결과, 나는 IBM보다는 EDS가 훨씬 더 라우드클라우드를 필요로 한다는 판단이 섰기 때문이었다. 인수합병 세계에서는 언제나 필요가 욕구를 이기는 법이다.

검토 결과를 살펴보던 존이 내게 말했다. "벤, 내 생각에 EDS는 포기해야 할 것 같아요. 차라리 더 가능성이 높은 목표에 좀 더 초점을 맞추는 게 낫지 않겠어요?" 나는 그에게 EDS의 조직도를 한 번 더 그려달라고 했다. EDS에서 영향력이 높은데 우리가 아직 접촉해보지 않은 인물이 있는지 다시 한번 찾아보려는 의도였다. 존이 건네준 조직도를 보면서 내가 물었다. "여기 이 제프 켈리(Jeff Kelly)는 어떤 사람이지?" 존은 잠시 생각하더니 말했다. "그러고 보니 이 사람을 빠뜨렸었군요. 관심을 가질 수도 있는 인물입니다."

아니나 다를까 제프는 관심을 보였다. 이제 두 곳의 잠재적 입찰자를 두고 우리는 시동을 걸기 시작했다. 존과 나는 IBM과 EDS 양쪽 모두에 시급성을 조장하기 위해 노력을 기울였다. 우리는 양쪽의 일행을 우리 회사에 초대해서는 때때로 서로 복도에서 마주치게 했다. 존이 세심히 조직한 세일즈 기법을 일부 활용하는 차원에서였다. 그만큼 우리에겐 시간이 없었다. 마지막 단계는 종반전을 위한 시간표를 짜는 것이었다. 우리가 설정하기로 계획한 데드라인이 너무 인위적으로 보였기 때문이다. 나는 EDS 본사가 있는 텍사스주 플레이노에 가는 길에 LA에 들르자고 제안했다. 거기서 마이클 오비츠(Michael Ovitz)를 만나 조언을 좀 구할 생각이었다.

라우드클라우드 이사회에 몸담고 있던 마이클은 할리우드에서 '가장 막강한 인물'로 평가받는 사람이었다. 그는 28살 때 크리에이티브아티스츠에이전시(Creative Artists Agency, CAA)라는 연예기획사를 설립해서 엔터테인먼트 산업 전반을 지배하는 기업으로 성장시켰다. CAA의 부상으로 마이클은 강력한 영향력을 행사하기 시작했고, 어느 순간부터는 결코 이뤄진 바 없는 계약도 일상적으로 성사시키는 인물로 통했다.

우리가 그의 사무실에 도착했을 때 그는 바삐 움직이고 있었다. 그의 사무실에는 활기가 넘쳐흘렀다. 그는 10여 가지 각기 다른 활동에 관여하고 있는 것처럼 보였다. 우리는 시간은 촉박하고 입찰자는 둘

인데 그들을 과정의 마무리 단계로 이끌 만한 특별한 유인(誘因)이 없다는 현재 상황을 설명했다.

마이클은 잠시 생각에 잠기더니 이렇게 조언을 펼쳐놓았다. "친구들, 나는 평생 수많은 거래 과정을 밟고 성사시키고 그러면서 하나의 방법론을 개발했소이다. 뭐, 모종의 철학이라고 말해도 좋소. 그 철학 안에서 나는 특정한 신념들을 따른다오. 나는 인위적 데드라인의 효력을 믿소이다. 서로 이간질시키고 술책을 부리고 그러는 행위의 가치를 믿고, 불법적이거나 비도덕적인 것만 아니라면 무슨 수를 써서라도 염병할 거래를 성사시켜야 한다고 믿는단 말이오."

마이클은 역시 상황을 극도로 명료하게 만드는 재주가 있었다. 그에게 감사를 표하고 우리는 공항으로 향했다. 그리고 EDS와 IBM 양쪽 모두에게 앞으로 8주 이내에 거래가 완료되지 않으면 라우드클라우드를 다른 쪽에 넘기겠다고 통보했다. 참여하고 싶으면 그 스케줄에 따라 움직이고, 아니면 즉시 빠지라고 했다. 마이클 오비츠의 인위적 데드라인은 완전한 효력을 발휘했다. 물론 그러다 그냥 데드라인을 지나쳐버리게 될 수도 있음을 알았다. 하지만 마이클은 우리에게 확신을 심어줬다. 데드라인을 넘기게 되더라도 그것이 데드라인조차 없는 것보다는 훨씬 나은 수라는 확신 말이다.

그로부터 7주 후, 우리는 EDS와 합의에 이르렀다. 그들이 현금 6,350만 달러에 라우드클라우드를 인수하며 관련된 부채와 현금 소진에 대해 책임을 지고, 우리는 지적재산인 옵스웨어를 보유하며 소프트웨어 회사가 된다는 조건이었다. 또한 EDS는 연간 2,000만 달러에 우리의 소프트웨어에 대한 라이선스를 구매해 라우드클라우드와 EDS

모두를 가동한다는 조건도 추가됐다. EDS에게나 우리에게나 상당히 이로운 계약이라는 생각이 들었다. 우리로서는 확실히 파산보다 훨씬 나은 결과를 얻는 것이었다. 나는 몸이 70킬로그램쯤 가벼워지는 느낌까지 들었다. 18개월 만에 처음으로 깊은 숨을 들이쉴 수 있었다.

하지만 아직 넘어야 할 산이 남아 있었다. 이런 일에 수반하는 난제 말이다. 라우드클라우드를 매각한다는 것은 약 150명의 직원을 팔아넘기고 140명 정도는 해고한다는 것을 의미했다.

나는 빌 캠벨에게 전화해 희소식을 알렸다. 계약이 체결됐고 월요일에 뉴욕에서 그 내용을 발표할 예정이라고 말했다. 그런데 그가 의외의 조언을 했다. "안타까운 일이네만, 자네는 절대로 뉴욕에 가서 그 발표의 주인공이 돼서는 안 된다네. 대신 마크를 보내게나." 내가 의아해하며 물었다. "무슨 말씀이신지요?" 그가 설명했다. "자네는 회사에 남아서 직원 모두에게 현 상황을 알려야 한다는 말일세. 하루도 늦추면 안 된다네. 아니, 1분도 지체해서는 안 되는 일이야. 직원들이 한시라도 빨리 자신의 입장을 정리할 수 있게 해줘야 해. 자네 밑에서 일할지, EDS로 옮겨갈지, 아니면 다른 일자리를 알아볼지 말이야."

아뿔싸, 너무도 지당한 얘기였다. 나는 마크를 뉴욕으로 보내고 직원들에게 현 상황을 알릴 준비를 했다. 그날 빌이 내게 해준 작은 조언은 회사를 재건하는 데 중요한 토대가 됐다. 만약 우리가 그때 떠나는 직원들을 소홀히 대했다면 남아 있는 직원들이 나를 다시는 믿지 않게 됐을 것이다. 지독하고 끔찍하고 파괴적인 상황을 겪어본 CEO만이 그 시점에 그런 충고를 건넬 줄 아는 법이다.

THE HARD THING

3장

—

더 이상 실패는 없다

ABOUT
HARD THINGS

> 나는 전진해, 한 방향으로만.
> 완벽해지려면 실패를 두려워해선 안 돼.
>
> 제이지(Jay Z)의 〈온 투 더 넥스트 원(On to the Next One)〉

라우드클라우드를 EDS에 매각하는 일을 마무리 짓고 나니 회사가 한층 정돈된 기분이 들었다. 하지만 우리의 주주들은 그렇게 느끼지 않은 모양이었다. 나는 고객과 매출, 그리고 주주들이 믿고 있던 사업을 모두 EDS에 넘긴 것이었다. 대형 주주들이 속속 우리 주식을 팔아버리면서 주가가 주당 0.35달러로 떨어졌다. 결과적으로 우리 회사의 시가총액은 우리가 은행에 보유한 현금의 절반 수준이 됐다. 나는 상황이 얼마나 안 좋았었는지 제대로 인식하고 있는 사람도, 미래에 대한 확신을 가진 사람도 나뿐이라는 생각이 들었다. 그래서 회사 밖의 적절한 공간에 직원들을 모아놓고 우리 앞에 놓인 기회를 납득시켜야겠다고 마음먹었다.

나는 산타크루스에 있는 값싼 모텔에 방을 40개 빌렸다. 그리고 남아 있던 직원 80명을 데리고 가서 하룻밤 묵으며 즐겁게 먹고 마셨다. 다음 날, 나는 옵스웨어가 우리에게 가져다줄 기회를 설명했다. 그리고 그날 일정이 끝나갈 무렵, 나는 최대한 솔직한 태도로 말을 꺼냈다.

지금 우리 앞에 놓인 기회에 대해 제가 어떤 생각을 갖고 있는지 이제 여러분 모두 아셨을 겁니다. 월스트리트에서는 옵스웨어를 별 볼일 없는 아이디어라고 여기지만, 제 생각은 다릅니다. 설령 여러분이 월스트리트와 같은 생각을 갖고 있다 해도 저는 이해합니다. 우리는 새로운 도전과 마주하고 있는 새로운 회사입니다. 따라서 오늘 여러분 모두에게 일정량의 주식을 무상으로 지급하겠습니다. 만일 회사를 그만두기로 마음먹은 분이 있다면 오늘부로 그만두길 바랍니다. 제가 여러분을 해고하고 싶지는 않습니다. 필요하다면 일자리 찾는 것을 얼마든지 도와드리겠습니다. 하지만 어쨌든 우리는 우리의 위치를 제대로 인식해야 합니다. 누가 우리와 함께하는지, 누구를 믿고 의지할 수 있는지 알아야 합니다. 조금씩 출혈이 발생하는 상황을 방관할 수는 없습니다. 여러분은 서로에게 정직해질 필요가 있습니다. 여러분의 입장을 밝혀주십시오.

그날 사표를 낸 직원은 2명이었다. 나머지 78명 중에서 다시 2명을 제외한 76명은 우리 회사가 5년 후 HP에 인수될 때까지 죽 함께했다.

산타크루스에서의 모임 이후 제일 먼저 해야 할 일은 주가를 끌어올리는 일이었다. 나는 나스닥으로부터 우리 회사 주식의 주가가 1달러를 넘지 못하면 상장을 폐지하고 투기적 저가주로 분류하겠다는 통지문을 받은 상태였다. 이사회에서는 이 상황을 타개하기 위한 최선의 방안을 놓고 토론이 벌어졌다. 주식병합, 주식환매 등 다양한 방법이 거론됐지만 나는 우리 상황을 있는 그대로 설명하는 것이 최선이라고 생각했다. 설명할 내용은 간단했다. 즉 우리는 뛰어난 팀원들과 현금 6,000만 달러를 보유했고, EDS와 연간 2,000만 달러 규모의 거래를 하고 있으며, 중요한 지적재산도 갖고 있다는 것이었다. 내가 사상 최악의 CEO만 아니라면 우리 회사의 가치는 3,000만 달러를 훨씬 상회해야 마땅했다. 내가 택한 전략은 효과가 있었고 다행히 주가는 주당 1달러 이상으로 회복했다.

그다음 단계는 제품을 출시하는 것이었다. 옵스웨어는 라우드클라우드 전용으로 만들어진 소프트웨어였다. 즉 세상에 진출할 준비가 아직 안 된 상태였다. 사실 이 소프트웨어의 코드 일부는 우리 회사의 컴퓨터 시스템에 고정돼 있었다. 게다가 유저인터페이스도 범용 시장에 선보일 준비를 갖추지 못한 상태였다. 네트워크를 관리하는 구성요소는 '자이브'(Jive)라고 불렸으며, 첫 페이지에 보라색 뚜쟁이 모자가 그려져 있었다. 옥사이드 프로젝트 덕분에 순조로운 출발이 가능했지만, 엔지니어들은 불안감을 감추지 못했다. 그들은 우리가 시장에 뛰어들기 전에 개발을 완료해야 하는 기능들의 목록을 길게 적어 내게 보여줬다. 더 완성도 높은 제품을 가진 경쟁업체들을 언급하면서 말이다.

엔지니어들이 토로하는 불만을 들어보니, 그들이 추가하고자 하는 기능들은 전부 라우드클라우드 환경을 토대로 하고 있었다. 나는 다소 고통스럽더라도 우리가 제대로 된 제품을 만들 정도로 충분한 이해력을 갖추려면 더 넓은 시장으로 진출해야 한다고 생각했다. 아이러니하게도 이를 위한 유일한 방법은 잘못된 제품을 만들어 판매하는 것이었다. 어쩌면 완전히 실패할 수도 있었다. 하지만 빨리 교훈을 얻고 생존을 위해 필요한 길을 모색하면 될 터였다.

마지막으로, 경영진을 다시 구성해야 했다. 당시 우리 회사의 CFO는 소프트웨어 관련 회계에 무지했고, 세일즈 책임자는 소프트웨어를 판매해본 적이 없었으며, 마케팅 책임자 역시 소프트웨어 시장에 대한 지식이 부족했다. 다들 이전에는 각자 자리에서 훌륭하게 업무를 완수했었지만 옵스웨어로 새롭게 출발하는 회사에는 적합하지 않았다. 그들을 내보내려니 마음이 쓰라렸지만 꼭 필요한 일이었다.

사업전략과 경영진을 재단장한 이후 사업에 본격적으로 시동이 걸렸다. 고객이 안정된 속도로 늘기 시작했고, 주당 0.35달러였던 주가도 7달러 이상으로 올라갔다. 마침내 회사가 위기에서 벗어났다는 안도감이 차올랐다.

물론 그건 나의 착각이었다.

60일간의 사투

옵스웨어라는 새로운 이름으로 출발하고 2~3분기가 지났을 무렵, 우리의 최대 고객인 EDS가 매우 나쁜 소식을 전해왔다. 사실 '최대 고객'이라는 말도 과소평가된 표현이다. EDS가 회사 매출의 90퍼센트를 차지했으니까.

그런데 그들이 우리 제품에 만족하지 못하고 있었다. 그들이 사용하는 옵스웨어 소프트웨어가 제대로 기능하지 않아 그들의 목표를 충족시키지 못했고, 그런 가운데 그들이 여러 가지 어려운 기술적 문제에 부딪히게 됐다는 얘기였다. EDS 측에서는 옵스웨어 배치를 취소하고 계약을 종료해 돈을 환불받기를 원했다. EDS에 돈을 되돌려준다는 것은 곧 옵스웨어가 끝장난다는 의미였다. 매출의 90퍼센트를 올려주는 고객과 심각한 언쟁을 벌인다는 것 역시 옵스웨어가 끝장난 다는 의미였다. 우리는 또다시 딜레마에 봉착했다.

나는 EDS를 담당하는 간부급 직원 2명을 서둘러 불러 회의를 열었다. 옵스웨어의 EDS 배치를 책임지고 있는 제이슨 로젠탈(Jason Rosenthal)은 내가 고용한 첫 번째 직원이자 사내 최고의 관리자였다. 스탠퍼드대학을 졸업했고 뛰어난 기억력을 가졌으며 복잡한 프로젝트의 세세한 부분까지 완벽하게 챙기는 천재적인 관리자였다.

EDS를 담당하는 고객관리 매니저 앤서니 라이트(Anthony Wright)는 피츠버그의 거친 환경에서 성장기를 보낸 사람이었다. 그는 전설적인 스트리트 파이터인 조 라이트(Joe Wright)의 아들로, 몇몇 무술 종목의 검은 띠를 보유한 유단자였다. 자수성가형 인물에 의지가 돌처럼 굳으며 실패라는 단어를 용납하지 않는 앤서니는 상대방의 성격과 마음속 동기를 재빨리 읽어내는 묘한 능력이 있었다. 팀원들은 그의 그런 능력을 두고 "고기 트럭을 쫓는 개의 발걸음도 되돌릴 사람"이라고 표현했다.

우리 셋은 냉정한 시각으로 사태를 파악하고 진단을 해나갔다. 대체 왜 이런 상황에 다다른 것일까? 알고 보니 꽤 많은 요인이 있었다. 먼저, EDS의 환경이 끔찍하게 혼란스러웠다. 그들은 아주 오래 전부터 최근에 이르기까지 자신들과 거래하는 모든 고객으로부터 네트워크와 인프라를 그대로 전달받아 사용하고 있었다. 그들의 데이터센터는 56킬로비트 링크로 연결돼 있었는데 고객들은 통상 그보다 20배는 빠른 속도로 연결을 시도했다. EDS가 사용하는 운영체제는 너무 구닥다리라서 스레드(thread, 다중 작업 환경에서 운영체제가 여러 프로그램을 병행해 처리할 때 효율적인 처리를 위해 분할한 처리 단위-옮긴이) 같은 기본적인 기술도 지원하지 못했다. 이는 곧 우리의 소프트웨어가 그들의 시스템에서 구동되기 힘들다는 의미였다.

그리고 직원들도 원래 라우드클라우드에 있던 직원들이 아니었다. 우리는 EDS 직원들이 오후 2시에 데이터센터에서 꾸벅꾸벅 졸고 있는 모습을 심심찮게 목격했다. 그들은 의욕도 없고 일을 그다지 만족스러워하지도 않았다. 게다가 우리 제품이 완벽하지가 않아서 이런저런 버그와 결점이 구동 중단에 원인을 제공하고 있었다. 나는 한참을 말없이 앉아 있다가 머리를 긁적인 다음 입을 열었다. 머릿속에서 아주 신중하게 말을 골랐다.

어려운 부분이 많다는 것 충분히 이해합니다. 또 두 분이 기울여준 노력에도 감사하고요. 하지만 현 상황에 관련해 제 뜻이 분명하게 전달되지 않은 것 같군요. 이건 이런저런 핑계가 통하지 않는 상황입니다. 반드시 해결해내야 하는 상황이란 얘깁니다. 만일 EDS가 거래를 끊으면 우리는 말 그대로 끝장입니다. 기업공개도, 라우드클라우드 파산을 피하기 위해 택한 전략도, 직원들을 해고하며 감수한 고통도, 그 모든 게 헛수고가 된다고요. 우리는 반드시 해결해야 합니다. 이 싸움에서 져서는 안 돼요.

제이슨, 회사 전체를 당신의 지휘에 맡길게요. 필요한 게 있으면 뭐든 얘기해요. 지원해줄 테니까. 앤서니, 제이슨은 EDS가 기대하는 가치를 충족시키려고 노력해도 그게 잘 안 될 겁니다. 100퍼센트 만족을 안겨주진 못할 거라는 얘기예요. 그러니 당신이 EDS가 원하는 걸 알아내세요. 그들이 가장 중시하는 가치가 뭔지, 그걸 어떻게든 알아내란 말입니다. 그걸 공략합시다.

이후 제이슨과 앤서니는 EDS 담당자들을 만나기 위해 텍사스주 플레이노로 향했다. 두 사람은 처음엔 EDS의 주요 의사결정권자가 누구인지 몰랐지만, 여러 사람을 만나보고 우여곡절을 겪은 끝에 프랭크 존슨(가명)이란 사람을 만날 수 있었다. 오클라호마주 유전 지역에서 성장기를 보내고 육군사관학교를 졸업한 커다란 체구의 프랭크는 EDS의 모든 서버 관리자를 총괄하는 책임자였다. 앤서니와 제이슨은 프랭크 앞에서 옵스웨어 기술의 장점에 대해 열변을 토하면서 잠재적인 비용 절감 방안도 설명했다.

프랭크는 잠시 듣다가 앉아 있던 의자를 뒤로 밀며 벌떡 일어나더니 언짢은 목소리로 외쳤다. "옵스웨어에 대한 내 생각을 들어보시겠소? 그건 완전히 쓰레기 같은 제품이오! 회사 내의 다른 직원들도 툭 하면 그럽디다. 염병할 쓸모없는 제품이라고. 됐으니 어서 그만들 가보시죠. 그러지 않으면 억지로 끌어낼지도 모르니."

프랭크는 자사 시스템에서 우리 소프트웨어를 당장 삭제할 계획이라면서 지불했던 비용을 전부 되돌려달라고 했다. 그냥 하는 말이 아니었다. 진심이었다.

앤서니가 침착한 태도로 그의 눈을 보면서 말했다. "프랭크, 당신 말대로 하겠습니다. 무슨 말씀인지 분명하게 이해했습니다. 귀사에게도 또 우리에게도 최악의 상황이 아닐 수가 없군요. 여기 있는 전화를 좀 쓰게 해주십시오. 벤 호로위츠에게 전화를 걸어 당신 말씀을 전달해야겠습니다. 그런데 그 전에 한 가지만 물어봐도 될까요? 만약에 저희 회사가 이 문제를 해결하겠다고 약속한다면, 시간을 얼마나 주실 수 있습니까?"

프랭크는 "60일"이라고 딱 잘라 대답했다. 앤서니는 지금 이 순간도 시간이 흐르고 있다고 말하며 서둘러 미팅을 마무리하고 제이슨과 함께 방을 나왔다. 나쁘지 않은 상황이었다. 모든 문제를 해결하고 배치와 구동을 정상화시키는 데 우리에게 주어진 시간은 딱 60일이었다. 어떻게든 해내지 못하면 끝장이었다. 60일 안에 성패가 판가름 날 터였다.

내가 사업 세계에 뛰어든 초반에 배운 교훈 하나는, 대규모 조직에서 모종의 계획을 추진하려고 할 때 어떤 한 사람 때문에 전체 프로젝트가 지연되는 일이 비일비재하다는 사실이다. 가령 엔지니어가 결정된 지시 사항이 떨어지길 기다리느라 시간을 흘려보내거나, 관리자에게 중요한 구매를 결정할 권한이 없어서 계획 추진에 제동이 걸릴 수 있다.

얼핏 사소해 보이는 이런 작은 머뭇거림 때문에 결과적으로 전체 프로젝트가 심각하게 지연된다. 우리에겐 그런 상황을 용납할 여유가 없었다. 그래서 나는 앤서니, 제이슨을 비롯한 팀원들과 날마다 회의를 열기로 했다. 그들이 플레이노에 있었음에도 말이다. 우리 계획의 진행을 가로막는 모든 장애물과 방해 요인을 제거하기 위해서였다. 만일 어떤 이유에서든 누구라도 진행 과정에서 장애물을 만나 멈추게 되는 경우 그 교착상태의 시간이 24시간을 넘기지 말아야 했다. 문제가 생기면 다음 날 회의 시간까지는 어떻게든 해결책을 찾아야 했다.

한편 앤서니는 우리가 EDS에 제공할 수 있는 최대 가치, 즉 저들이 가장 중시하는 가치를 알아내려고 백방으로 뛰었다. 처음엔 별다른 성과가 없었지만 곧 중요한 단서들이 드러나기 시작했다. 우리는 곧 EDS의 중요 간부인 프랭크가 우리 쪽의 일류 엔지니어 그리고 소프트웨어 아키텍트들과 만나는 자리를 마련하고, 프랭크가 미팅 장소까지 이동할 항공편을 제공하기로 했다. 그런데 앤서니 말이 프랭크가 환승하는 중간 경유지에서 최대한 오래 기다리는 비행기 편으로 예약해달라고 했다는 것이었다. 실로 고개를 갸우뚱하게 만드는 얘기였다. "뭐라고? 환승 대기 시간이 길기를 원한다고?"

앤서니	네.
나	공항에서 죽치고 기다리는 걸 자청하다니, 말이 되나?
앤서니	환승하기 전에 공항 바에서 시간 보내는 걸 좋아하나 봐요.
나	그게 왜 좋은데?
앤서니	저도 그걸 물어봤어요. 그랬더니 이렇게 대답하던걸요. "나는 회사 일도 가족도 끔찍하게 싫거든요."

맙소사. 그제야 내가 상대하고 있는 프랭크라는 인물이 어떤 사람인지 감이 왔다. 프랭크가 세상을 바라보는 방식이 우리와 다르다는 걸 알고 나니 생각이 명료하게 정리됐다. 그는 우리 때문에 자신이 곤란해지는 상황을 우려하고 있었다. 직장에서 또 아마 가정에서도 늘 그런 일을 겪는 게 분명했다. 그의 심리상태를 공략할 드라마틱한 뭔가

가 필요했다. 그의 머릿속에서 우리는 직장이나 가정이 아니라 공항 바를 연상시키는 사람들이어야 했다.

한편 제이슨은 팀원들과 함께 EDS 문제를 개선할 방안을 계속해서 연구했다. 프로젝트를 개시하고 한 달쯤 지나자, 새너제이와 댈러스를 오가는 비행기에서 일하는 사우스웨스트 항공사 승무원들이 제이슨과 팀원들의 이름을 외울 정도가 됐다. 제이슨과 팀원들은 조금씩 꾸준히 진척을 보이긴 했지만 아직 충분하지는 않았다. 60일 안에 EDS의 시스템을 최적화하기 힘들지도 모른다는 불안감이 엄습했다. 앤서니가 EDS에 제공할 최대 가치를 파악해내는 게 무엇보다 시급해졌다.

뭔가 뾰족한 돌파구가 없을까 고민하며 사무실에 앉아 있던 어느 날, 휴대전화가 울렸다. 앤서니였다.

앤서니   벤, 알아낸 것 같아요.

나   뭘?

앤서니   여기서 가장 중시하는 가치는 탱그램과 관련이 있어요.

나   뭐라고?

앤서니   탱그램이요. EDS는 탱그램이라는 회사의 제품을 사용해서 하드웨어와 소프트웨어의 목록을 관리해요. 프랭크가 굉장히 선호하는 제품이죠. 그런데 EDS 구매팀에서 그에게 컴퓨터어소시에이츠(Computer Associates)의 제품으로 바꾸라고 압력을 넣고 있어요. EDS와 컴퓨터어소시에이츠가 계약을 맺으면 그 관리 프로그램이 무료로 제공되거든요. 프랭크는 컴퓨터어소시에이츠 제품을 지독하게 싫어하고요. 그는 이번에 또 곤란한 상황에 빠진 거죠.

나　그럼 우리가 어떻게 해야 하지?

앤서니　만일 탱그램 제품이 옵스웨어와 함께 무료로 제공된다면 우리를 대하는 프랭크의 태도가 달라지겠죠.

나　하지만 재정적인 문제 때문에 불가능한 전략 같은데. 탱그램으로부터 라이선스를 사들여서 EDS에 제공하려면 엄청난 비용이 들 거야. 주주들도 반기지 않을 거고.

앤서니　EDS가 진짜 원하는 걸 알아보라고 하셨잖아요. 그들이 원하는 건 탱그램이라고요.

나　그래, 알았어.

탱그램은 생전 처음 들어보는 회사였다. 나는 재빨리 조사에 착수했다. 탱그램은 노스캐롤라이나주 캐리에 위치한 조그만 업체였지만 나스닥에 상장돼 있었다. 나는 이 회사의 시가총액을 알아봤다. 믿기지 않는 수치였다. 야후파이낸스(Yahoo Finance)가 제공하는 정보에 따르면 탱그램엔터프라이즈솔루션스(Tangram Enterprise Solutions)의 시가총액은 600만 달러에 불과했다. 시가총액이 그 정도밖에 안 되는 상장 기업은 이제껏 들어본 적이 없었다.

나는 우리의 사업개발팀 책임자인 존 오파렐에게 즉시 전화를 걸어 탱그램을 인수하고 싶다는 의견을 밝혔다. 그리고 모든 과정을 최대한 신속하게 진행해야 했다. EDS 쪽으로 열려 있는 60일이라는 창문이 닫히기 전에 탱그램 인수를 완료해야 했다.

탱그램은 놈 펠프스(Norm Phelps)라는 임시 CEO가 이끌고 있었고 이것은 회사 매각 가능성을 높게 점칠 수 있는 신호였다. 이사회에서 새로운 CEO 영입이라는 모험보다 회사 매각을 훨씬 더 선호할 게 뻔했다. 존은 곧바로 탱그램 측과 접촉을 시도했고 그쪽에서도 즉각 관심을 보여왔다. 우리는 기업실사를 진행할 팀을 꾸리는 한편 합병계약서에 들어갈 내용을 준비했다.

기업실사가 마무리돼갈 무렵, 나는 팀원들을 한자리에 모았다. 그런데 그들은 하나같이 탱그램 인수가 좋은 아이디어가 아니라고 입을 모았다. 탱그램 기술이 우리 시스템에 통합하기가 어려울 뿐더러 별로 가치도 없다면서 말이다. 게다가 회사 위치는 노스캐롤라이나였다. 출범한 지 15년 된 회사였는데 기술도 그 세월만큼이나 구닥다리였다. 재무팀에서는 이 인수로 우리 회사가 막대한 손실을 입을 것이라고 생각했다. 나는 가만히 듣고 있다가 못 박듯이 선언했다. 그런 것들은 하나도 중요하지 않다고. 우리는 무조건 탱그램을 인수할 거라고. 팀원들은 다소 놀란 표정이었지만, 나의 선언에 토를 달지는 않았다.

존과 나는 현금과 주식을 합쳐 총 1,000만 달러에 탱그램을 인수하는 계약의 협상을 마무리 지었다. 우리는 60일이라는 기한이 끝나가기 전에 계약서에 서명했다. 나는 프랭크에게 전화를 걸어 인수 프로세스가 완전히 끝나고 나면 그가 옵스웨어와의 계약을 유지하는 한 탱그램의 모든 소프트웨어를 무료로 제공받을 수 있을 것이라고 말했다.

예상대로 프랭크는 더없이 만족스러워했다. 우리가 프랭크의 커다란 고민거리를 해결해주고 나니, 그는 제이슨과 팀원들이 작업해온 성과를 완전히 다른 시각으로 바라보기 시작했다. 60일이 다 돼갈 무렵, 프랭크는 우리 팀원들을 모아놓고 이렇게 말했다.

이 프로세스가 시작되던 초반에 여러분 앞에서 했던 말을 저는 10여 개의 다른 업체들 앞에서도 했었습니다. 그들도 모두 제게 뭔가를 약속했지만 지킨 곳은 한 군데도 없었지요. 하지만 약속을 지킨 여러분을 보고 사실 놀라웠습니다. 여러분은 제가 이제껏 만나본 중에 최고의 업체입니다. 여러분 같은 회사와 거래할 수 있어서 정말 다행입니다.

드디어 해낸 것이다. 고객도 살리고, 우리 회사도 살렸다. 하지만 인수한 회사와 관련해 마무리 지어야 할 사소한 문제가 아직 남아 있었고, 탱그램의 기존 직원 57명에 대한 문제도 해결해야 했다. 어떤 결정은 비교적 수월했다. 세일즈 직원들 10명 중에 9명은 우리에게 불필요했다. 어린애한테 사탕도 못 팔 인간들이었으니까.

그런가 하면 다소 복잡한 문제도 있었다. 예컨대 노스캐롤라이나 사옥을 그대로 유지할 것인가 하는 문제가 그랬다. 고심 끝에 우리는 그대로 유지하면서 고객지원팀을 그곳에서 운영하기로 결정했다. 알고 보니 이직률과 직원 채용 및 교육 비용을 감안할 때 인도 뱅갈루루의 엔지니어들보다 노스캐롤라이나주 캐리의 엔지니어들을 고용하는 편이 더 싸게 먹혔다. 시간이 흐를수록 탱그램 인수가 현명한 전략이었음이 드러났다. EDS라는 고객을 잃지 않게 해준 것 이상으로 여러 측면에서 수익성에 도움이 됐던 것이다.

그러나 문제는 거기서 끝이 아니었다. 탱그램의 CFO 존 넬리(John Nelli)가 큰 병에 걸린 것이다. 인수가 완전히 마무리되기 전 어느 시점부터 존이 심각한 두통을 겪기 시작했다. 검사 결과 뇌종양이었다. 애초에 존은 옵스웨어 직원으로 합류하지 않을 예정이었다. 인수 협상 진행 과정에서 우리와 탱그램 측 모두 존을 우리 쪽에 합류시키지 않는다는 데 합의했었다. 그렇기에 우리 회사에서 의료보험 혜택을 받을 수가 없었다. 보험 없이 뇌종양을 치료하려면 가계가 파탄에 이를 만큼 엄청난 비용이 들어갈 터였다.

나는 우리 회사 인사부 책임자에게, 코브라(COBRA) 건강보험 혜택을 받을 수 있을 만큼 오랫동안 존을 직원 명부에 등록해놓으려면 비용이 얼마나 드느냐고, 또 회사가 코브라 보험료로 부담해야 할 금액이 얼마냐고 물어봤다. 약 20만 달러라는 대답이 돌아왔다. 당시 우리 회사로서는 상당히 부담스러운 금액이었다. 게다가 우리는 존이라는 사람에 대해 아는 바가 거의 없었고, 따지고 보면 그에게 빚진 것도 전혀 없었다. 존의 뇌종양은 우리 문제가 아니었다. 우리도 살길을 찾기 바쁜 상태였다.

우리는 살길을 찾고 있었지만, 존은 삶 자체를 잃어버릴 위기에 처해 있었다. 그래서 나는 용단을 내렸다. 그를 직원으로 등록해 보험 혜택을 받게 해주고 그렇게 나가는 비용은 예산의 다른 부분에서 채우기로 말이다.

그 일이 있은 후 시간이 흘러 까맣게 잊어갈 무렵이었다. 15개월쯤 지났을까. 존의 아내가 직접 쓴 손편지를 받았다. 존이 세상을 떠났다는 내용이었다. 그녀는 내가 생판 모르는 낯선 사람과 그의 가족을 도와준 것을 보고 깜짝 놀랐다면서, 내 도움 덕분에 절망으로 완전히 무너지지 않을 수 있었다고 말했다. 또 내가 왜 그런 도움을 주었는지 잘 모르겠지만 어쨌거나 그 덕분에 삶을 지탱할 수 있었다고, 진심으로 감사하다고 말했다.

아마 내가 존을 도왔던 것은 나 스스로 절망이 무엇인지 잘 알기 때문이었을지도 모른다.

'하지 않고 있는 일'에 초점을 둬라

EDS 사태가 해결되고 얼마 지나지 않아 또 다른 비보가 들려왔다. 우리와 거래 계약을 맺을 것으로 예상되던 신규 고객 세 곳이 마음을 바꿨다는 소식이었다. 알고 보니 강력한 새로운 경쟁업체 블레이드로직 (BladeLogic)이 등장해서 우리보다 더 발 빠르게 주요 고객들을 확보하고 있었다. 우리는 그들에게 몇몇 계약을 빼앗겼고 그 결과 분기별 매출 목표를 달성하지 못했다. 주가는 2.90달러로 추락했다. 또다시 위기에 봉착한 것이다.

제품 경쟁에서 지고, 주가는 하락하고, 팀원들의 사기도 떨어진 상황. 분명한 위기였다. 게다가 엎친 데 덮친 격으로, 라우드클라우드에서 옵스웨어에 이르기까지 '이사회 상근 회장'으로서 나와 긴밀히 협력해왔던 마크가 또 다른 회사인 닝(Ning)을 설립하겠다는 뜻을 밝혔다. 옵스웨어의 성패는 이제 어차피 나와 팀원들에게 달린 것이긴 했지만, 타이밍이 기가 막히게 안 좋았다. 회사 매출이 계속 불안해지는 마당에 우리의 가장 든든한 대변인마저 다른 사업에 에너지를 쏟을 계획이라니. 이런 망할. 지금껏 고생해가며 여기까지 왔는데, 넘기 힘들어 보이는 거대한 산을 또 하나 넘자고 직원들한테 어떻게 말한단 말인가? 또 나도 그 산을 넘기 위한 힘을 어디서 짜내야 한단 말인가?

비전을 제시할 스토리도, 열정적인 에너지도 더 이상 내 안에 남아 있지 않은 기분이었다. 나는 우리가 처한 상황과 내 심정을 직원들에게 솔직하게 털어놓기로 했다. 그래서 엔지니어링 팀원들을 모아놓고 얘기를 꺼냈다.

> 지금부터 할 이야기는 결코 즐거운 이야기가 아닙니다. 우리는 블레이드로직과의 경쟁에서 밀려날 위기에 처했습니다. 문제는 바로 제품이고요. 만일 이 상황이 지속되면 회사를 헐값에 처분해야 할지도 모릅니다. 블레이드로직을 능가하는 제품을 개발해내지 못하면 우리는 끝입니다. 여러분 개개인의 역할이 대단히 중요한 시점이에요. 오늘 퇴근하고 집에 가서 여러분의 아내나 남편, 가족들 그리고 여러분을 가장 아끼며 지켜보는 누군가와 진지하게 대화를 나누십시오. 그리고 이렇게 말하세요. "앞으로 6개월간 우리 사장님한테 내가 꼭 필요하대." 아침 일찍 출근해서 저녁 늦게까지 일해주길 여러분에게 부탁합니다. 물론 저녁은 내가 사줄 거고요. 나도 여러분 곁에 함께 있을 겁니다. 아시겠습니까. 분명히 말씀드리건대, 우리가 가진 총에는 총알이 하나밖에 남지 않았습니다. 이번엔 반드시 과녁을 명중시켜야 해요.

직원들에게 한 번 더 커다란 희생을 요구하고 있다는 사실이 너무 괴

로웠다. 그런데 그때 그렇게까지 괴로워하지는 않아도 됐다는 것을, 오히려 천군만마를 거느린 든든한 기분을 느껴도 됐으리라는 것을, 이 책을 쓰는 동안 깨달았다. 다음은 우리 회사의 최고 엔지니어 중 한 사람이었던 테드 크로스먼(Ted Crossman)이 수년이 흐른 후 그 당시와 다윈 프로젝트(Darwin Project)의 진행을 회상하며 쓴 글이다.

제가 라우드클라우드와 옵스웨어에 몸담았던 모든 시간을 통틀어 다윈 프로젝트를 진행할 때가 가장 즐겁고 또 가장 힘들었습니다. 당시에 저는 6개월 내내 주말도 반납하고 날마다 아침 8시부터 밤 10시까지 일했습니다. 제 안의 모든 에너지를 다 짜내 풀가동했지요. 일주일에 딱 하루만 아내와 저녁 데이트를 즐겼고, 그날만큼은 저녁 6시부터 밤늦게까지 온전히 아내에게만 집중했어요. 그리고 다음 날이면, 설령 토요일이라도, 어김없이 아침 8시에 회사에 도착해 저녁까지 야근을 했습니다. 집에 돌아가면 밤 10~11시가 되기 일쑤였어요. 그것도 매일 말입니다. 그리고 저만 그런 게 아니었어요. 우리 직원들 모두가 그랬으니까요.

우리가 해결해야 할 기술적 문제들은 결코 만만치 않았습니다. 어떤 접근법을 취해야 할지, 또 구상한 걸 실제 제품으로 구현하려면 어떻게 해야 할지 직원들과 밤낮으로 머리를 싸매고 토론했습니다. 참 힘들었지만 즐겁고 뿌듯하기도 했습니다. 그 당시에 혼자만 살겠다며 발을 뺀 직원은 하나도 없었어요. 이런 분위기였죠. "자, 우린 반드시 해내야 해. 그렇지 않으면 우리 회사를 더 이상 다닐 수도 없을 거고 다른 직장을 알아봐야 할 거야." 정말이지, 팀워크 하나는 끝내

췄지요. 입사한 지 얼마 안 된 말단 직원들도 자발적으로 동참해줬고요. 그들에겐 성장과 발전에 도움이 되는 훌륭한 경험이었을 겁니다. 망망대해 한가운데 던져진 다음 "자, 이제부터 알아서 헤엄쳐 가라고"라는 말을 듣는 셈이었으니까요.

그렇게 고군분투하며 6개월이 흐르자 예전에는 목격하지 못했던 승리의 증거들이 나타나기 시작했습니다. 벤은 리더 역할을 정말로 훌륭하게 해냈어요. 우리에게 수시로 피드백을 주면서 등을 토닥이며 격려해줬습니다.

8년이라는 시간이 흐르고 나서 이 글을 읽었을 때, 나는 울음을 터뜨리고 말았다. 그때 직원들 마음속에 어떤 생각이 있는지 내가 미처 몰랐다는 걸 깨달았기 때문이다. 나는 안다고 생각했지만, 아는 게 아니었다. 나는 내가 모두에게 너무 많은 걸 요구하고 있다고 생각했다. 라우드클라우드 사업을 정리하고 간신히 살아남은 후였기에 또다시 죽을 각오로 일할 준비가 된 직원은 아무도 없으리라고 생각했다. 지금 깨달은 것을 그때도 알고 있었더라면 얼마나 좋았을까.

그날 내가 직원들을 모아놓고 부탁과 격려의 말을 쏟아낸 뒤, 우리가 당장 마주한 것은 '제품에 대한 정의'라는 어려운 과제였다. 제품 개발 프로세스가 기존 고객들이 제시한 수많은 요구사항에 짓눌려 갈피를 잡지 못하고 있었다. 제품관리팀에서는 블레이드로직을 이기는 데 '도움이 될 가능성이 있는' 기능과 특성을 우선적으로 채택하는 접근법에 대해 민감한 거부 반응을 드러냈다. 그들은 말했다. "어떻게 '확실하게 존재하는' 요구사항에서 등을 돌리고 도움이 될 거라고 '추측되는' 무언가를 택한단 말입니까?"

결국 제품 개발 전략에서 핵심이 되는 포인트는 이것이었다. 바로 최고의 제품을 구현할 방법을 찾아내는 일은 고객이 아니라 개발자의 몫이라는 것. 고객은 기존 제품에 대한 경험에 비춰봤을 때 자신이 원한다고 생각하는 것만 알고 있을 뿐이다. 혁신을 추구하는 개발자는 가능한 모든 요소를 고려할 수는 있지만 종종 '고객 요구에 부합된다고' 여겨지는 것과 반대 방향으로 나가야 한다. 결국 혁신에는 지식과 기술과 용기가 모두 필요하다. 그리고 때로는 회사의 설립자만이 데이터를 무시할 용기를 발휘할 수 있다. 우리에겐 시간이 별로 없었고, 따라서 내가 나서야 했다. 나는 이렇게 말했다. "기존 고객들의 요구 사항은 신경 쓸 필요 없습니다. 제품을 혁신해 재창조하는 것이, 그래서 우리가 경쟁에서 이기는 것이 더 중요합니다."

그로부터 9개월 후 드디어 신제품이 출시됐고 우리는 잇달아 고객들과 계약을 체결할 수 있었다. 이제 든든한 신제품이 갖춰진 상태였다. 그리고 세일즈 책임자인 마크 크래니(Mark Cranney)가 전투적으로 움직여야 할 때였다. 마크는 최고 인재들로 구성된 세일즈팀을 구성했다. 그리고 세일즈 프로세스를 완전히 개편한 다음 모든 세일즈 직원을 대상으로 철저한 교육을 실시했다. 그는 직원들에게 최고가 될 것을 요구했다. 세일즈 기술이나 지식 면의 아주 사소한 실수도 용납하지 않았다.

우리는 매주 판매 예측 회의를 열었다. 이 자리에서 마크는 세일즈팀 전체 150명이 모인 가운데 모든 판매 계획을 일일이 검토했다. 하루는 세일즈 직원 하나가 거래 성사가 예측되는 고객에 관해 상세히 보고했다. "제가 접촉한 담당 직원으로부터 구매 의사를 확인했습니다. 그의 상관인 부사장과 구매부 책임자도 동의했다고 합니다. 담당 직원 말로는 회계 분기 말까지 거래 계약을 완료할 수 있을 거랍니다."

그러자 마크가 곧바로 대꾸했다. "그 회사 내에서 부사장과 동급인 여타 간부를 만나서 얘기를 나눠봤나?"

세일즈 직원 음, 아니요.

마크 그럼 부사장은?

세일즈 직원 만나지 못했습니다.

마크 좋아, 잘 듣게. 자넨 이렇게 해줘야겠어. 먼저, 눈에 쓰고 있는 낙관적인 장밋빛 색안경부터 벗어버려. 그리고 면봉을 구해서 자네 귓속의 귀지를 깨끗이 파내게. 마지막으로, 아이처럼 우물쭈물대지 말고 당장 그 부사장한테 전화를 걸어. 그렇지 않으면 그 계약은 물 건너가는 거니까.

마크가 옳았다. 알고 보니 우리는 그 계약을 성사시키기 힘든 상태였다. 부사장과 동급인 다른 간부가 중간에서 방해하고 있었던 것이다. 결국 우리는 그 간부를 직접 만난 후에야 계약을 완료할 수 있었다. 더욱 중요한 것은 이 일을 계기로 마크가 세일즈팀 전체에 확실한 방향을 잡아줬다는 사실이다. 즉, 엉성하게 적당히 얼버무리는 식의 일 처리는 절대 없어야 한다는 것이다.

이제 시장에서 경쟁력 있는 위치도 확보했으니 보다 공격적으로 움직여야 했다. 나는 주간 임원회의에서 이런 의제를 제시했다. "우리가 하지 않고 있는 것이 무엇인가?" 대개 임원회의에서는 현재 하고 있는 것들을 검토하고 평가하고 개선 방안을 찾는 것에 몰두하기 마련이다. 즉 제품의 개발 및 판매, 고객지원, 직원 채용 등과 관련한 논의 말이다. 하지만 때로는 '하지 않고 있는 것'에 초점을 맞춰야 하는 법이다.

그러던 어느 날, 임원회의에서 위 질문에 대한 답이 한 방향으로 모아졌다. 우리가 그동안 '네트워크 자동화'를 간과하고 있었다는 것이었다. 우리가 라우드클라우드에서 사용한 옵스웨어 오리지널 버전은 우리의 네트워크 자동화에 사용됐지만, 그 소프트웨어는 다소 불안정한 데다가 유저인터페이스가 촌스러웠다. 우리는 소프트웨어 회사로 새롭게 출발하면서 사업 초점을 서버 자동화에만 맞췄고, 그 결정을 재고해본 적도 없었다. 옵스웨어 출발 후 처음 몇 년간은 이런 전략으로 그런대로 잘 운영해왔지만 이제 네트워크 자동화 제품에 다시 눈을 돌려야 할 때였다.

그런데 안타깝게도 자이브는 훌륭한 코드 베이스가 아니라서 상업용 제품으로 전환할 수가 없었다. 내 앞에 놓인 선택안은 두 가지였다. 새로운 프로젝트를 구상해 개시하거나, 기존의 네트워크 자동화 업체네 곳 중에 하나를 인수하거나.

내가 엔지니어 세계에 뛰어든 초반에 깨달았던 사실이 하나 있다. 코드의 첫 번째 라인을 작성할 때까지는 모든 결정에서 객관적인 관점을 유지할 수 있지만 그 이후에는 모든 결정에 감정이 개입된다는 것이었다. 게다가 내 옆에는 업계 최고의 인수합병 협상가인 존 오파렐이 있었다. 나는 새 프로젝트에 대한 생각을 접고 기존 업체들을 조사해보기로 했다.

조사 결과는 뜻밖이었다. 기존 네트워크 자동화 회사 네 곳 중에서 가장 훌륭한 제품 아키텍처를 보유하고 있다고 판단되는 렌디션네트웍스(Rendition Networks)의 매출 규모가 제일 작았다. 이런 이유로 임원 몇몇은 우리의 기술평가에 회의감을 드러냈다. 하지만 내가 이제껏 경험해온 바에 따르면, 기존 통념은 진실과 거리가 멀 때가 많으며 효율적인 시장 가설이란 것도 믿을 만하지 않을 때가 많았다. 예컨대 연간 2,000만 달러 규모의 계약을 수주하고 세계 최고의 엔지니어 50명이 있는 옵스웨어가 현금 보유액의 절반으로 거래되는 것을 달리 어떻게 설명할 수 있겠는가? 시장은 진실을 발견하는 데 '효율적'이지 않았다. 시장은 그저 모종의 결론을 도출하는 역할에서만 효율적일 뿐이다. 심지어 그릇된 결론에 이르는 경우도 부지기수다.

우리는 인수가 제품 개발보다 현명한 선택이라는 확신이 들었다. 그리고 렌디션네트웍스를 3,300만 달러에 인수하기로 협상을 마무리했다. 인수를 완료하고 3개월이 지나지 않아 존이 우리 제품을 전매하기로 하는 거래 계약을 시스코시스템스(Cisco Systems, 세계 최대의 네트워킹 회사 – 옮긴이)와 체결했다. 이 계약에서 우리는 계약금으로 3,000만 달러를 지급받았다. 결과적으로 시스코와의 계약만으로 인수 비용의 90퍼센트 이상을 충당한 셈이었다.

어느 시점엔가는 이 질문을 꼭 던져봐야 함을 잊지 말라. "우리가 지금 하지 않고 있는 것이 무엇인가?"

최후의 결단

제품라인을 확장해나가면서 회사의 성장에도 꾸준히 가속도가 붙었다. 우리는 매출 규모가 1억 5,000만 달러에 가까운 소프트웨어 회사로 성장했다. 수익 증대와 더불어, 초반에 바닥이었던 주가도 주당 0.35달러에서 껑충 뛰어올라 6달러와 7달러 사이를 오갔다. 시가총액이 8억 달러가 넘을 때도 있었다.

그럼에도 모든 게 순탄하지만은 않았다. 분기마다 이런저런 문제와 싸워야 했고 시장의 경쟁 상황과 기술 트렌드도 빠르게 변화했다. 특히 '가상화'(virtualization)라는 기술이 시장에서 크게 주목받으면서 사업 환경의 자동화에 대한 고객들의 관점을 완전히 바꿔놓고 있었다. 사실 나 역시도 가상화가 결국 클라우드 컴퓨팅 사업 모델에 많은 가능성을 실어줄 기술적 혁신일지 모른다는 생각이 들었다.

시장 상황 이외에도, 상장기업을 운영하는 일은 늘 순탄치 않았다. 한번은 레이철 하이먼(Rachel Hyman)이라는 주주 행동주의자(shareholder activist, 투자 이익을 극대화하기 위해 임원 선임이나 교체 등 기업의 지배구조나 경영까지 개입하는 투자자를 말한다. '기업사냥꾼'으로 불리기도 한다. 기업의 장기 이익보다는 단기 이익을 겨냥한다 – 옮긴이)가 나를 통제 불능의 리더라고 비판하면서, 나를 해임하고 회사를 즉시 매각하라고 이사회에 요구했다. 당시 우리 회사 주식이 7달러, 그러니까 그녀가 주식을 처음 매입했을 때보다 10배나 뛴 가격에 거래되고 있었는데도 말이다.

하지만 나는 출구전략을 고려하지 않았다. 인수 의사를 가진 누군가가 접촉해올 때마다 나는 늘 "매각 계획이 없습니다"라고 말했다.

아직 회사를 매각할 준비가 안 된 상태였으니 그게 가장 적절한 답변이었지만, 특별히 적극적인 구매자에게는 약간의 여지를 남겨놓는 답변이기도 했다.

매각 계획이 없다는 말은 모든 제안에 무조건 귀를 닫아버리겠다는 뜻이 아니라 그저 우리가 매각을 위해 적극적으로 애쓰지는 않고 있다는 뜻이었다. 그래서 EMC 측에서 우리 회사를 인수하고 싶다는 뜻을 내비쳤을 때 나는 별 관심을 두지 않았다. 당시 우리 주가는 주당 약 6.50달러였고 그 가격 수준에서는 절대 회사를 팔 생각이 없었다. 하지만 이번에는 우리가 매각 제안을 받았다는 소식이 언론에 누설됐고 그로 인해 주가가 9.50달러까지 치솟으면서 경제 방정식을 바꿔놓았다. 결코 주가가 올라갈 상황이 아닌데 올라갔기 때문이다.

아이러니하게도 주가가 상승할수록 우리 회사의 인수에 관심을 보이는 기업이 많아졌다. 한 달 사이에 11곳의 기업에서 관심을 표명해왔다. 사업의 불확실성과 발생 가능한 소득을 감안할 때 이제는 그들의 관심을 무시할 수 없는 상황이었다.

본격적으로 인수 단계에 돌입하기에 앞서 존과 나는 마이클 오비츠에게 연락해 조언을 구했다. 존과 나는 잠재적 입찰자들 중에서 오라클이 높은 가격을 제시할 가능성이 가장 낮다고 생각하고 있었다. 재무 분석을 극도로 까다롭게 수행하는 친구들이었기 때문이다. 우리는 마이클에게 이런 우리 생각을 말하면서 오라클과의 거래를 고려해야겠느냐고 물어봤다. 그의 입에서 나온 대답은 값을 매길 수 없을 만큼 귀한 것이었다. "개들한테 경주를 시키려면 먼저 토끼가 있어야죠. 오라클이 기막히게 훌륭한 토끼가 되어줄 겁니다."

우리는 이 전략을 염두에 둔 채 일단 입찰 가격의 폭을 주당 10달러에서 11달러 사이로 넓게 설정했다. 최고 입찰가는 현 주가에 38퍼센트의 프리미엄을 더한 금액이었다. 꽤 적절한 프리미엄으로 여겨졌지만 나는 주당 11달러에는 팔고 싶지 않았다. 우리 직원들은 그동안 죽도록 고생했고 아주 많은 것을 이뤄놓았으며 우리는 정말로 훌륭한 회사였으니까. 비주류의 독립적인 회사로 남을 위험성이 상당히 컸지만, 그래도 나는 우리 직원들한테 운명을 걸고 싶었다. 나는 회사를 팔지 말자고 이사회에 제안했다.

이사회는 깜짝 놀랐지만 내 의견을 존중했다. 그럼에도 그들에게는 주주들을 대신해 힘든 질문을 던져야 할 책무가 있었다. "11달러에 팔 생각이 없다면 얼마 정도가 적당하다고 생각하십니까?" 곰곰이 생각해봐야 할 문제였다. 나는 예전에 직원들 앞에서 큰 시장에서 최고의 기업이 된다면 매각하는 일은 절대 없을 것이라고 단언했었다. 우리는 최고의 기업이 돼 있었다. 하지만 시장은 얼마나 커져 있는가? 매각하지 않고 이대로 쭉 운영하는 것을 원하는 것은 직원들인가, 나인가? 직원들을 충격에 빠트리지 않고 그것을 어떻게 알아낼 수 있을까? 나 자신과의 기나긴 대화가 시작됐다.

내 안에서 지독히도 팽팽한 토론이 벌어졌다. 한쪽의 나는 가상화 기술로 인해 가상 서버 인스턴스가 폭발적으로 증가할 것이고, 따라서 우리 제품이 그 어느 때보다 크게 필요해질 것이라고 주장했다. 또 다른 나는 그 말도 맞을지 모르지만 아키텍처 트렌드의 변화 때문에 우리의 시장 포지션이 흔들릴 것이라고 맞받아쳤다. 나는 몇 주일에 걸쳐 고민에 고민을 거듭하다가 마침내 결론을 내렸다. 시장이 너무 빠르게 변하고 있으므로 선두 자리를 지키기 위해서는 우리의 제품 아키텍처를 대대적으로 변화시켜야 한다고 말이다.

최종 질문에 대한 답을 찾는 열쇠는 직원들의 의사를 파악하는 것이었다. 그들은 또 다른 거대한 도전에 맞설 준비가 돼 있을까, 아니면 기나긴 여정을 마무리할 준비가 돼 있을까? 나는 직속 부하들을 불러 놓고 생각을 물었다. 답은 분명했다. 옵스웨어가 굉장히 커다란 기회를 눈앞에 두고 있다고 느끼는 단 한 사람을 제외하고 모두가 매각을 원했다. 그렇다면 이제 매각 가격이 문제였다. 얼마가 적절할 것인가?

나는 존 오파렐과 오랫동안 논의한 끝에 주당 14달러가 적당하다고 판단했다. 즉 회사 전체를 약 16억 달러에 넘기는 것이다. 나는 이사회에 이 수치를 제시했다. 그들은 너무 높은 가격이라면서 그 정도 가격이면 입찰 희망자들이 많이 나서지 않을 것이라고 했지만, 그럼에도 내 의견을 존중해줬다. 나는 인수 의사를 밝혔던 모든 기업에 연락해 주당 최소 14달러 이상의 인수 제안만 받아들이겠다고 알렸다. 역시나 선뜻 나서는 기업이 한 곳도 없었다.

그 어느 곳에서도 명확한 제안이 오지 않는 상황이 한 달 넘게 이어지자 인수 협상이 체결되기 힘들다는 생각이 들었다. 나는 회사의 경쟁력 유지를 위한 쇄신 전략을 궁리하는 데 다시 몰두했다. 그러던 와중에 BMC소프트웨어(BMC Software)의 CEO인 밥 뷰챔프(Bob Beauchamp)로부터 전화가 왔다. 그는 주당 13.25달러를 제안했다. 나는 단호하게 말했다. "밥, 우리가 원하는 것은 14달러입니다." 밥은 생각을 좀 해봐야겠다고 하더니 이틀 후에 다시 전화를 걸어 14달러를 제안했다. 와우, 개가 토끼가 아닌 버스를 잡은 셈이었다.

존과 나는 즉시 다른 인수 희망 기업들에 연락해 우리가 원하는 가격을 지불하겠다는 기업을 찾았다고 전했다. 아직 옵스웨어에 관심을 갖고 있었던 HP에서는 내가 허세를 부리고 있을지 모른다고 생각했는지 13.50달러를 제안했다. 나는 상장기업의 CEO로서 14달러보다 낮은 가격은 받아들일 수 없다고 못 박았다. 결국 HP는 주당 14.25달러, 즉 현금 16억 5,000만 달러를 제안했고, 그렇게 거래가 성사됐다.

라우드클라우드에서 옵스웨어로 재탄생하고 또 옵스웨어를 매각하기까지 그 기나긴 과정이 끝났을 때, 8년이란 시간 동안 모든 에너지를 쏟아부어 쌓아온 무언가가 내 손을 떠났다는 게 실감나지 않았다. 정말로 내가 그것을 떠나보냈단 말인가? 나는 한동안 앓았다. 식은땀을 흘리며 잠을 설쳤고 먹은 것을 게워냈으며 이따금 눈물도 흘렸다. 하지만 깨달았다. 그것이 내가 지금껏 한 일 중에 가장 잘한 일이었다는 것을. 우리는 아무것도 없는 상태에서 시작해 무언가를 일궈냈고, 그것이 다시 무로 돌아가는 것을 목격했으며, 그다음에는 그것을 16억 5,000만 달러의 독점 사업권으로 재탄생시켰다.

그 무렵 나는 내 사업 수명이 어쩐지 끝나버린 것 같은 기분에 휩싸였다. 그동안 수많은 뛰어난 인재를 사업에 합류시켜 함께 뛰었고, 회사 설립에서부터 기업공개, 그리고 매각에 이르기까지 모든 단계를 겪고 난 후였다. 그 모든 과정을 또 겪고 싶은 마음은 추호도 들지 않았다. 하지만 나는 그 과정에서 너무나도 귀중한 많은 것을 배웠다. 비즈니스가 아닌 전혀 다른 무언가를 시도하는 것은 미련한 시간 낭비일 것 같았다. 그래서 새로운 종류의 벤처캐피털 회사를 세우기로 마음먹었다.

그 얘기는 9장에서 자세히 전하겠다. 그전에 먼저 내가 지금까지 배우고 깨달은 모든 것을, 그리고 라우드클라우드와 옵스웨어를 운영하면서 겪은 일들을 짚어보면 좋을 것 같다. 어쩌면 그런 얘기들이 당신 앞에 놓인 골치 아픈 문제들을 해결하는 데 작은 실마리가 될 수 있을지도 모른다.

THE HARD THING

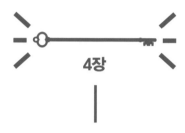

4장

—

CEO의 숙명, 악전고투

ABOUT HARD THINGS

회사를 구축해나갈 때에는 언제든 해법이 있다고 믿어야지
그것을 찾을 확률에 주의를 기울여서는 안 된다.
그냥 찾아내야 한다는 얘기다.
90퍼센트든 0.1퍼센트든 확률은 중요치 않다.
CEO의 임무는 언제든 똑같다.

확정적 질문과 비확정적 질문은 어떻게 구분하고 이해해야 하는가? 이때 이용하는 몇 가지 틀이 있다. 수학적인 틀에서 보면 이 둘은 미적분학과 통계학의 관계와 같다. 확정적 세계에서는 미적분학이 우위를 차지한다. 그것으로 특정 상황을 정확하고 확실하게 계산할 수 있기 때문이다. 로켓을 달에 보내는 경우, 처음부터 끝까지 경로를 정확히 계산해야 한다.

하지만 '로켓'을 일단 쏜 뒤 전개 상황을 단계별로 파악하는 스타트업 세계는 이와 사뭇 다르다. 달까지 가게 될까? 혹은 목성? 아니면 그저 우주 미아가 되는 거 아냐? 실제로 90년대에는 출범팀은 있어도 착륙팀은 없는 회사들이 많았다.

비확정적인 미래와 관련해서는 어떤 식으로든 확률과 통계가 세상을 이해하는 지배적인 양식이 된다. 종형곡선과 랜덤워크(random walk)가 개연성 있는 미래의 모습을 정의한다. 고등학교에서 미적분학을 없애고 통계학으로 대체해야 한다는 주장은 이런 점에서 매우 탁월한 견해다. 통계학이야말로 진정으로 중요하고 유용한 분야이기 때문이다. 통계학적 사고방식이 미래를 경영할 것이라는 개념이 강력한 설득력을 발휘하고 있다.

피터 틸(Peter Thiel)

라우드클라우드 사업에서 클라우드 컴퓨팅 서비스 부문을 매각하려 애쓰던 무렵, 나는 거래의 진척 상황을 알려주기 위해 빌 캠벨을 만났다. 그 거래는 실로 중요했다. 거래가 성사되지 않으면 회사가 파산에 들어갈 게 뻔했기 때문이다.

관심을 표명한 두 기업 IBM과 EDS 그리고 우리가 현재 어떤 상태에 있는지 소상히 설명하고 나자, 빌은 잠시 생각에 잠겼다. 그러다 문득 내 눈을 똑바로 보면서 이렇게 말했다. "벤, 그 거래를 진행시키는 일과 별도로 자네가 할 일이 또 있네. 이 일은 자네의 고문변호사와 단둘이 진행해야 할 걸세. 회사의 파산 준비를 하란 말일세."

제3자가 보기에는 빌이 나에게 만약을 대비해 나름의 비상계획을 수립하라고 신중하게 충고하는 상황처럼 보일 것이다. 그러나 그의 목소리와 눈빛에 담긴 의미는 다소 달랐다. 파산으로 갈 수밖에 없을 것이라는 그의 믿음을 그대로 보여주고 있었다.

빌과 나눈 대화는 한 친구가 자신의 형이 겪은 사건이라며 내게 들려준 이야기를 상기시켰다. 그의 형은 젊은 의사였는데, 어느 날 35세 나이의 한 남성이 진찰을 받으러 왔다고 한다. 그 남자는 상태가 몹시 나빠 보였다. 눈은 움푹 꺼졌고 피부는 잿빛이었다. 젊은 의사는 뭔가가 잘못됐다는 것은 알았지만 정확히 무엇이 문제인지를 알 수 없었다. 그래서 나이 든 동료 의사에게 와서 진단을 도와달라고 요청했다. 경험 많은 그 동료 의사는 남자를 검사하더니 그냥 집으로 돌려보냈다. 그러고 나서 젊은 의사에게 이렇게 말했다. "저 친구는 죽었네."

젊은 의사는 크게 놀랐다. "무슨 말씀이세요? 저렇게 살아서 걸어 나갔는데, 죽었다니요?" 나이 든 의사는 대답했다. "본인은 아직 그 사실을 모르지만 저 환자는 죽은 거라네. 심근경색을 겪었는데, 저렇게 젊은 나이에 그게 일어나면 몸이 유연하게 순응하질 못해 회복이 안 된다네. 회복이 안 되니까 죽은 몸이지." 과연 그의 말대로 3주 뒤 그 환자는 사망했다.

빌은 내게 이와 똑같은 얘길 하고 있었다. 비록 그 거래를 성사시키기 위해 애쓰며 돌아다니고 있지만, 내가 그것을 모르고 있을 뿐 사실은 이미 죽은 몸이라고 말이다. 그런 말을 하는 것은 그에게도 몹시 힘든 일이었다. 오직 최고의 친구만이 용기를 내서 그런 끔찍한 소식을 들려줄 수 있을 것이다. 그런 말을 듣는 나 역시 몹시 힘들었다. 그는 내가 감정적으로 대비할 수 있도록, 그리고 불가피한 장례식에 대해 회사를 재정적으로 준비시킬 수 있도록 조언을 해준 것이다. 기술업계가 핵겨울을 맞이한 상황에서 회사를 구하는 거래를 성사시킬 확률은 사실상 제로에 가까웠다. 확률상 나는 죽은 몸이었다.

그러나 나는 비상계획을 수립하지 않았다. 불가능해 보이는 C 라운드 자금 모집과 기업공개 과정을 통해서 나는 한 가지 중요한 교훈을 배웠다. "스타트업 CEO는 확률에 의존해서는 안 된다." 회사를 구축해나갈 때에는 언제든 해법이 있다고 믿어야지 그것을 찾을 확률에 주의를 기울여서는 안 된다. 그냥 찾아내야 한다는 얘기다. 90퍼센트든 0.1퍼센트든 확률은 중요치 않다. CEO의 임무는 언제든 똑같다.

결국 나는 해법을 찾아냈고, 우리는 DES와의 거래를 성사시켰으며, 파산하지 않았다. 나는 빌에게 전혀 화가 나지 않았다. 지금까지도 나는 그가 말해준 확률에 관한 진리에 대해 진심으로 고맙게 생각한다. 나는 통계학을 믿지 않는다. 나는 내가 믿는 건 미적분학이다.

사람들은 늘 내게 CEO로 성공한 비결이 뭐냐고 묻는다. 슬프게도 비결은 없다. 다만 한 가지 기술이 있다면, 뾰족한 수가 보이지 않을 때조차도 집중을 해서 최선의 수를 두는 능력이라 말하고 싶다. 숨고 싶거나 죽고 싶을 때가 바로 CEO로서 남과 다른 특별한 면모를 보여줄 순간이다. 나는 지금부터 그런 악전고투 상황을 이겨내는 방법에 관한 몇 가지 교훈을 제공할 것이다. 너무 많은 피를 흘리거나 그만두는 일 없이 시련을 이겨내는 긴요한 교훈들 말이다.

대부분의 경영서는 상황을 그르치지 않기 위해 일을 올바로 수행하는 방법에 초점을 맞춘다. 하지만 나는 상황을 그르친 후에 취해야 할 조치들에 관해 이야기하고 싶다. 다행스러운 소식은 내가 그쪽으로 경험이 많고, 다른 CEO들도 대부분 그러하다는 사실이다.

그중에서도 임직원을 자르는 문제는 게임의 종반전에 발생하는 심각한 현안이다. 그런 문제를 제일 먼저 다루는 이유는 "항상 죽음을 염두에 둬라"라는 일본 무사도의 제1원칙을 따르기 위해서다. 늘 죽음을 염두에 두고 매일을 마지막 날처럼 사는 무사는 당연히 모든 행동을 적절하게 수행하기 마련이다. 마찬가지로 CEO 역시 다음의 교훈들을 늘 염두에 둔다면, 직원을 고용하고 훈련시킬 때는 물론, 기업 문화를 구축할 때도 적절한 초점을 유지할 수 있다.

악전고투

기업가라면 모두 명확한 성공의 비전으로 무장하고 회사를 시작한다. 경이로운 환경을 창조하고 가장 능력 있는 직원들을 고용할 것이다. 그리하여 함께 아름다운 제품을 창출해 고객을 기쁘게 하며 작으나마 세상의 발전에 기여할 것이다. 분명 기막히게 멋진 미래가 펼쳐질 것이다.

하지만 그러한 비전을 실현하기 위해 밤낮으로 일하는 어느 날, 상황이 계획대로 돌아가고 있지 않다는 사실을 문득 깨닫는다. 이상하게도 회사는 창업박람회장에서 들었던 트위터의 창시자 잭 도시(Jack Dorsey)의 기조연설처럼 굴러가지 않는다. 제품은 고치기 어려운 여러 문제를 안고 있다. 마땅히 형성되리라 예상됐던 시장은 잘 보이질 않는다. 직원들은 자신감을 잃고 있고 일부는 이미 그만둔 상태다. 그만둔 친구들이 비교적 유능했던 직원들인지라 남아 있는 친구들마저 그냥 자리를 폐차고 있는 게 현명한 건지 아닌지 갈피를 못 잡는다. 현금은 바닥을 드러낼 기미를 보이고, 벤처캐피털리스트들은 유럽발 경제위기가 곧 닥칠 상황이라 자금을 모집하는 게 힘들 것 같다고 말한다.

회사의 경쟁력은 빛을 잃어가고 있다. 충직한 고객도, 훌륭한 직원도 떠나고 거대한 벽이 점점 가까이 다가오기 시작한다. 도대체 어디서 무엇이 잘못된 것일까? 왜 회사는 계획한 대로 굴러가지 않는 것일까? CEO의 능력이 모자란 것일까? 달콤한 꿈이 악몽으로 변할 때, 바로 그 순간부터 악전고투는 시작된다.

악전고투란 무엇인가

삶은 악전고투다.

칼 마르크스(Karl Marx)

악전고투는 애초에 왜 회사를 세웠는지 의구심이 드는 상황이다. 사람들이 당신에게 왜 그만두지 않는지 묻는데 당신은 그 답을 모르는 상황이다. 직원들이 당신이 거짓말을 하고 있다고 생각하는데 당신 역시 직원들이 맞을지도 모른다고 생각하는 상황이다. 악전고투는 입맛을 잃는 상황이다.

악전고투는 당신 스스로 회사의 CEO로 적절한지 의심이 드는 상황이다. 당신이 감당하기 어렵다는 것을 알지만 다른 사람으로 대체할 수도 없다는 것을 아는 상황이다. 모두가 당신을 바보로 생각하지만 아무도 당신을 물러나게 하지는 않는 상황이다.

악전고투는 자기의심이 자기혐오로 변하는 상황이다. 누군가와 대화를 나누면서도 머릿속으로는 온통 악전고투 생각뿐이라 상대의 말이 귀에 들어오지 않는 상황이다. 그 고통이 멈추길 원하는 상황이다. 악전고투는 불행이다. 기분 전환을 위해 휴가를 떠나지만 기분이 더 엉망이 되는 상황이다.

악전고투는 사람들에게 둘러싸여 있으면서도 외로움을 느끼는 상황이다. 악전고투는 자비가 없다. 악전고투는 깨진 약속과 무너진 꿈의 땅이다. 악전고투는 식은땀이다. 악전고투는 속이 끓어올라 피를 토할 것 같은 상황이다.

악전고투는 실패가 아니지만 실패를 유발한다. 특히 당신이 허약할 때 그러하다. 당신이 허약할 때면 늘 그러하다. 대부분의 사람은 충분히 강인하지 못하다. 스티브 잡스나 마크 저커버그(Mark Zuckerberg) 등과 같은 위대한 기업가 역시 악전고투를 겪었으며 그런 상황에서 그들은 실로 고군분투했다. 그러니 안심하라. 당신만 그런 게 아니다. 물론 그렇다고 해서 당신이 이겨내리란 보장은 없다. 이겨내지 못할지도 모른다. 그게 그리 만만하면 악전고투라 하겠는가.

결국 악전고투는 위대함이 발현되는 상황이다.

악전고투에 대처하는 CEO의 자세

슬프게도 악전고투에 대한 해법은 없다. 하지만 내 경우 도움이 된 몇 가지는 있었다.

- **모든 것을 홀로 짊어지지 마라** 당신에게 실망스런 일이라면 직원들에게는 더욱더 큰 실망을 안겨줄 것이라 생각하기가 쉽다. 사실은 그렇지 않다. 오히려 그 반대다. 가장 큰 책임을 진 사람보다 더 손실을 힘겹게 받아들이는 사람은 없다. 어느 누구도 당신만큼 아프게 느끼질 않는다. 모든 부담을 나눌 수는 없지만, 할 수 있는 한 모든 부담을 나눠라. 존립에 위협을 가하는 문제

일지라도 가능한 한 많은 사람의 두뇌를 모아 해결책을 강구하라. 옵스웨어를 경영하던 시절 너무 많은 거래를 잃고 있을 때 나는 모든 관계자를 모아 회사 전체에 천명했다. 우리가 계속 엉덩이를 걷어차이고 있고, 이런 식으로 걷어차이며 피를 흘리다가는 곧 죽게 될 것이라고. 하지만 아무도 눈 하나 깜박이지 않았다. 그렇게 직원들은 팀을 규합했고, 승리의 제품을 만들어냈다. 그리고 내 불쌍한 엉덩이를 구해줬다.

- **염병할 체스판에는 언제든 수가 있다** 기술업계는 극도로 복잡해지는 경향이 있다. 근원 기술이 움직이고 경쟁 상황이 움직이며 시장이 움직이고 사람들이 움직인다. 결과적으로 〈스타트렉〉에 나오는 3차원 체스판처럼 늘 수가 생기기 마련이다. 진정 아무런 수가 없다는 생각이 드는가? 그렇다면 직전 분기수익 200만 달러에 직원은 340명, 다음 해 예상 수익은 7,500만 달러로 계획 잡은 회사를 상장시키는 것은 어떠한가? 나는 그런 수를 두었다. 그것도 기술 기업이 기업공개에 들어가기에는 최악의 시기로 인식되던 2001년에 말이다. 현금이 6주 사용분밖에 안 남은 상황에서 나는 그 수를 뒀다. 수는 늘 있기 마련이다.

- **최대한 길게 버텨라, 운이 따라줄 수도 있다** 기술 게임판에서는 내일이 오늘과 아주 딴판일 수 있다. 내일을 볼 수 있을 정도로 길게 생존하면 오늘은 찾을 수 없어 보이는 해법을 발견하게 될 수도 있다.

- **사적인 감정으로 받아들이지 마라** 당신이 현재 처한 입장은 당신의 잘못 탓일 가능성이 크다. 당신이 사람들을 고용했고 당신이

결정을 내렸으니까. 하지만 당신은 이미 이 일을 맡을 때부터 위험한 일이라는 것을 알고 있었다. 실수를 저지르지 않는 사람은 없다. 모든 CEO가 수천 가지 실수를 저지른다. 자신을 평가하고 스스로 낙제점을 주는 것은 전혀 도움이 되지 않는다.

- **어른과 아이의 차이는 역경을 극복하는 데 있음을 잊지 마라** 위대해지고 싶다면 역경을 도전 과제로 받아들여라. 위대해지고 싶지 않다면, 애초에 회사를 시작하지 말았어야 했다.

악전고투 상황에 처하면 그 어떤 것도 쉽지 않고 어떤 것도 옳게 느껴지질 않는다. 당신은 심연에 빠진 것이고 거기서 벗어나지 못할지도 모른다. 나 역시 뜻밖의 운과 도움이 없었다면 그냥 길을 잃고 말았을지도 모른다. 악전고투 상황에 처한 모두가 힘과 평온을 찾게 되길 기원할 따름이다.

창업자 겸 CEO에게 가장 중요한 경영 교훈 중 하나는 우리의 직관과 매우 거리가 멀다. 내가 CEO로서 가장 큰 개인적 발전을 이룬 계기는 지나치게 긍정적인 태도를 버리던 순간에 마련됐다.

젊은 CEO로서 나는 상당한 압박감을 느끼고 있었다. 직원들이 내게 의존하는 데서 오는 압박감, 내가 무엇을 하고 있는지 잘 모르는 데서 오는 압박감, 남의 돈 수천만 달러를 책임지는 데서 오는 압박감…. 이러한 부담으로 인해 나는 손실에 매우 민감하게 반응했다. 거래를 따내지 못하거나 기일을 놓치거나 흡족하지 않은 제품을 출하하는 경우 극심한 스트레스에 시달렸다. 그리고 그러한 부담을 직원들과 나누면 문제가 악화될 뿐이라고 생각했다. 긍정적이고 밝은 태도를 투영해야 한다고, 근심의 무거운 짐을 지지 않은 부대를 단결시켜 승리로 이끌어야 한다고 믿었다. 완전히 잘못된 생각이었다.

나는 처남인 카튜와 대화를 나누던 중에 문득 내 실수를 깨달았다. 당시 카튜는 AT&T에서 전화선 수리공으로 일하고 있었다. 마침 그얼마 전에 AT&T의 고위직 임원을 만났던 터라(편의상 '프레드'라고 하자), 카튜가 그 사람을 아는지 궁금했다. 내가 묻자 카튜는 이렇게 답했다. "그럼, 프레드 잘 알지. 분기에 한 번씩 와서는 내 엉덩이에 약간의 햇살을 비춰주고 가거든." 그 순간 나는 내가 지나치게 긍정적인 태도로 회사를 망쳐왔다는 사실을 깨달았다.

그동안 나는 긍정적인 면을 부각하고 부정적인 면을 무시함으로써 직원 모두의 사기를 진작하고 있다고 생각했다. 그러나 우리 직원들은 현실이라는 것이 그렇지 않다는 것을, 내가 묘사하는 것보다 미묘하다는 것을 잘 알고 있었다. 그럼에도 회의 때마다 그들의 엉덩이에 햇살을 비춰주기 위해 애쓰는 내게 귀를 기울여야 했던 것이다.

어쩌다 나는 그런 실수를 저질렀고, 또 왜 그게 그렇게 큰 실수일까?

긍정의 착각

회사에서 지위가 가장 높은 사람으로서, 나는 내가 나쁜 소식을 가장 잘 다룰 수 있다고 생각했다. 하지만 사실은 그 반대였다. 나보다 더 심각하게 나쁜 소식을 받아들이는 사람이 없었다. 엔지니어들은 내가 밤잠을 못 이루며 고민하는 문제들을 쉽사리 털어버렸다. 결국 나는 창업 CEO이었다. 회사와 '결혼한' 셈이었다. 만약 상황이 심각하게 잘못되면 그들은 떠나버리면 그만이었지만 나는 그럴 수 없었다. 결과적으로 직원들이 나보다 훨씬 더 손실을 능숙하게 다뤘다.

더 바보 같은 점은 회사의 문제에 대해서 고민하는 게 내 일이며 나만의 일이라고 여긴 부분이다. 더 명료하게 생각했다면 그게 말이 안 된다는 것을 깨달았을 것이다. 예를 들어, 제품에 문제가 생기면 왜 나만 고민해야 하는가. 내가 문제를 해결하는 데 필요한 코드를 작성하는 사람도 아니지 않은가.

해당 문제를 해결할 수 있는 사람들에게, 그것을 고치는 일에 개인적인 흥미뿐 아니라 동기까지 느끼는 담당자들에게 문제를 넘기는 게 훨씬 더 나은 방법이었다. 예를 하나 더 들어보자. 대형 잠재고객을 놓쳤을 땐 조직 전체가 그 이유를 이해할 필요가 있었다. 그래야 함께 힘을 모아 제품이나 마케팅, 세일즈 과정에 생긴 문제를 고쳐나갈 수 있지 않은가. 그러한 실패를 계속 나만 끌어안고 아파하면 그 과정을 개선할 방법이 없지 않은가.

왜 있는 그대로 얘기하는 일이 필수적인가?

회사의 문제들에 투명성을 유지해야 하는 세 가지 중요한 이유가 있다.

1. 신뢰가 구축된다

신뢰가 없으면 의사소통이 단절된다. 그리고 어떤 인간관계에서든 소통에 필요한 대화의 양은 신뢰의 수준에 반비례한다.

만일 내가 당신을 완벽하게 신뢰한다면, 당신이 무엇을 하든 내가 그에 대한 설명이나 의사소통을 요구하지 않는다. 당신이 행하는 모든 것이 나의 최상의 이익에 부합하리라는 것을 알고 있기 때문이다. 반면에 당신을 전혀 신뢰하지 않는다면 당신이 아무리 많은 대화나 설명, 논리를 동원해도 내가 어떤 영향을 받을 가능성이 없다. 당신이 진실을 말하고 있다는 것조차 신뢰하지 않기 때문이다.

회사 차원에서라면 이런 점은 훨씬 더 중요해진다. 회사의 성장 과정에서 의사소통은 가장 큰 도전으로 부상하기 마련이다. 만약 직원들이 근본적으로 CEO를 신뢰한다면, 그렇지 않은 경우보다 의사소통이 훨씬 더 효율적으로 이뤄질 것이다. 이러한 신뢰를 키우는 데 핵심적인 부분이 바로 있는 그대로 말하는 것이다. 꾸준히 신뢰를 구축해 나가는 CEO의 능력이야말로 잘 돌아가는 회사와 혼란 속에서 헤매는 회사를 구분 짓는 특징 중 하나다.

2. 힘든 문제일수록 많은 머리를 맞대는 게 낫다

위대한 기술 기업을 건설하려면 엄청나게 똑똑한 다수의 인재를 고용해야 한다. 그런 두뇌들을 모아놓고 가장 큰 문제를 해결하는 데 이용하지 않는 것은 순전히 낭비. 아무리 명석한 두뇌라도, 잘 모르는 문제를 해결할 수는 없다. 오픈소스 커뮤니티에서 설명하는 표현을 빌리자면, 이렇게 정리할 수 있겠다. "눈알만 충분히 많으면 모든 버그는 보이기 마련이다."

3. 나쁜 소식은 빨리, 좋은 소식은 천천히 퍼지는 조직문화가 바람직하다

실패한 회사들을 조사해보면, 실제로 회사가 망하기 오래 전부터 다수의 직원이 문제점을 알고 있었음을 알 수 있다. 그렇다면 그들은 그런 치명적인 문제점을 알고 있으면서 왜 아무런 말도 하지 않았던 것일까? 대부분의 경우 그것은 조직문화 탓이다. 그 회사의 문화가 나쁜 소식의 전파를 금기시했기 때문이라는 얘기다. 그래서 조치를 취하기에는 너무 늦은 상황에 이를 때까지 나쁜 소식이 묻혀 있었던 것이다.

건강한 기업문화는 직원들로 하여금 나쁜 소식을 나누도록 장려한다. 사내의 문제들을 공개적으로 자유롭게 논의하는 회사는 빠르게 해법을 찾을 수 있다. 문제를 숨기는 회사는 관련된 모든 사람을 좌절시킨다. 따라서 CEO가 취해야 할 행동은 하나뿐이다. "해결책을 찾도록 문제를 공개하는 사람들을 처벌하지 않고 포상하는 문화를 형성하라."

그러자면 먼저 회사에서 정보의 자유로운 흐름을 방해하는 '경영 격언들'을 경계해야 한다. 대표적인 예로 "문제를 가져오려거든 해결책도 가져오라"는 구닥다리 경영 규범이 있다. 만약 어떤 중대한 문제를 해당 직원이 해결할 수 없다면 어쩌란 말인가. 예컨대 한 엔지니어가 제품의 출시를 준비하던 중에 심각한 결함을 발견한다면 어떻게 할 것인가. 실로 그가 그 소식을 묻어버리길 원하는가. 경영과 관련된 이런 뻔한 격언들은 직원들에게 추상적으로 동기를 고취하는 데는 좋을지 몰라도, 정보의 자유로운 흐름과 관련해서는 최악의 적이 될 수도 있다. 그리고 정보 흐름의 단절은 회사의 건강에 치명적인 손상을 불러올 수도 있다.

회사를 경영하는 사람은 과도하게 긍정적인 태도를 유지하고픈 압도적인 심리적 압박감을 느끼기 마련이다. 그러한 압박감을 이겨내고 두려움에 당당히 맞서서 사실을 있는 그대로 전하라. 그것이 CEO의 책무다.

직원을 해고하는 올바른 방법

옵스웨어를 HP에 매각한 직후, 나는 세콰이어캐피털의 전설적인 벤처캐피털리스트 더그 레온(Doug Leone)을 만났다. 그는 세간의 눈에는 명운이 다한 것으로 보이던 우리가 어떻게 자본재편도 없이 16억 달러라는 결과물로 재탄생했는지 궁금해했다.

나는 그에게 우리가 밟은 과정을 소상히 들려줬다. 몇 차례의 파산 위기와 주당 35센트까지 떨어진 주가, 나쁜 소식을 무한정 쏟아내던 언론, 도합 400명을 내보낸 세 차례의 정리해고 과정 등에 대해 이야기하고 나자 그는 특히 정리해고 부분을 놀라워했다. 벤처캐피털업계에 20년 이상을 몸담았지만 몇 차례 연이어 정리해고를 단행하고 10억 달러 이상의 결과물로 회생한 기업은 본 적이 없다고 했다. 그는 그런 회사는 결코 바람직한 종국을 맞이할 수 없다는 데 늘 내기를 걸었다고 고백했다.

내 경험이 그런 특별한 예외에 속한다는 얘기를 듣자, 나는 더 많은 정보를 알고 싶었다. 그래서 그에게 다른 스타트업들이 바람직한 종국을 맞이하지 못한 이유를 물었다. 그는 정리해고는 필연적으로 회사의 문화를 파괴한다고 답했다. 동료들이 잘려나가는 상황을 지켜본 직원들은 더 이상 회사를 살리는 데 필수적인 희생을 감수하고픈 의욕을 가질 수 없다는 것이었다. 그는 스타트업의 경우 한 차례의 정리해고를 통해 살아남는 것은 가능하더라도 거대한 성공까지 거두는 것은 거의 불가능하다고 말했다. 또한 그는 끔찍한 언론 보도의 와중에 세 차례의 연이은 대규모 정리해고를 단행하고 나서 그렇게 높은 가치를 갖도록 회사를 만드는 것은 벤처캐피털 물리학 법칙에 완전히 위배되는 일이라고 덧붙였다. 그는 우리가 어떻게 정리해고를 했기에 이런 결과가 나왔는지 궁금해했다.

확실히, 우리는 몇 차례의 대량 정리해고에도 불구하고 문화적 연속성을 유지하며 최고의 직원들을 보유할 수 있었다. 그 이유는 사람들을 올바른 방식으로 해고했기 때문이다. 헛소리처럼 들릴지도 모르겠다. 대량 정리해고가 근본적으로 잘못된 것인데, 어떻게 '올바르게' 행한단 말인가? 지금부터 그 방법을 차근차근 알아보자.

1단계: 마음을 단단히 먹고 미래를 바라보라

회사의 실적이 재무계획에 턱없이 모자라면 막대한 시간과 비용을 들여 고용한 직원들을 해고해야 한다. 이때 CEO가 느끼는 부담은 겪어보지 않은 사람은 모른다. 우리 회사에서 첫 번째 정리해고를 단행할 때 일단의 직원들 사이에 오고간 이메일이 내게 전달된 적이 있다. 똑똑한 축에 속하는 한 직원이 그 이메일에 이렇게 첨언했다. "벤은 거짓말을 하고 있거나 멍청하거나 그 둘 다다." 그것을 읽고 이런 생각이 든 기억이 난다. "멍청한 게 분명해." 이런 시기에는 미래에 초점을 맞추기가 힘들다. 과거가 당신을 짓누르기 때문이다. 하지만 미래에 초점을 맞추는 것, 그것이 바로 CEO의 임무다.

2단계: 지체하지 마라

일단 정리해고를 결정했다면, 집행을 서둘러야 한다. 시간을 지체하면 말은 새어나가게 돼 있다. 그렇게 되면 추가적인 문제들이 벌어진다. 직원들이 관리자들에게 해고가 임박했는지 묻기 마련인데, 그때 관리자들이 그에 대해 잘 모르면 멍청하게 비칠 게 뻔하다. 관리자들이 잘 알고 있어도 문제다. 그들이 직원들에게 거짓말을 하거나 비밀 누설에 일조하거나 침묵을 유지할 수밖에 없기 때문이다. 어떤 경우든 추가적인 동요를 피할 길이 없다. 라우드클라우드/옵스웨어 시절 첫 번째 정리해고를 실시할 때, 우리도 이 부분에서 실수를 저질렀다. 하지만 이후 두 차례 과정에서는 앞선 교훈을 토대로 제대로 상황을 정리할 수 있었다.

3단계: 원인을 명확히 하라

정리해고에 들어가면 이사회에서는 때로 상황에 대한 나름의 긍정적인 해석으로 CEO의 우울감을 덜어주려 할 수도 있다. 그들은 이렇게 말할지도 모른다. "이번 일로 우리는 몇 가지 실적 문제를 해결할 좋은 기회를 얻고 사업을 단순화할 수 있습니다." 맞는 얘기일 수도 있겠지만, 이런 말로 사고가 흐려지거나 조직에 전하는 메시지가 희석돼서는 안 된다.

정리해고를 단행하는 이유는 회사가 재무계획상의 목표를 달성하는 데 실패했기 때문이다. 만약 개인적인 실적이 유일한 문제라면 분명히 다른 조치를 취했을 것이다. '회사의' 실적이 문제인 것이다. 이 구분은 정말 중요하다. 해고당하는 직원들과 조직 전체에 전하는 메시지가 "이는 정말 훌륭한 조치다. 우리는 실적을 개선하고 있는 중이다"와 같은 게 되면 안 되기 때문이다. 그 메시지는 반드시 "회사가 잘못했고, 앞으로 나아가기 위해 일부 탁월한 직원을 잃을 수밖에 없다"와 같은 식이 돼야 한다.

실패를 인정하는 일이 무슨 대수냐고? 실로 대수다. "나를 믿으세요." 이는 CEO가 일상적으로 직원들에게 내뱉는 말이다. "나를 믿으세요. 우리 회사는 정말 멋진 기업이 될 겁니다. 나를 믿으세요. 여기서 일하는 것은 당신의 경력에 훌륭한 도약을 안겨줄 겁니다. 나를 믿으세요. 이 직장은 당신의 인생에 행복을 안겨줄 겁니다." 정리해고는 그런 약속을 모두 물거품으로 만들며 신뢰를 깨뜨린다. 신뢰를 재구축하려면 당신은 실패를 자인해야 한다.

4단계: 관리자들을 대비시켜라

전체 과정에서 가장 중요한 단계가 관리자들을 훈련시키는 일이다. 아무런 대비 훈련도 없이 그들을 불편한 상황에 처하게 만들면 대부분은 적절히 대응치 못하고 좌절하기 마련이다.

그 훈련은 해고의 황금률로 시작하라. "관리자들이 직접 수하 직원들을 해고해야 한다." 관리자들이 그 일을 인사부나 사디스트적인 동료에게 떠넘기게 해서는 안 된다. 영화 〈인 디 에어〉에 나오는 것과 같은 해고 전문 아웃소싱 회사와 거래해서도 안 된다. 모든 관리자가 자신의 부하 직원에게 직접 해고 통보를 해야 한다.

이 사항을 엄격히 지켜야 하는 이유는 무엇일까? 차라리 대립에 강한 모진 성격의 관리자 몇 사람이 전체 해고 임무를 수행하는 게 낫지 않을까? 그렇지 않다. 사람들은 회사에서 일한 모든 날을 기억하진 못해도 자신이 해고당한 날은 확실하게 기억하기 마련이다. 따라서 세세한 하나하나가 크게 중요하다. 당신 회사와 관리자들의 평판은 당신을 믿고 열심히 일한 직원들을 당신이 자신감 있게 대면할 수 있느냐에 좌우된다. 당신이 고용하고 당신이 일을 시켰으니 해고도 당신이 직접 용기를 내서 수행하길 직원들은 기대한다.

이 사실을 명확히 했다면, 관리자들에게 다음의 사항을 준수해서 일을 수행하도록 준비시켜야 한다.

- 그동안의 상황을 간단히 설명하고, 개인적 실패 때문이 아니라 회사의 실책으로 이런 상황이 전개되는 것임을 분명히 해야 한다.
- 당사자는 충격을 받겠지만 결정을 철회할 수는 없다는 점을 분명히 해야 한다.
- 회사에서 제공하기로 계획한 위로 혜택과 지원의 모든 세부사항을 완전히 숙지해야 한다.

5단계: 회사 전체에 알려라

정리해고를 집행하기에 앞서 CEO는 조직 전체에 관련 내용을 알려야 한다. CEO는 적절한 맥락을 설명하고 관리자들의 운신을 돕는 종합적인 메시지를 임직원 전체에 전달해야 한다. 당신이 이 일을 올바르게 집행하면 관리자들은 훨씬 수월하게 해고 임무를 수행할 수 있을 것이다. 언젠가 인튜이트의 CEO 출신인 빌 캠벨이 내게 해준 말이 있다. 당신도 이 말을 명심하기 바란다. "정리해고에 대한 CEO의 메시지는 남는 직원들을 위한 것이다."

남는 사람들은 당신이 그들의 동료를 어떻게 취급하는지 예의주시할 것이다. 당신이 해고하는 직원의 상당수는 당신보다는 남는 직원들과 훨씬 더 가까운 사이기 마련이다. 따라서 그들을 존중해야 한다. 하지만 회사는 앞으로 나아가야 하므로 너무 많은 사죄에 매달리지는 않는 게 좋다.

6단계: 숨지 말고 모습을 드러내라

많은 이를 떠나보내야 한다는 메시지를 조직 전체에 전달한 이후에 사무실 여기저기를 돌아다니며 사람들과 대화를 나누고 싶은 마음이 들 사람은 별로 없을 것이다. 당신 역시 어디 조용한 바에 가서 데킬라나 들이키고 싶은 마음이 들 것이다.

하지만 그래서는 안 된다. 회사에 있어야 한다. 모습을 드러내야 한다. 사람들과 대화를 나눠야 한다. 직원들은 당신을 보길 원한다. 그들은 당신이 신경을 쓰는지 어떤지 알고 싶어 한다. 당신이 해고한 직원들은 그래도 여전히 당신과, 그리고 회사와 관계를 유지할 수 있는지 알고 싶어 한다.

사람들에게 말을 걸어라. 혹시 짐을 옮기는 직원을 보거든 도와주며 차까지 배웅하라. 당신이 그들의 노고를 고맙게 여긴다는 사실을 알게 하라.

임원을 해고할 때 알아야 할 것들

많은 CEO가 임원을 영입할 때 회사에서 펼쳐질 그의 장밋빛 미래를 아름답게 그린다. 그가 이 제안을 받아들이는 것이 얼마나 멋진 일인지, 다른 회사에 가는 것보다 얼마나 나은 일인지 상세하고도 열정적으로 묘사한다. 하지만 언젠가는 그렇게 공들여 영입한 임원을 해고해야 한다는 사실을 깨닫게 될 수도 있다. 어쩔 수 없이 그래야만 하는 날이 온다면 CEO는 무엇을 어떻게 해야 할 것인가?

사실 임원을 해고하는 일은 직원에 대한 정리해고보다 상대적으로 쉬울 수 있다. 임원들은 대개 누군가를 해고하는 입장에 처해본 적이 있는 데다가 이런 상황에 프로답게 대처하는 경향이 있기 때문이다. 다만 임원을 올바르게 해고하는 일은 좀 더 복잡하고 극도로 중요하다는 점을 유념해야 한다. 그렇지 않으면 당신은 머지않아 또 다른 임원을 해고해야 하는 상황과 마주하게 될 것이다.

다른 많은 일과 마찬가지로, 임원을 올바르게 해고하는 열쇠는 그 준비 과정 속에 있다. 이제부터 해고당하는 임원을 공정하게 대하고 회사를 개선하는 4단계 과정에 대해 살펴보자.

1단계: 근원 분석

행실이 나쁘거나 무능하거나 게으르다는 이유로 임원을 해고하는 일이 가끔은 있을 것이다. 하지만 그런 경우는 드물 뿐더러 해고를 집행하기가 비교적 쉽다. 회사가 끔찍하게 결함이 많은 고용 프로세스를 운용하고 있는 게 아니라면, 분명 그런 이유로 임원을 해고하는 상황에 이르지는 않았을 것이다. 대다수의 회사가 임원급을 고용할 때면 적합한 능력과 동기, 실적을 지녔는지 철저하게 검증한다. 그렇다. 당신이 지금 마케팅 책임자를 해고해야 하는 이유는 그가 형편없어서가 아니라 '당신'이 형편없어서다.

다시 말해, 임원 해고를 해당 임원의 실패로 보는 것은 잘못된 방식이다. 영입과 통합 체계의 실패로 보는 것이 옳다. 그러므로 임원을 올바른 방법으로 해고하고 싶다면, 먼저 회사에 맞지 않는 사람을 영입한 이유부터 파악할 필요가 있다. 여기에는 다음과 같은 다양한 이유가 있을 수 있다.

- **애초에 해당 직위를 제대로 정의하지 못했다** 무엇을 원하는지 모르면 원하는 것을 얻을 가능성은 제로에 가깝다. CEO들은 너무도 빈번히 해당 임원이 어떠해야 하는지에 대한 생각과 느낌 같은 추상적인 개념을 토대로 임원을 고용한다. 결국 이러한 실수가 종종 능력과 자질이 직위에 맞지 않는 엉뚱한 영입으로 이어지는 것이다.
- **강점이 아니라 약점이 얼마나 없느냐에 초점을 맞췄다** 이는 합의

기반의 고용 프로세스를 운용할 때 흔히 발생하는 일이다. 영입팀은 종종 후보자의 약점을 찾을 뿐, 당신이 세계 정상급의 능력을 필요로 하는 부분에 대해서는 충분히 높은 가치를 두지 않기 마련이다. 결국 당신은 특별한 약점은 없지만 특히 필요로 하는 부분과 관련해서는 그저 그런 능력을 지닌 임원을 영입하게 된다. 당신이 필요로 하는 부분에서 세계 정상급 강점을 갖추지 못하면 회사 역시 세계 정상급이 될 수 없다.

- **너무 일찍 거물을 영입했다** 벤처캐피털리스트와 임원고용 전문가들이 CEO에게 일관적으로 해주는 가장 잘못된 조언은 필요한 것보다 '더 큰' 누군가를 영입하라는 것이다. 그런 조언은 대개 "앞으로 3년이나 5년 후에 회사가 얼마나 커질지 생각해보라"는 식이다.

대규모 조직을 운영할 수 있는 인물을 고용하는 것은 멋진 일이다. 대규모 조직이 있다면 말이다. 또한 조직을 급속히 성장시킬 수 있는 인물을 고용하는 것 역시 멋진 일이다. 당신이 조직을 급속히 성장시킬 준비가 돼 있다면 말이다.

이런 경우가 아니라면 당신은 다음 18개월 동안 해당 직위를 충실히 수행할 인물을 뽑아야 한다. 미래에 엄청난 능력을 발휘할 수 있지만 바로 다음 18개월 동안에는 별다른 기회를 갖지 못할 인물을 영입하면, 회사는 그가 자신의 진가를 보여줄 기회를 갖기도 전에 거부 반응을 나타내게 될 가능성이 높다. 또한 다른 직원들이 의아해할 게 분명하다. 아무것도 기여하는 게 없는 저 사람에게 왜 회사는 그렇게 푸짐한 스톡옵션을 안겨줬을까? 이런 종류의 의문은 되돌리기 힘든 심대한 영향을 끼친다. 벤처캐피털리스트나 임원고용 전문가들이 명청해서 그런 게 아니다. 다만 그들은 지난번 실패에서 잘못된 교훈을 배웠을 뿐이다. 올바른 교훈을 배우려면 다음에 설명할 '규모 확대'와 '급속 성장'의 경우에 관한 이야기를 보라.

- **포괄적 임무를 염두에 두고 뽑았다** 위대한 CEO이자 위대한 마케팅 책임자이며 위대한 세일즈 책임자가 될 수 있는 인물은 세상에 없다. 당신 회사는 오직 다음 12개월이나 24개월 동안 위대한 세일즈 책임자 역할을 수행할 인물이 필요할 뿐이다. 그 직위는 마이크로소프트나 페이스북에서 동일한 명칭을 부여하는 직위와 동일하지 않다. 아무 역할에나 잘 어울리는 배우 같은 인물을 찾지 말라. 임원 영입은 영화 제작이 아니다.

- **해당 임원이 적절치 않은 야망을 품었다** 6장에서 나는 회사를 위한 야망과 자기 자신을 위한 야망의 차이점에 대해 논할 것이다. 만약 어떤 임원이 적절치 않은 야망을 품었다면, 그의 탁월한 능력에도 불구하고 회사는 거부 반응을 나타낼 가능성이 높다.

- **해당 임원을 조직에 통합하는 데 실패했다** 새로운 인물을 조직에 들여와 중요한 역할을 맡기는 것은 결코 쉽지 않은 일이다. 다른 직원들이 흠을 찾으려 하기 마련이고 그의 기대치와 당신의 기대치가 불일치할지도 모르며 해당 직위가 모호하게 정의돼 있을 수도 있다. 임원을 해고한 다음에는 반드시 당신 조직의 내부 통합 계획을 재검토하고 개선해야 한다.

규모 확대

임원을 해고하는 매우 흔한 이유는 회사의 규모가 급격히 커져 해당 임원이 더 이상 새로운 규모에 맞춰 효과적으로 직무를 수행할 수 없기 때문이다. 이는 조직의 규모 확대에 따라 경영진의 직무가 완전히 새로운 수준으로 바뀌기 때문에 생기는 현상이다.

결국 CEO는 임원 모두가 새로운 직무에 맞는지 다시 자격을 검토해야 한다. 규모가 바뀌면 직무도 바뀐다. 200명 규모의 글로벌 세일즈팀을 운용하는 것과 25명 규모의 지역 세일즈팀을 관리하는 것은 결코 동일한 직무가 아니다. 물론 운이 좋은 경우 25명 팀을 맡기기 위해 고용한 인물이 200명 팀을 운용하는 방법을 습득하게 될 수도 있다. 하지만 그렇지 않은 경우 당신은 새로워진 직무에 맞는 인물을 새로 영입해야 한다. 이것은 임원의 실패도, 시스템의 실패도 아니다. 비유하자면 대도시로 나가 새로운 삶을 살게 되는 것과 마찬가지 상황이다. 이 현상을 회피하려 하지 말라. 상황만 악화될 뿐이니까.

급속 성장

출시한 제품이 시장에서 열렬히 환영받으면 당신 회사는 급속 성장의 궤도에 오르게 된다. 이때 성공을 공고히 하려면 당신의 조직과 유사한 조직을 전에 매우 빠르게 성공적으로 성장시킨 경험이 있는 임원을 영입해야 한다. 이는 거대 조직을 물려받아 운영하는 것이나 서서히 규모를 확대해 대형 조직으로 키우는 것과는 다른 상황이다. 따라서 반드시 회사를 급속히 성장시키는 것을 전문으로 하는 임원을 영입하는 데 집중해야 한다. 또한 조직을 급속히 키우는 데 필요한 많은 예산을 그에게 맡길 준비가 된 상태에서만 이런 인물을 영입해야 한다는 점에 주의하라. 그래야 그가 능력을 제대로 발휘하기를 기대할 수 있다.

급속 성장 전문 임원은 스타트업을 성공시키는 데 매우 긴요하다. 그래서 고용 전문가나 벤처캐피털리스트들이 CEO에게 그들을 영입하라고 그렇게 촉구하는 것이다. 하지만 앞서 얘기했듯이 준비도 안된 상태에서 그런 조언을 따르는 것은 금물이다.

2단계: 이사회에 알려라

이사회에 임원의 해고를 알리는 일은 몇 가지 부수적인 문제로 인해 복잡해지기 쉽다. 게다가 자칫하면 곤란한 상황으로 이어질 수도 있다. 예를 들면, 이런 문제들 말이다.

- 임원을 자르는 것만 벌써 대여섯 번째다.
- 이 직위에서만 벌써 세 번째 임원을 해고하고 있다.
- 이사 중 한 사람이 '슈퍼스타'로 천거했던 인물을 해고해야 한다.

어떤 경우든 이사회는 적잖이 놀랄 것이다. 하지만 안타깝게도 당신이 할 수 있는 일은 아무것도 없다. 당신의 선택지는 다음의 두 가지 경우뿐이다. 이사회를 놀라게 하거나, 무능한 임원을 그 직위에 계속 머물게 하거나. 전자는 흡족한 것과 거리가 멀지만 후자보다는 월등히 낫다. 적합지 않은 임원을 그 자리에 계속 두면 해당 부문이나 부서 전체가 서서히 부패하게 된다. 만일 그렇게 된다면, 단순히 이사회가 놀라는 것으로 사태가 일단락되지는 않을 것이다. 다음 세 가지 목표를 염두에 두고 이사회를 상대하라.

- **당신이 집행할 해고에 대해 지지와 이해를 얻어내라** 해고의 이유와 당신이 마련한 개선책을 확실히 이해시키는 것으로 시작하라. 이는 향후 외부 인사를 영입하고 관리하는 일에 관한 당신의 능력에 확신을 갖게 해줄 것이다.
- **해직 패키지에 대한 조언과 승인을 얻어내라** 이는 다음 단계를 위한 매우 중요한 행보다. 위로금과 보상 혜택이 포함된 임원 해직 패키지는 일반적인 퇴직수당보다 더 규모가 크고, 마땅히 그래야 한다. 임원급은 새로운 일자리를 찾는 데 일반적인 직원보다 통상 10배의 시간이 더 걸린다.
- **해고되는 임원의 체면을 세워줘라** 해고의 원인은 개인이 아닌 팀의 잘못일 가능성이 크므로 그런 식으로 상황을 정리하는 게 최선이다. 당신을 위해 일한 사람을 맹비난하는 것으로 당신이 훌륭해 보일 수는 없다. 이런 문제에 성숙한 접근방식을 취해야 이사회는 CEO로서 당신의 능력에 계속 확신을 갖게 될 것이다. 해고되는 임원의 체면을 세워주는 것은 지극히 공정하고 온당한 일이다.

마지막으로, 임원을 해고하는 문제는 이사회 회의 중에 극적인 방식으로 터뜨리는 것보다 개별적인 통화를 통해서 다루는 것이 여러모로 훨씬 낫다. 개별적인 접촉이 시간은 좀 더 걸리겠지만, 충분히 그럴 만한 가치가 있다. 이사 중 한 사람이 해당 임원을 회사에 소개한 경우라면 개별적인 대화가 특히 중요하다. 그렇게 개별적으로 접촉해서 모두의 동의를 얻어낸 다음에 이사회 회의나 보고 자리에서 세부사항을 마무리하면 된다.

3단계: 대화를 준비하라

이사회에 알리고 난 다음에는 가급적 빨리 해당 임원에게 말해야 한다. 그 미팅을 준비할 때는 말하고자 하는 바를 글로 작성하거나 리허설을 하라고 권하고 싶다. 그래야 잘못 말하는 상황을 피할 수 있다. 해당 임원은 당신과 나누는 대화를 오랫동안 기억할 것이다. 그러므로 철저하게 준비를 해야 한다. 그의 모든 실적과 관련 기록을 재검토하고 이전에 서로 의사소통한 내용과 불일치하는 점이 없는지 꼼꼼하게 확인한다. 모든 준비가 끝나고 그와 대면할 때는 다음 사항을 유념해야 한다.

- **이유를 명확히 하라** 해고 사유에 대해선 이미 충분히 생각해봤을 것이다. 모호하게 말하거나 사탕발림을 하지 마라. 일어난 일에 대한 당신의 생각을 명확히 밝히는 것이 당사자에 대한 의무이자 예의다.
- **단호한 어휘를 사용하라** 해당 논의가 변경 가능하다는 식으로 이어져서는 안 된다. 이것은 실적 평가 회의가 아니라 해고 미팅이다. "~라고 생각합니다"라는 어구보다는 "~하기로 결정했습니

다"라는 표현을 사용하라.

- **구체적인 해직 패키지를 준비하라** 일단 자신의 해고 소식을 듣게 되면 해당 임원은 회사나 회사의 문제에 대해서는 더 이상 신경 쓰지 않는다. 그리고 자신과 가족에 모든 초점을 맞추게 된다. 그러므로 미리 해직 패키지의 세부사항까지 구체적으로 제시할 준비를 하라.

마지막으로, 해당 임원은 자신의 해고 소식이 조직 내부와 바깥 세상에 어떤 식으로 전해질지 크게 신경을 쓰기 마련이다. 그 방식은 본인이 결정하도록 하는 것이 바람직하다. 예전에 내가 어떤 임원을 해고할 준비를 할 때 빌 캠벨이 매우 중요한 충고 한마디를 해준 적이 있다. "벤, 자네가 그 사람의 일자리를 지켜줄 수는 없지만 그 사람의 체면을 살려줄 수는 있다네."

4단계: 조직에 알릴 준비를 하라

해당 임원에게 통보한 다음에는 신속하게 조직 전체에 상황을 고지해야 한다. 조직에 알리는 순서는 다음과 같다. 먼저, 해당 임원의 직속 부하들이다(그들이 가장 큰 충격을 받을 테니까). 다음은 간부급 직원들이다(직원들의 관련 질문에 답해야 하니까). 마지막으로, 나머지 전체다. 이런 의사소통은 전부 같은 날에, 가급적 1~2시간 내에 이뤄지는 것이 바람직하다.

책임자의 해고 소식을 직속 부하들에게 밝힐 때에는 당분간 누구에게 보고하면 되는지, 그리고 다음의 행보는 어떻게 전개되는지(새로운 책임자를 영입하거나 조직을 개편하거나 내부 승진을 준비하는 등)에 대한 계획을 명확히 제시해야 한다. 일반적으로 CEO가 당분간 해당 임원의 역할을 맡는 게 바람직하다. 만약 실제로 그 역할을 맡는다면 직원회의와 일대일 면담, 목표 설정 등을 관장하며 실로 충실히 임해야 한다. 그렇게 해야 팀의 연속성을 유지하는 한편 그 자리에 누구를 앉힐지 판단하는 데 큰 도움을 얻을 수 있다.

이사회에 알릴 때처럼 메시지를 긍정적으로 유지하라. 그리고 해당 임원을 버스 아래에 내던지는 무자비한 행위를 삼가라. 조직 내 최고의 직원들이 해당 임원과 가장 가까운 사람들일 수도 있다. 만약 해당 임원을 맹비난하면 그런 친구들에게 다음은 그들 차례라고 알리는 것이나 다를 바 없다. 정녕 그런 메시지를 전하고 싶은가?

임원 해고 소식을 조직에 알리면 직원들이 관련 내용을 잘못 해석해서 회사가 곤경에 빠진 것으로 생각할 수도 있다. 그런 상황을 우려해 책략을 동원하는 등의 꼼수를 쓰지는 말라. 직원들이 어른으로 행동할 것을 기대하면 대개는 그렇게 행동하기 마련이다. 직원들을 아이처럼 다루면 회사가 만화영화처럼 돌아가게 될 수도 있다는 점을 명심하라.

모든 CEO가 자신의 회사는 위대해질 거라고 말한다. 그 말이 진정 사실인지는 그 회사나 CEO가 실로 어려운 어떤 일을 어떻게 처리하는지 보기 전까지는 알 수 없다. 임원을 해고하는 일은 그것을 가늠할 훌륭한 척도라 할 수 있다.

충직한 친구를 강등해야 한다면

라우드클라우드를 시작할 때 나는 내가 아는 최고의 인물들을 회사에 영입했다. 그들은 내가 좋아하는 걸 넘어 존경하고 신뢰하는 사람들이었다. 나와 마찬가지로 그들 가운데 다수는 내가 맡긴 직무에 별로 많은 경험을 갖고 있지 않았다. 하지만 그들은 밤낮으로 배우려 노력했고, 그러면서 회사 발전에 많은 기여를 했다. 그럼에도 내가 다른 누군가, 경험이 더 많은 누군가를 영입해서 나의 충직한 친구에게 맡겼던 직분을 빼앗아 넘겨야 하는 날은 찾아오고 말았다. 젠장, 정말 힘든 일이 아닐 수 없었다.

어쨌든 여기는 회사다

그럴 때마다 떠오르는 첫 번째 질문은 '내가 진정 이래야 할 필요가 있는가?'였다. 이렇게 열심히 일하고 회사를 위해 희생하는 누군가를 어디서 또 구할 수 있단 말인가. 안타까운 일이지만 이런 질문을 머릿속에 떠올렸다면 당신은 이미 그 답을 알고 있을 가능성이 높다.

세계를 상대하는 세일즈 조직을 구축할 필요가 있다면, 회사 초기에 몇몇 거래를 따낸 당신의 친구는 그 임무를 맡길 최적의 인재가 될 수 없는 게 거의 확실하다. 물론 힘은 들겠지만 당신은 유교적 접근방식을 취해야 한다. 직원 전체가 먼저고 친구는 그다음이다. 조직 전체의 이익을 위해 개인의 이익을 희생시켜야 한다는 얘기다.

그 소식은 어떻게 알려야 할까?

일단 결정을 내렸다 해도 그 소식을 알리는 일이 만만치 않을 것이다. 우선 당신의 친구가 느끼게 될 다음의 두 가지 깊은 감정을 고려하는 게 중요하다.

- **당혹감** 그의 사고에서 이 감정이 차지하게 될 비중을 절대 과소평가하지 말라. 그의 친구와 친척, 동료 모두가 그의 현재 지위를 알고 있다. 그들은 그가 얼마나 열심히 일했고 또 얼마나 많이 회사를 위해 희생했는지도 알고 있다. 그런 사람들에게 그가 어떻게 이제 더는 임원이 아니라는 사실을 설명할 수 있겠는가.
- **배신감** 당신의 친구는 분명히 다음과 같은 감정을 느낄 것이다. "내가 처음부터 합류한 사람인데… 그렇게 측근에서 열심히 도왔는데… 어떻게 당신이 내게 이럴 수 있어? 당신도 그 자리에 완벽하게 적합한 인물은 아니잖아. 나를 버리면서 어떻게 그렇게 무사태평할 수 있냐고?"

이는 실로 강력한 감정이다. 그러므로 당신은 격렬한 대화에 대비해야 한다. 아이러니하게도 감정적 대화에 대한 해결책은 감정을 제거하는 것이다. 그러려면 당신은 스스로 결정한 내용과 원하는 바를 머릿속에 명료하게 정리해둬야 한다.

분명히 해야 할 가장 중요한 사항은 당신이 진정으로 이를 원한다는 점이다. 변경될 여지가 있을 수도 있다는 태도로 강등 논의에 임하면, 엉망진창인 결과만 얻게 될 것이다. 상황의 엉망진창, 관계의 엉망진창 말이다. 결심의 일환으로 당신은 해당 직원이 그만둘 수도 있다는 사실을 편안하게 받아들일 수 있어야 한다. 그가 빠져들 격렬한 감정을 고려했을 때 그가 회사의 조치에 따라 그대로 머물 가능성은 그리 높지 않다. 그를 잃는 게 감당이 안 되는 상황이라면 이런 변화를 시도해선 안 된다.

마지막으로, 당신은 회사 내에서 그에게 새로 맡길 최적의 역할을 준비해야 한다. 가장 빤한 선택은 그의 직분을 맡는 후임자 밑에서 그를 일하게 하는 것이다. 하지만 이는 그에게나 그의 새로운 상사에게나 그의 경력에나 모두 좋은 선택은 아니다. 이 경우 당신의 충직한 친구는 회사와 경쟁사, 고객 등에 대한 정보를 계속해서 새로운 상사보다 더 많이 보유하려 들 것이다. 물론 한편으로는 이것이 훌륭한 조치가 될 수도 있다. 그가 기꺼이 새로운 상사가 기대 수준의 능력을 펼치도록 돕기만 한다면 말이다. 하지만 당혹감과 배신감이라는 격렬한 감정이 뒤섞인 상태에서는 고의적인 방해만 난무하게 될 가능성이 높다.

이 접근방식의 또 다른 문제는 경력의 관점에서 볼 때 새로운 상사에게 보고하게 된 그의 처지를 강등이라는 표현 말고는 다른 말로 포장할 수 없다는 점이다. 그러므로 가능하다면 그를 다른 부서로 옮기는 것이 좋다. 그의 기술과 재능, 지식이 도움될 수 있는 부서로 말이다. 그렇게 함으로써 그에게 새로운 일련의 기술을 계발하고 회사에 기여할 기회를 제공할 수 있다. 특히, 젊은 직원에게는 다른 분야에서 경험을 쌓는 일이 매우 귀중한 자산이 될 수 있다.

하지만 슬프게도 이 선택안 역시 은 총알(silver bullet, 유일하게 뱀파이어나 늑대인간을 죽일 수 있다는 전설의 총알로 '묘책'이나 '특효약'의 의미 – 옮긴이)이 될 수는 없다. 무엇보다도 그가 다른 일을 하길 원치 않을 수도 있다. 결과는 아랑곳없이 현재의 일을 유지하고자 할지도 모른다. 그러니 이 점에도 대비해야 한다.

친구 대신 그 자리에 누군가를 영입하기로 결정한 뒤 친구를 위해 몇 가지 대안을 준비했다면, 이제 대화를 나눌 차례다. 당신은 그에게 기존의 자리를 보전해줄 수는 없어도 공정하고 정직하게 행동할 수는 있다. 그 요령을 하나씩 살펴보자.

- **적절한 어휘를 사용하라** 이미 결정이 난 사항이라는 점을 명확히 하라. 앞서 언급했듯이 "~라고 생각하네"나 "~하고 싶다네"보다는 "~하기로 결정했네"와 같은 표현을 사용해야 한다. 그래야 그 친구가 부탁하고 매달리는 게 어떨지 고민하는 어색한 상황에 처하지 않도록 도울 수 있다. 상대가 듣고 싶은 말을 해줄 수는 없어도 솔직한 태도를 취할 수는 있다.

- **현실을 인정하라** 만약 당신이 예전의 나처럼 창업자 겸 CEO라면 당신 역시 상대처럼 직무를 수행할 충분한 기술을 갖추지 못한 상태라는 사실에 대해 이해를 구할 수 있다. 이 사실을 기피하려 애쓰지 마라. 오히려 당신이 보다 경험 많은 CEO라면 진즉에 상대가 역할을 키우도록 도울 수 있었을 것이라는 점을 인

정하는 게 더 낫다. 일을 잘 모르는 사람끼리 뭉쳐서 과연 무엇을 할 수 있겠느냐, 실패의 지름길이 아니겠느냐며 이해를 구하는 게 낫다는 의미다.

- **상대의 기여를 인정하라** 당신이 그를 계속 회사에 남기고 싶다면 그가 경력을 발전시킬 수 있도록, 그리하여 회사에 기여할 수 있도록 돕고 싶다고 아주 명확하게 밝혀야 한다. 그동안 그가 회사에 기여한 부분에 대해 깊이 감사한다는 점 역시 분명히 하라. 회사가 필요로 하는 바에 대한 전향적인 검토에 따라 이런 결정이 내려진 것이지, 그의 과거 실적에 대한 검토에서 비롯된 것이 아니라는 점도 명확히 하라. 가장 좋은 방법은 가능한 경우 강등과 봉급 인상 등의 보상을 결합하는 것이다. 그렇게 하면 당신이 그의 진가를 인정하고 있으며, 동반자로 여긴다는 사실을 그에게 알릴 수 있다.

이 모든 과정에서 잊지 말아야 할 것은 현실은 현실이며, 당신이 말하는 그 어떤 것도 현실을 바꾸거나 깊은 실망을 없애줄 순 없다는 사실이다. 당신의 목적은 아픔을 없애는 것이 아니라 정직하고 명료하며 효과적이 되는 데 있어야 한다. 어쩌면 당신의 친구는 당장은 하나도 고마워하지 않을지도 모른다. 하지만 시간이 지나면 당신의 진솔한 태도를 인정하게 될 것이다.

회사가 주요 전투에서 패하기 시작하면 종종 진실이 그 첫 번째 희생자가 된다. CEO와 직원들은 뼈아픈 진실을 외면하고 현실을 회피하기 위해 창의적인 이야기를 지칠 줄 모르고 지어낸다. 그러나 그들의 창의적 열성에도 불구하고 회사가 만들어내는 이야기는 대개 동일한 허위성을 담고 있다.

몇 가지 익숙한 거짓말

"그 인간이 떠났지만 어차피 우리가 해고할 예정이었다고. 이번에 실적 평가가 형편없게 나올 걸 알고 떠난 거야." 많은 첨단 기술 기업들은 인력 감소를 다음의 세 가지 범주로 구분한다.

- 그만둔 사람들
- 해고된 사람들
- 그만뒀지만 어차피 불필요해서 상관없는 사람들

흥미롭게도 회사가 악전고투에 들어가기 시작하면 세 번째 범주가 늘 첫 번째보다 훨씬 더 빠르게 증가하는 양상을 보인다. 게다가 '실적 관런성 감원'의 갑작스런 물결이 일기 시작한다. 평소에 그토록 "최고의 인재만 뽑는다"고 주장하던 회사들에서 말이다. 어떻게 그런 슈퍼스타들이 돌연 인재에서 둔재로 전락할 수 있는가? 최고 수준의 직원을 잃고 '원치 않던 인원 감소'를 발표할 때 경영자는 그의 실적이 떨어졌다고 공을 들여 설명한다. 이게 말이 되는 소리인가?

"우리가 따내는 거였는데, 저들이 아주 헐값으로 치고 들어오는 바람에… 고객은 기술을 보고 우리를 택했고 우리가 더 나은 회사라고 생각하지만, 경쟁사가 그냥 막 공짜나 다름없는 가격으로 제품을 넘기는데 어떻게 하냐고요. 우리는 그렇게 싸게 넘기면서 이름에 먹칠할 수는 없잖아요."

세일즈팀을 운영해본 사람이라면 이런 거짓말을 들어본 적이 있을 것이다. 실상은 그냥 패배다. 경쟁에 들어가 격렬히 싸우다 졌을 뿐이다. 하지만 자신에게 책망이 돌아오길 원치 않는 세일즈 담당자는 경쟁사에서 나온 '중고차 딜러 같은' 담당자에게 비난의 화살을 쏟아붓는다.

그러면 CEO는 어떻게 반응하는가? 제품이 경쟁력을 잃고 있음을 믿고 싶지 않은 그는 세일즈 담당자의 말을 믿어버린다. 당신이라면 이런 거짓말을 들으면 어떻게 하겠는가? 실제로 고객에게 연락을 취해 담당자의 말이 맞는지 확인할 것인가? 아마 하지 못할 것이다.

"중간 일정을 못 맞췄다는 단지 그 이유 때문에 우리가 출하 일자까지 못 맞출 것으로 보지는 않습니다." 고객과의 약속이나 그에 영향을 받는 분기 실적, 경쟁우위를 점하기 위한 시급성 등으로 인해 정시 출하의 압박이 거센 엔지니어링 미팅에서는 모두가 좋은 소식을 듣길 바란다. 그런데 사실과 좋은 소식이 일치하지 않으면? 영리한 관리자가 모두의 기분을 한결 낮게 만드는 그럴듯한 이야기를 만들어낸다. 다음번 미팅에선 어떤 기분을 느끼게 될지 개의치 않고 말이다.

"고객 이탈률이 매우 높은 상황입니다. 하지만 우리의 유저 기반을 대상으로 이메일 마케팅에 주력하면 고객들이 우리에게 돌아올 겁니다." 아하, 사람들이 우리의 서비스를 저버리고 돌아오지 않는 이유가 그들에게 스팸 메일을 충분히 발송하지 않아서 그런 거군. 음 아주 말이 되는군.

이런 거짓말은 도대체 어디서 나오는 것일까? 이 질문에 대한 답은 내가 오래 전에 위대한 경영자 앤디 그로브(Andy Grove)와 나눈 대화에서 찾을 수 있다.

닷컴 붕괴의 여파가 기승을 떨던 2001년, 대형 기술 기업 모두가 분기 목표에 큰 폭으로 미달하기 시작했을 때 나는 왜 아무도 이런 상황을 예상하지 못했는지, 어떻게 이 뻔한 결과를 미리 보지 못했는지 궁금했다. 2000년 4월, 닷컴이 붕괴한 후 시스코나 시벨(Siebel), HP 같은 회사들은 당연히 그들의 고객사들이 벽에 부딪히게 됨에 따라 곧 성장둔화에 직면하게 되리라는 것을 예상했어야 마땅치 않은가? 그렇게 방대하고도 공개적인 조기경보가 울렸는데도 각 회사의 CEO들은 분기를 말아먹기 직전까지 강력한 가이던스를 되풀이해 발표했다.

나는 앤디 그로브에게 왜 이 위대한 CEO들이 자신들의 임박한 운명에 대해 거짓말을 했는지 궁금하기 짝이 없다고 물었다. 앤디는 그들이 투자자들에게 거짓말을 한 것이 아니라고, 그보다는 자기 자신들에게 거짓말을 한 것이라고 대답했다. 인간은, 특히 뭔가를 이루길 원하는 인간은 오직 좋은 소식의 선행지표(leading indicator)에만 귀를 기울인다고 앤디는 설명했다.

예를 들어 어떤 CEO가 자사의 애플리케이션 사용률이 통상적인 월간 성장률을 뛰어넘어 25퍼센트 증가했다는 보고를 들었다고 치자. 그는 흥분된 마음으로 당장 더 많은 엔지니어를 고용하는 등 임박한 수요 폭증에 보조를 맞출 채비를 갖출 것이다. 이번에는 같은 CEO가 그 사용률이 25퍼센트 하락했다는 보고를 들었다고 치자. 그는 마찬가지로 격렬한 긴박감을 느끼며 서둘러 해명 방안을 찾을 것이다. "지난달에 사이트가 느리게 돌아갔어요. 휴일이 4일이나 있었잖아요. 우리가 단행한 유저인터페이스 변경이 문제의 원인이라고요. 이런, 그렇게 공포에 빠져들 일이 아니라고요!"

예로 든 선행지표는 둘 다 잘못된 지표일 수도 있고 옳은 지표일 수도 있다. 하지만 우리의 가상 CEO(사실 거의 모든 CEO와 닮은꼴이다)는 긍정적인 선행지표에 대해서는 행위만을 취했고, 부정적인 선행지표에 대해서는 변명만을 찾았다. 이 충고가 너무 익숙하게 들린다면 당신 역시 정직한 직원이 왜 당신에게 거짓말을 하는지 의아해하고 있는 중일 것이다. 이제 답을 알 것이다. 그는 당신이 아니라 자기 자신에게 거짓말을 하고 있는 것이다. 그리고 만약 당신이 그들을 믿는다면, 당신 역시 스스로에게 거짓말을 하는 것이다.

납 총알을 장전해야 할 때

넷스케이프에서 근무하던 초기 시절, 마이크로소프트의 새로운 웹서버가 우리 제품의 모든 특징을 구비하고도 5배나 더 빠르다는 사실을 발견했다. 나는 즉시 우리의 서버 제품라인을 돈이 될 수 있는 무언가로 전환하기 위한 작업에 들어갔다. 지금은 고인이 된 그 위대한 마이크 호머와 나는 일련의 제휴 관계를 맺고 몇몇 인수 대상을 물색하기 위해 맹렬하게 작업에 매달렸다. 그래야 제품라인을 확대하고 웹서버를 충분한 기능으로 에워싸 경쟁사의 공격을 막아낼 수 있을 터였다.

나는 그 계획을 엔지니어링 부서에서 나와 동일한 직급으로 일하던 빌 터핀(Bill Turpin)과 함께 검토했다. 그는 열심히 작업에 임하는 나를 마치 배울 게 한참 많은 어린애 보듯이 응시했다. 빌은 볼랜드(Borland)에 있던 시절부터 마이크로소프트와 전쟁을 벌여온 베테랑이라서 내가 무엇을 하려고 애쓰고 있는지 이해했지만, 납득하고 동의하지는 않았다. "벤, 자네와 마이크가 찾는 그 은 총알은 멋지고 훌륭한 것이야. 하지만 우리 웹서버는 5배나 느려. 그 문제를 해결해줄 은 총알은 존재하질 않는다고. 안 돼, 우리는 그저 다량의 납 총알만 잔뜩 쓰게 될 거란 말일세." 이런!

우리는 빌의 충고에 따라 엔지니어링팀은 성능 문제를 해결하는 데 주력하게 하고 물밑에서 여타의 사안들을 추진했다. 그리고 결국 성능 면에서 마이크로소프트를 이기고 서버 라인을 4억 달러 규모의 사업으로 키워냈다. 우리가 물밑에서 획득한 다량의 납 총알들이 없었더라면 결코 이루지 못할 성과였다.

나는 이 교훈을 이후 오랫동안 가슴에 품었다. 6년 후 내가 옵스웨어의 CEO로 재직하던 시절, 우리의 가장 강력한 경쟁사인 블레이드로직이 대형 거래에서 거듭 우리에게 물을 먹이기 시작했다. 상장기업이었던지라 우리의 패배는 너무도 뚜렷하게 공개됐다. 더욱이 월스트리트의 예상치를 능가하려면 그런 거래들을 꼭 따낼 필요가 있었다. 상황이 그러했으니 얼마나 많은 압박감에 시달렸겠는가. 회사에서가장 머리 좋은 친구들 다수가 내게 찾아와 전투를 피할 아이디어들을 들이밀었다.

- "제품의 경량 버전을 만들어서 저가 시장을 공략하는 게 좋겠습니다."
- "좀 더 단순한 아키텍처를 보유한 회사를 인수하는 게 어떻겠습니까?"
- "서비스 제공업체로 가는 데 초점을 맞추면 됩니다."

하지만 우리는 시장 문제에 직면한 것이 아니었다. 그들의 얘기를 들을수록 이런 내 판단은 더 굳어졌다. 고객들은 이미 구매를 하고 있었다. 단지 우리의 제품을 구매하지 않을 뿐이었다. 이는 전환을 시도할시기가 아니라는 의미였다. 그래서 나는 그들 모두에게 똑같은 답을 들려줬다. "이 문제를 해결할 은 총알은 없다네. 단지 납 총알만 있을 뿐이지." 그들은 그런 말을 듣길 원하지 않았지만 메시지는 명확했다. 더 나은 제품을 만드는 길밖에 없다. 달리 빠져나갈 방도가 없다. 창문도 구멍도 탈출용 해치도 뒷문도 없다. 우리는 길을 막고 선 저 거대하고 추한 놈을 상대하며 정문을 돌파해야 한다. '납 총알들'이 유일한 해법이었다.

극도로 기복이 심한 제품주기를 놓고 9개월간 힘든 노력을 쏟은 끝에 우리는 제품의 우위를 되찾고 마침내 16억 달러의 가치를 갖는 회사를 일궈냈다. 납 총알들이 없었다면 우리는 결국 그 가치의 10분의 1에 해당하는 회사로 종국을 맞이했을 것이다.

사업이라는 영역에서 존립의 위협에 직면하는 것보다 더 무서운 일은 없을 것이다. 그것이 얼마나 무서우면 조직 내 다수가 그에 직면하는 것을 피할 수만 있다면 무슨 일이든 하려 들겠는가. 단 한 번의 전투로 죽거나 사는 상황을 피하기 위해서라면 그들은 어떤 대안이든, 어떤 탈출구든, 어떤 변명이든 찾으려 발버둥 친다. 이와 관련해 투자 유치를 위한 스타트업 홍보 자리에서 종종 벌어지는 장면을 소개한다. 대개 대화가 이런 식으로 흐른다.

사업가   우리는 지금까지는 시장에서 최고로 인정받는 제품을 보유하고 있습니다. 모든 고객이 우리의 제품을 사랑하고 경쟁사 X보다 우리를 선호합니다.

나   그런데 왜 경쟁사 X가 당신네보다 매출이 5배나 많죠?

사업가   우리는 파트너 회사들과 OEM 방식을 이용하고 있습니다. 그래서 경쟁사 X처럼 직통 채널을 구축할 수 없기 때문에 그런 거라고 봅니다.

나   그럼 직통 채널을 구축하면 되지 않나요? 당신네 제품이 더 우수하다면 주먹 쥐고 나가서 한판 붙으면 되잖아요?

사업가   음….

나   은 총알을 찾는 짓 따위는 그만두길 바랍니다.

어떤 회사든 존립을 걸고 싸워야 할 시기는 찾아오기 마련이다. 싸워야 하는 마당에 도망가고 싶은 마음이 들거든 자문해보기 바란다. "우리 회사가 이 싸움에서 이길 수 없을 정도로 열악하다면 과연 존립할 필요가 있기는 한 걸까?"

아무도 신경 안 쓴다

그냥 이겨, 친구.

알 데이비스(Al Davis)

라우드클라우드에서 죽고 싶을 만큼 힘겨운 나날을 보내던 그 시절에 나는 종종 이런 생각을 했다. 내가 어떻게 이런 일에 대비할 수 있었겠는가? 내가 어떻게 우리의 고객 중 절반이 망할 것을 예상할 수 있었겠는가? 내가 어떻게 사모펀드 시장에서 돈을 끌어모으는 일이 불가능해질 것을 알 수 있었겠는가? 내가 어떻게 2000년에는 221개 회사가 기업공개를 단행하는데, 2001년에는 19개 회사만이 그 일에 나서리라는 것을 짐작할 수 있었겠는가? 이런 상황에서 대체 어떤 놈이 내가 근사한 성과를 내길 기대할 수 있단 말인가?

내 자신에 대한 연민이 밀려오고 스스로 한심하다는 생각에 빠져들 때면 나는 유명한 미식축구 코치 빌 파셀(Bill Parcells)의 인터뷰 동영상을 돌려보곤 했다. 그는 한 인터뷰에서 수석 코치 경력의 초창기에 당시 내가 겪던 것과 유사한 딜레마에 빠졌던 경험을 얘기했다.

수석 코치를 맡은 첫 시즌에 그의 팀 뉴욕 자이언츠는 부상자가 빈발하는 상황에 직면했다. 그는 부상 선수들이 팀의 운명에 미칠 악영향에 대한 걱정으로 밤잠을 못 이뤘다. 최고의 선수들로 붙어도 우승

문턱에 다다르기 힘든 판에 후보 선수들로 시합을 치러야 했으니 그 럴 만도 했다. 하루는 그의 친구이자 멘토이며 당시 레이더스 구단주 였던 알 데이비스가 그를 불렀다. 데이비스를 만난 파셀은 근심 어린 표정으로 부상자 문제를 거론했다.

파셀 알, 가장 잘 뛰는 놈들이 죄다 부상이라 어떻게 시합을 치르 고 어떻게 승리를 따내야 하는지를 모르겠어요. 어떻게 하 면 좋을까요?

데이비스 빌, 아무도 신경 안 쓰니까 그냥 팀을 이끌면 된다네.

이는 아마 역사상 최고의 CEO 조언일 것이다. 아무도 신경 안 쓴단 다. 그렇다. 당신 회사의 상황이 잘못 돌아가고 있을 때 누가 신경 쓰 는가? 아무도 신경 안 쓴다. 언론에서도 신경 안 쓰고, 투자자들도 신 경 안 쓰고, 이사회에서도 신경 안 쓰고, 직원들도 신경 안 쓰고, 심지 어 당신의 어머니도 신경 안 쓴다. 아무도 신경 쓰지 않는다.

그리고 그들로서는 신경 안 쓰는 게 맞는 거다. 실패에 대한 이유는 그것이 아무리 훌륭하다 해도 투자자들에게 1달러라도 생기게 해주 지 않는다. 직원 일자리 하나 구해주지도 않고 새로운 고객 하나 데려 다주지도 않는다. 특히 당신이 조금이라도 더 나은 기분을 갖게 해주 지도 않는다. 회사 문을 닫고 파산을 선언하는 마당에 그 이유를 고민 한들 무슨 소용이 있겠는가.

당신의 불행을 면밀히 검토하는 데 쓸 정신적 에너지가 있다면, 그 모두를 현재의 곤경에서 빠져나갈 구멍을 찾는 데 쏟아부어라. 설사

외견상 불가능해 보일지라도 말이다. '이런저런 일을 했더라면 상황이 어떻게 달라졌을까?'와 같은 비생산적인 후회에는 단 1초의 시간도 허비하지 말라. 모든 시간을 '이제 어떻게 하면 좋을까?'를 궁리하는 데 투자하라. 결국에는 아무도 신경 쓰지 않으니까 그냥 회사를 운영하면 된다.

THE HARD THING

5장

사람이 먼저 제품은 그다음,
수익은 마지막이다

ABOUT HARD THINGS

나의 예전 상사인 짐 박스데일은 입버릇처럼 말했다.
"우리는 사람들을 먼저 돌본다. 사람, 제품, 이익의 순서다."
단순한 말이지만 여기엔 몹시 깊은 의미가 담겨 있다.
'사람을 돌보는 것'이 셋 중에 단연코 가장 어려우며,
그것을 제대로 하지 못하면 나머지 두 가지는 의미가 없다.

> 난 강한 녀석들과 어울리고 똑똑한 녀석들이랑 돈을 벌지.
> 예술가 놈들이랑 함께할 시간은 없어.
> 주둥이 닥치는 게 좋을 걸, 목표물이 되기 전에.
> 너희가 군바리라면 나는 염병할 하사관이야.
>
> 더 게임(The Game)의 〈스크림 오늠(Scream On'em)〉

옵스웨어 주가를 1달러 위로 회복시킨 후에 해결할 과제는 경영진 재구성이었다. 클라우드 서비스 사업을 관리하던 임원들이 있었지만, 이제 우리는 소프트웨어 회사이므로 소프트웨어 사업에 적합한 임원이 필요했다. 대개 새로 출범한 소프트웨어 회사에서 가장 중요한 두 직급은 세일즈 담당 부사장과 엔지니어링 담당 부사장이다.

나는 처음에 라우드클라우드의 전문 서비스 담당 부사장이었던 인물을 옵스웨어의 세일즈 부사장 자리에 앉혀보았다. 하지만 그것은 별로 현명한 판단이 아니었다. 이번 세일즈 책임자는 우리가 3년 전회사를 설립한 이래 그 자리에 앉는 네 번째 인물이 될 터였다. 결코 훌륭한 성적이 아니었다. 그리고 무엇보다도, 세일즈 책임자를 잘못뽑는 실수를 또 한다면 그것은 내가 실수라도 해볼 수 있는 마지막 기회가 될 것 같았다. 월스트리트 투자자들과의 관계에서는 물론이고 시장에서도 내가 붙잡을 로프가 그다지 많이 남아 있지 않은 상태였기 때문이다.

이번에는 좀 더 확실히 준비한 후 인재 영입을 진행해야겠다 싶었다. 그리고 적임자를 찾을 때까지 당분간 내가 직접 세일즈팀의 운영을 맡기로 했다. 나는 세일즈 직원들을 관리하고 판매 예측 회의를 주관했으며 옵스웨어의 매출 실적에 대한 총책임자 역할을 했다. 그간 이런저런 경험을 통해 내가 깨달은 사실이 하나 있었다. 그것은 바로 임원을 영입할 때는 콜린 파월의 말대로 "약점이 적은 사람이 아니라 강점이 많은 사람"을 택해야 한다는 것이다. 직접 세일즈팀을 관리해보니 우리에게 어떤 강점을 지닌 인물이 필요한지 분명하게 감이 왔다. 나는 우리 회사에 필요한 자질의 목록을 신중하게 작성한 뒤, 옵스웨어에 꼭 필요한 역량을 갖춘 세일즈 책임자를 물색하기 시작했다.

무려 20명이 넘는 후보자들과의 면접을 마친 후에(마음에 드는 인물이 없었다) 만난 지원자는 마크 크래니였다. 마크는 면접 자리에서 으레 마주치는 세일즈 임원 후보자와 많이 달랐다. 세일즈 책임자 하면 흔히 떠오르는 저돌적인 이미지와는 거리가 멀었다는 얘기다. 먼저, 키가 평균 수준밖에 안 됐다. 대부분의 세일즈 임원은 비교적 호리호리하게 키가 큰데 말이다. 그리고 유난히 어깨가 떡 벌어진 체형이라 조금 과장해서 표현하자면 몸이 정사각형처럼 네모나게 보였다. 뚱뚱하지는 않았지만 말 그대로 사각형이 연상됐다. 특별 주문한 맞춤 양복임이 분명한 옷 안에 사각형 몸이 불편하게 구겨져 들어가 있는 것처럼 보였다. 마크 같은 체형에 맞는 기성복 정장은 있을 리가 만무했다.

그의 이력서를 훑어보았다. 제일 먼저 눈에 띈 것은 출신 학교였다.

서던유타대학. 생전 처음 들어보는 이름이었다. 나는 그곳이 어떤 학교냐고 물었다. "유타주 남부의 MIT로 통하는 곳이지요"라는 대답이 돌아왔다. 이것은 그의 입에서 나온 마지막 농담이었다. 어찌나 진지한 타입이던지 그런 진지함 때문에 자기 자신도 불편함을 느끼는 듯이 보였다. 불편한 기분이 들기는 나도 마찬가지였다. 평소 같으면 그런 느낌을 주는 지원자는 탈락시키지만, 우리 회사에 필요한 강점을 찾는 게 더 중요했기에 자잘한 약점은 무시하기로 했다. 내가 그동안 채용 면접 때 옥석을 가려내기 위해 사용해온 방법 하나는 세일즈 직원의 고용, 훈련, 관리 방법을 조목조목 물어보는 것이었다. 이를테면 대개 이런 식으로 대화가 진행된다.

나　　세일즈 직원에게 어떤 자질이 필요하다고 보십니까?

지원자　똑똑하고 진취적인 마인드를 가져야 하고 경쟁력을 갖춰야 한다고 생각합니다. 또 복잡한 거래를 진행하는 기술과 많은 거래처를 뚫는 능력도 갖춰야 합니다.

나　　면접 자리에서 그런 자질을 갖춘 인재인지 어떻게 판단합니까?

지원자　음, 저는 주로 제가 아는 인맥 중에서 사람을 뽑습니다.

나　　그렇군요. 그럼 채용한 후에는 그들에게 무엇을 기대합니까?

지원자　세일즈 프로세스를 제대로 이해하고 따르기를, 제품에 대해 완벽하게 파악하기를, 또 정확한 판매 예측을 내놓기를 기대합니다….

나	그런 팀원들을 만들기 위해 당신이 고안해 활용했던 직원 훈련 프로그램에 대해 말씀해주시겠습니까?
지원자	음….

그러면 지원자들은 그럴듯한 프로그램을 앉은 자리에서 머릿속으로 지어내 줄줄 읊어대곤 한다.

마크는 이력서도 충분히 합격점이었고 면접 질문에도 훌륭하게 통과했다. 그다음, 나는 직원 훈련 방법에 대한 질문을 던졌다. 그 순간 마크의 얼굴에 나타났던 기분 상한 표정이 지금도 잊히지 않는다. 당장이라도 자리에서 일어나 방문을 박차고 나가고 싶은 표정이었다. 왠지 아스피린이나 신경 안정제라도 한 알 권해야 할 것 같은 기분이 들었다. 나는 마크의 반응을 보고 적잖이 놀랐다. 그는 그때까지 누구보다 뛰어난 세일즈 경력을 쌓아온 인물이었기 때문이다. 나는 한참 시간이 흐른 후에야 깨달았다. 내가 마크 크래니에게 효과적인 세일즈 직원 교육법을 설명해보라고 한 것은 과학에 문외한인 사람이 아이작 뉴턴에게 물리학 법칙을 설명해보라고 하는 것과 마찬가지라는 사실을. 대체 어디서부터 설명해야 한단 말인가?

무거운 침묵이 사무실 안 공기를 짓눌렀다. 잠시 후 마크가 자신이 만든 묵직한 교육 매뉴얼을 가방에서 꺼냈다. 그러더니 "지금은 시간이 얼마 없으니 당신이 알고 싶은 내용을 다 설명할 수가 없습니다. 하지만 만일 당신이 따로 날짜를 잡아 미팅을 하기 원한다면 프로세스, 제품, 조직적 판매 등등에서 직원들을 최고의 세일즈맨이 되게 훈련하는 방법을 그때 상세히 설명하겠습니다…"라고 말했다. 또 그런 모든 훈련뿐만 아니라, 뛰어난 세일즈 리더라면 직원들의 사기와 의욕도 고취할 줄 알아야 한다고 설명했다. 마크를 보는 내내 내 머릿속에는 패튼 장군(George Patton, 2차 세계대전에서 활약한 미국의 유명한 장군 - 옮긴이)이 떠올랐다. 그래, 바로 이 사람이야!

하지만 그건 내 생각일 뿐이었다. 다른 임원들 모두(한 사람을 제외하고)와 이사회 전원이 마크 크래니의 영입을 반대했다. 빌 캠벨에게 의견을 물었더니 그는 말했다. "자네가 굳이 크래니를 합류시켜야겠다면 철로에 드러누우면서까지 반대할 생각은 없네." 그것은 내가 바라는 확실한 지지가 아니었다. 마크의 영입을 반대하는 이유들은 그에게 강점이 부족하다는 것이 아니라 약점이 많다는 것에 초점이 맞춰져 있었다. 즉 서던유타대학 출신이고, 주변 사람들을 불편하게 만들며, 세일즈 베테랑다운 이미지가 풍기지 않는다는 게 이유였다.

하지만 나는 그를 만나보면 볼수록 놓치고 싶지 않은 적임자라는 확신이 들었다. 그와 마주앉아 1시간만 대화를 나눠도, 내가 6개월간 직접 세일즈팀을 운영하며 배웠던 것보다 세일즈에 대해 훨씬 더 많은 걸 배울 수 있었다. 심지어 그는 내게 전화를 걸어 우리 세일즈팀이 쟁취하려 애쓰고 있는 거래 건에 대한 상세한 정보까지 들려줬다. 우리 직원들은 미처 파악하지 못하고 있는 정보였다. 세일즈 세계의 FBI 요원들을 거느리고 있는 사람이 아닌가 싶을 정도였다.

나는 좀 더 단호한 태도를 표명하기로 마음먹고 경영진과 이사회 앞에서 이렇게 밝혔다. 그들의 우려는 충분히 이해하지만, 그럼에도 나는 마크의 역량과 자질을 믿고 함께 가고 싶으니 마지막으로 그에 대한 평판 조회를 해보자고 말이다.

평판을 조회해볼 만한 추천인이 있느냐고 마크에게 물었을 때 나는 또 한 번 놀랐다. 그가 무려 75명의 이름이 적힌 리스트를 내밀었던 것이다. 필요하다면 더 많은 명단을 주겠다는 말도 덧붙였다. 나는 거기 적힌 모든 사람에게 연락했는데, 매번 1시간 안에 회신이 왔다. 마크는 상당히 알찬 인맥을 갖고 있었다. 어쩌면 그 사람들이 마크의 세일즈 FBI 요원들이었을지도. 그런데 마크를 영입하는 쪽으로 거의 결론이 날 무렵, 우리 회사 임원 한 사람으로부터 전화가 왔다. 그녀의 친구가 마크 크래니를 아는데 채용을 말리고 싶어 한다는 것이었다. 나는 그 친구('조'라고 부르자)에게 직접 전화를 걸었다. 내가 경험해본 것 중에 가장 특이한 평판 조회였다.

나　저희 회사의 인재 영입 과정에 관심을 가져주셔서 정말 감사합니다.

조　별말씀을요.

나　마크 크래니를 어떻게 알게 되셨습니까?

조　예전 직장에서 제가 세일즈 직원 교육을 할 때 마크가 지역 부사장이었습니다. 절대로 마크 크래니를 채용하지 말라고 말씀드리고 싶군요.

나　음, 상당히 단호하게 말씀하시는군요. 그가 무슨 범죄자이기라도 합니까?

조　아뇨. 마크는 비도덕적인 일을 할 사람이 아닙니다.

나　그럼 직원 채용을 잘 못합니까?

조   아닙니다. 마크는 최고의 세일즈맨들을 회사에 안겨줬어요.

나   규모가 큰 건을 성사시키는 능력은요?

조   물론 단연 뛰어나죠. 제가 있던 회사에서도 상당히 커다란 거래를 여러 번 성사시켰습니다.

나   관리자로서 능력이 형편없나요?

조   아닙니다. 팀원들을 아주 훌륭하게 이끌었어요.

나   그렇다면 대체 왜 고용하지 말라는 겁니까?

조   조직문화 적합성 면에서는 빵점일 거니까요.

나   좀 더 자세히 설명해주시겠습니까?

조   그러죠. 제가 파라메트릭테크놀로지코퍼레이션(Parametric Technology Corporation)에서 신입 세일즈 직원들을 교육할 때였습니다. 직원들의 흥미와 사기를 북돋울 요량으로 마크를 특별 연사로 불렀지요. 저는 50명의 신입 직원에게 세일즈 업무와 이제 갓 들어온 회사에 대한 의욕을 한껏 불어넣었습니다. 다음 순서로 마크 크래니가 연단에 올랐는데, 햇병아리 같은 직원들을 향해 이렇게 말하는 겁니다. "자네들이 교육을 얼마나 제대로 받는지 따위에는 난 아무 관심도 없어. 한 분기에 50만 달러 매출을 올리지 못하면 자네들 머리에 총알을 박아주겠어."

나   네, 그랬군요…. 어쨌거나 시간 내주셔서 감사합니다.

별다른 위기가 없는 평시와 날마다 목숨을 지키기 위해 싸워야 하는 전시에 우리가 경험하는 세상은 완전히 다르다. 평시에는 자리에 어울리는 태도, 장기적인 문화적 결과, 사람들의 감정 따위에 신경 쓸 여유가 있다. 하지만 전시에는 얘기가 다르다. 적군을 죽이고 아군을 안전하게 지키기 위해 필사적으로 싸워야 한다. 그 즈음 내가 속한 것은 전시 상황이었고 내게는 전투를 위한 장군이 필요했다. 마크 크래니가 그 장군이 될 수 있었다.

그의 영입을 결정하기 위한 마지막 단계로, 마크 앤드리슨과 얘기를 나눠볼 필요가 있었다. 공동창립자이자 이사회 회장인 마크의 의견은 이사회에 큰 영향을 미쳤는데, 마크는 여전히 크래니를 탐탁지 않게 느끼고 있었다. 마크는 나를 깊이 신뢰했으므로 후보자가 자기 마음에 드는지 여부와 상관없이 내가 알아서 결정을 내리도록 할 터였지만, 마크의 전폭적인 지지를 얻는 것이 내게는 퍽 중요했다.

나는 마크가 먼저 입을 열 때까지 잠시 기다렸다. 사내에서나 바깥에서나 언제나 가장 똑똑한 사람임에도 그는 너무 겸손한 나머지 남들이 자기를 똑똑하다고 여긴다고 생각하지 않았다. 그래서 타인에게 무시당하는 것에 민감했다. 그는 크래니의 약점이라고 여기는 것들을 열거했다. 외모나 말투가 세일즈 책임자에 어울리지 않는다, 학벌이 약하다, 함께 있으면 불편한 느낌이 든다…. 나는 조용히 듣고 있다가 말했다. "맞아요. 당신이 한 말 전부 다 맞다고요. 하지만 마크 크래니는 탁월한 세일즈 베테랑이에요. 내가 지금껏 만나본 그 누구보다도 기막히게 출중한 세일즈맨이죠. 만일 당신이 방금 열거한 약점들을 갖고 있지 않다면 그는 얼마 전까지 주가가 주당 35센트였던 회사는 거들떠보지도 않을 겁니다. 아마 IBM의 CEO가 되고도 남았을 걸요."

마크는 주저 없이 답했다. "좋아요. 영입하는 걸로 합시다!"

그렇게 해서 나는 라우드클라우드의 잔해를 털고 일어나 최고의 소프트웨어팀을 꾸리게 됐다. 마크를 세일즈 책임자로 앉히고 수년간 겪어보니, 면접 과정과 평판 조회에서 알게 된 사실들이 그의 진짜 모습과 한 치도 다름이 없었다. 누구 말마따나 조직문화 적합도에서는 높은 점수를 줄 수 없었지만 그야말로 세일즈 천재였다. 나는 그의 천재적인 세일즈 감각이 필요했고 그와 긴밀하게 손발을 맞춰가며 일했다. 우리 회사 경영진 멤버 모두가 나중에는 마크와 일하는 걸 편하게 느끼게 됐는지 어떤지는 정확히 모르겠다. 그러나 그가 세일즈 책임자로서 최적격 인물이라는 점에서만큼은 이의를 제기하는 사람이 아무도 없었다.

나의 예전 상사인 짐 박스데일(Jim Barksdale)은 입버릇처럼 말했다. "우리는 사람들을 먼저 돌본다. 사람, 제품, 이익의 순서다." 단순한 말이지만 여기엔 몹시 깊은 의미가 담겨 있다. '사람을 돌보는 것'이 셋 중에 단연코 가장 어려우며, 그것을 제대로 하지 못하면 나머지 두 가지는 의미가 없다.

사람을 돌본다는 것은 곧 일하기 좋은 직장을 만든다는 것을 의미한다. 사실 '일하기 좋은' 직장으로 불러도 손색이 없는 조직은 그리 많지 않다. 조직의 덩치가 커질수록 진짜 중요한 부분을 놓치기 십상이고, 사내정치에 능한 직원들의 계략에 가려 성실하게 일하는 보석 같은 직원들이 묻혀버릴 수 있으며, 관료주의적 프로세스가 창의성을 질식시키고 일터의 즐거움을 빼앗아갈 수 있다.

닷컴 붕괴 시기나 나스닥으로부터 상장폐지 경고를 받던 때처럼 위기 상황에 봉착했을 때 우리 회사가 무사히 그 터널을 지나올 수 있었던 비결을 이번 장에서 소개할 생각이다. 직원들이 즐거운 마음으로 일할 수 있는 일터라면, 그 회사는 오래 생존하며 성공의 정점에 오를 가능성이 높아진다.

일하기 좋은 직장

옵스웨어를 운영할 때 나는 관리자들을 모아놓고 기대치와 관련한 교육을 실시하곤 했다. 그런 교육이 반드시 필요하다고 믿었기 때문이다. 나는 모든 관리자에게 부하 직원들과 정기적으로 면담을 하라고 분명하게 말했다. 방법을 몰라서 못 한다는 핑계가 나오지 않도록 심지어 일대일 면담을 하는 방법도 상세히 설명했다.

그러던 어느 날, 나는 관리자 한 사람이 6개월이 넘도록 부하 직원들과 일대일 면담을 단 한 번도 하지 않았다는 사실을 알게 됐다. '지시 후 점검이 필수'라는 것을 알았지만, 그냥 놔뒀다고 이런 식으로 전개될 줄은 몰랐다. 6개월이 넘도록 면담을 한 번도 하지 않았다니? 상당한 시간을 들여 직원 관리 방식을 고민하고 자료를 준비해 관리자들에 대한 교육까지 직접 실시했는데, 6개월 동안 부하 직원 면담을 전혀 안 했다? CEO의 권위가 고작 이것밖에 안 됐단 말인가? 관리자들이 내 말을 귓등으로도 안 듣는다면 내가 뭣 하러 회사를 운영한단 말인가?

나는 리더로서 항상 모범을 보이려 노력했다. 그래야 직원들이 내가 원하는 방향으로 움직일 거라고 생각했다. 직원들이 나의 나쁜 습관만을 모방할 줄은 미처 몰랐다. 왜 직원들은 내 좋은 습관은 닮으려 하지 않는 것일까? 나는 직원들 사이에서 신의를 잃어버린 리더가 된

걸까? 아주 오래 전에 우리 아버지와 당시 프로 농구팀 보스턴 셀틱스의 코치였던 토미 하인슨(Tommy Heinsohn)에 대해 나눈 대화가 떠올랐다. 하인슨은 한때 세계에서 손꼽히는 성공한 코치로 이름을 날리던 명장이었다. 어느 해에는 '올해의 코치'로 선정됐고, 팀의 NBA 우승을 두 번이나 이끌어냈다.

하지만 그는 언젠가부터 빠른 속도로 내리막길을 걷기 시작해 프로 농구 리그 최악의 성적을 내는 코치가 됐다. 대체 어떻게 된 일이냐고 묻자 아버지는 대답했다. "툭하면 욱하고 짜증을 폭발하는 그에게 어느 순간부터 선수들이 관심을 끊어버렸단다. 예전엔 그가 고래고래 고함을 치면 선수들이 뭐라도 반응을 보였어. 하지만 이젠 그냥 무시해버린단다." 우리 직원들도 나를 무시하고 있는 걸까? 내가 그들에게 너무 자주 고함을 질렀던가?

곰곰이 생각해보니, 내가 '해야 할 일'을 지시하기만 했지 '왜' 그것을 해야 하는지는 명확히 설명하지 않았다는 것을 깨달았다. 사장의 권위만으로는 원하는 방향으로 그들을 이끌 수 없는 것이었다. 완수해야 하는 일이 한두 가지가 아니었던 상황임을 감안할 때, 관리자들이 모든 것을 빠짐없이 챙기기는 힘들었다. 그래서 그들 나름대로 우선순위를 정해 일을 처리하고 있었다. 분명히 그 관리자의 우선순위 목록에서 직원 면담은 저 아래쪽에 있었을 터였다. 직원 면담이 왜 중요한지 설명해주지 않은 나도 문제였다.

나는 골똘히 생각해봤다. 관리자들을 모아놓고 관리교육을 실시한 이유가 무엇인가? 왜 관리자들한테 직원과 일대일 면담을 하라고 요구한 것인가? 긴긴 생각 끝에, 내가 그렇게 했던 가장 중요한 이유가 뭔지 마음속에서 명료하게 정리됐다. 곧장 나는 그 관리자의 상사('스티브'라고 부르자)를 내 방으로 호출했다. 스티브의 얼굴을 마주하고 앉자마자 나는 물었다.

나 스티브, 오늘 내가 회사에 출근한 이유가 뭔지 압니까?

스티브 무슨 말씀이신지요…?

나 내가 왜 졸린 눈을 비비고 일어나 출근했을까요? 그저 돈이나 벌려고 한다면 내일 당장이라도 회사를 팔아치워서 어마어마한 돈을 챙길 수도 있지 않을까요? 난 유명해지는 것도 원치 않습니다. 오히려 그 반대죠.

스티브 네.

나 그렇다면 왜 내가 출근했을까요?

스티브 글쎄요.

나 잘 들어요. 옵스웨어가 좋은 회사가 되는 것이 나에게 개인적으로 몹시 중요하기 때문입니다. 하루에 12시간에서 16시간을, 그러니까 깨어 있는 대부분의 시간을 이곳에서 보내는 직원들이 만족스럽고 행복한 삶을 사는 것이, 나에겐 매우 중요합니다. 그래서 내가 출근을 하고 회사를 운영하는 겁니다.

스티브 예.

나 일하기 좋은 직장과 일하기 싫은 직장, 이 둘의 차이가 뭔지 압니까?

스티브 음…, 알 것 같습니다.

나	뭔데요?

스티브 어, 저기 그러니까….

나   내가 자세히 설명해주죠. 좋은 조직에서는 사람들이 각자 일에 온전히 집중하고, 또 맡은 일을 잘 완수해내면 회사 차원에서나 그들 개인적으로나 좋은 결과를 얻게 된다는 확신을 가집니다. 그런 조직에 몸담고 있으면 한마디로 일할 맛이 나지요. 일을 통해 능력을 한껏 발휘하고 그럼으로써 회사와 자기 자신을 더 나은 방향으로 성장시킬 수 있다는 믿음, 그런 믿음을 직원 모두가 갖고 매일 아침 출근합니다. 이런 조직의 구성원들은 일을 통해 동기를 부여받고 또 뿌듯한 성취감도 느낍니다.

하지만 나쁜 조직에서는 직원들이 조직 내의 권한을 놓고 싸우거나 망가진 프로세스와 싸우느라 여념이 없습니다. 심지어 자신이 맡은 임무도 제대로 모르기 때문에 그들이 일을 잘 해냈는지 여부도 판단할 길이 없지요. 설령 오랜 시간을 들여 맡은 일을 완료했다 하더라도 그것이 회사 차원이나 자신의 경력 면에서 어떤 의미를 갖는지 잘 모릅니다. 설상가상으로, 직원들이 용기를 내서 경영진을 찾아가 자기 부서의 문제점을 밝히거나 불만을 토로하면, 경영진은 문제가 있다는 사실을 인정하려 들지 않아요. 그저 현상 유지에만 급급하고 문제는 무시해버리는 겁니다.

스티브 네, 무슨 말씀인지 알겠습니다.

나   당신 밑에 있는 관리자인 팀이 6개월간 부하 직원 그 누구와도 면담을 하지 않았다는 사실을 알고 있습니까?

스티브   아뇨, 몰랐습니다.

나   그걸 이제 알게 되었으니, 이 사실도 알겠군요. 팀이 자기가 몸담고 있는 조직이 좋은 회사인지 나쁜 회사인지 판단할 정보를 얻을 길이 없다는 것 말입니다.

스티브   예.

나   자, 결론적으로 이렇습니다. 당신과 팀은 나의 유일한 목표를 이루지 못하게 방해하고 있는 셈입니다. 나의 가장 중요한 목표를 이루는 걸 방해하고 있단 말입니다. 분명히 말하건대, 만일 팀이 내일까지 모든 부하 직원과 면담을 마치지 못하면 나로서는 팀은 물론이고 상관인 당신도 해고할 수밖에 없습니다. 알겠습니까?

스티브   네, 잘 알겠습니다.

내 행동이 꼭 필요한 이유

혹자는 아무리 바람직한 조직문화를 조성해 회사를 잘 관리한다 해도 제품/시장 적합성을 확보하지 못하면 실패한다고 말할지 모른다. 또는 끔찍한 조직문화를 가진 회사라도 완벽한 제품/시장 적합성만 달성하면 성공에 문제가 없다고 주장할지도 모른다. 일리 있는 얘기다. 그렇다면 내가 팀의 상관을 불러서 일장 연설을 늘어놓으며 해고 가능성까지 운운한 것은 꼭 필요한 행동이었을까?

나는 그렇다고 생각한다. 다음 세 가지 이유 때문이다.

- 만사가 순조롭게 흘러갈 때는 좋은 회사가 되는 것이 별로 중요하지 않다. 그러나 위기가 다가왔을 때는 그것이 조직의 생사를 가르는 결정적 요인이 될 수 있다.
- 위기는 언제라도 닥칠 수 있다.
- 좋은 회사가 되는 것 자체가 목적이 돼야 한다.

조직의 생사를 가르는 결정적 요인

순풍에 돛 단 듯 회사가 승승장구할 때 직원들이 남아 있는 이유는 당연히 한두 가지가 아니다.

- 멋진 경력을 쌓을 수 있는 길이 활짝 열려 있다. 회사가 성장할수록 흥미로운 업무 기회도 자연히 많아지기 때문이다.
- '대박이 날지' 아무도 몰랐던 상황에서도 일찌감치 '대박' 회사를 선택한 당신을 친구들과 가족이 감탄과 선망의 눈으로 바라본다.
- 주가를 올리는 우량기업에서 일하면 이력서가 한층 근사해진다.
- 물론, 통장도 갈수록 두둑해진다.

그러나 회사에 위기가 닥치면 이 모든 이유가 반대의 명제로 변하면서 회사를 떠날 이유가 된다. 사실, 조직이 심각한 위기에 직면했을 때 직원의 잔류 여부는 (일자리 자체에 대한 절박한 필요가 아니라) 자기 일을 얼마나 좋아하느냐가 좌우한다.

위기는 언제라도 닥칠 수 있다

주가가 시종일관 상승 곡선만 그린 기업은 역사상 한 번도 없었다. 조직문화가 탄탄하지 못한 나쁜 회사에서는 수익이 사라지면 직원들도 떠나기 시작한다. 직원들이 떠나면 악순환이 시작되기 십상이다. 회사 가치가 떨어지고, 그러면 훌륭한 인재가 하나둘 떠나고, 이후 회사 가치는 더 떨어지고, 또다시 인재들이 짐을 싼다. 이 악순환에서 빠져나오기는 좀처럼 쉽지 않다.

좋은 회사가 되는 것 자체가 바로 목적이다

내가 빌 캠벨을 처음 만났을 때 그는 인튜이트의 회장이었고 애플 이사회 일원이었으며 업계의 내로라하는 CEO들의 멘토로 활약 중이었다. 그러나 빌의 그런 화려한 이력보다 내게 더욱 큰 인상을 준 것은 그가 1992년에 고코퍼레이션을 운영했던 경험이다. 고코퍼레이션은 벤처캐피털의 지원을 받는 스타트업으로는 역사상 유례없는 수준의 많은 자금을 확보하며 야심차게 출발했었다. 하지만, 결국엔 그 돈 대부분을 날리고 나서 1994년 헐값에 AT&T에 매각됐다.

　여기까지는 그다지 인상적이라고 할 만한 게 없다. 오히려 끔찍한 실패 사례로만 보일 뿐이다. 하지만 나는 비즈니스 세계에 몸담은 동안 과거 고코퍼레이션에서 일했던 사람들 수십 명을 만나봤다. 여기에는 마이크 호머, 대니 셰이더(Danny Shader), 프랭크 첸(Frank Chen), 스트래튼 스클래보스(Stratton Sclavos) 같은 뛰어난 인물들도 포함된다.

놀라운 사실은, 그들 모두가 하나같이 고코퍼레이션을 자신이 경험해 본 최고의 직장으로 꼽는다는 점이다. 그들 경력의 발전에 제동이 걸 렸고 돈도 별로 못 벌었으며 그 회사가 업계 잡지의 표지에 실패 사례 로 대문짝만하게 실렸음에도 말이다. 고코퍼레이션은 직원들이 신명 나게 일하는 직장, 다니고 싶은 직장이었던 것이다.

그런 걸 보면 빌이 얼마나 뛰어난 CEO였는지 알 수 있었다. 존 도 어(John Doerr)도 그렇게 느꼈던 게 분명하다. 스콧 쿡(Scott Cook)이 인 튜이트의 CEO 후보자를 찾고 있을 때, 존이 그 자신도 빌의 고코퍼레 이션에 투자한 거액을 날렸음에도 빌을 추천했던 걸 보면 말이다. 그 리고 고코퍼레이션의 직원을 만나본 사람이면 누구나 빌이 어떤 사람 인지 알 수 있었다. 빌은 일하기 좋은 회사를 만드는 데 온 에너지를 쏟은 사람이었다.

만일 당신이 어디에 초점을 맞춰야 할지 모르겠다면, 우선 빌처럼 일하기 좋은 회사를 만드는 데 집중하라.

왜 직원을 교육해야 하는가

어째서 스타트업이 직원을 교육해야 하는지를 나는 넷스케이프에서 일하는 동안 절실히 깨달았다. 맥도날드(McDonald's) 직원들은 각자 맡은 일에 대한 교육을 철저히 받고 업무에 임한다. 그런데 그보다 훨씬 복잡한 일을 하는 사람들이 그렇지 않은 경우가 상당히 많다. 이건 말이 되지 않는다. 당신이라면 맥도날드에서 교육도 받지 않은 미숙한 직원에게 서비스를 받고 싶은가? 당신이라면 코드의 실행 방법도 제대로 배우지 않은 엔지니어가 만든 소프트웨어를 구매하고 싶겠는가? 많은 기업이 자신이 채용한 직원들이 이미 충분히 똑똑하므로 별다른 훈련과 교육이 필요 없다고 생각한다. 정말이지 뭘 모르는 소리다.

처음으로 관리자 직급에 올랐을 때 나는 직원 교육에 관해 다소 반신반의하는 생각을 갖고 있었다. 이론상으로는 첨단 기술 기업이라면 직원을 교육하는 것이 마땅하다. 하지만 이전에 일했던 직장들의 교육 프로그램은 하나같이 실망스럽기 짝이 없었다. 대개 우리 회사의 사업을 제대로 알지도 못하는 외부 사람이 와서 교육을 진행했고, 그러다 보니 우리의 실제 업무 환경과 맞지 않는 엉뚱한 소리나 떠들기 일쑤였다. 그러다가 나는 우연한 기회에 앤디 그로브가 쓴 경영 고전 《하이 아웃풋 매니지먼트》를 읽게 됐다. 그리고 16장 '직원 교육이 관리자의 책임인 이유'를 보며 직원 훈련에 대한 새로운 관점을 갖게 됐다. 그로브는 이렇게 주장했다. "대다수의 관리자들은 직원 교육이란 다른 누군가에게 맡겨야 하는 일이라고 여기는 것 같다. 하지만 내 생각은 다르다. 직원들 교육은 관리자가 직접 하는 것이 옳다."

넷스케이프에서 제품관리 책임자가 됐을 때, 나는 대부분의 제품관리자들이 이렇다 할 성과를 거의 내지 못하는 모습을 보고 답답함을 느꼈다. 그래서 그로브의 조언을 염두에 두고 '좋은 제품관리자 vs 나쁜 제품관리자'라는 제목을 붙인 짧은 글을 작성했다. 그리고 이를 바탕으로 직원을 교육하면서 내가 생각하는 업무 기대치를 알려줬다. 그 결과는 놀라웠다. 업무 성과가 빠른 시간 내에 향상된 것이다. 발전 가능성이 거의 없다고 여겨졌던 제품관리자들이 예전보다 더 나은 성과를 보이기 시작했다. 오래지 않아 우리 팀은 사내에서 가장 업무 성과가 탁월한 팀이 됐다.

이런 경험이 있었기에, 나는 라우드클라우드를 시작한 이후로는 직원 교육에 적지 않은 시간과 비용을 투자했다. 내가 이끈 회사가 궁극적으로 성공을 거둔 데에는 그런 투자가 큰 몫을 했다. 여기에는 내 직원들은 내가 교육해야겠다는 간단한 결심과 그보다 더 간단한 교육 자료, 이 두 가지면 충분했다. 이제 내가 그로브에게 진 빚을 갚는다는 의미에서, 당신의 회사에서도 나처럼 해야 하는 이유와 방법을 설명하겠다.

교육에 올인해야 하는 네 가지 이유

기술 회사를 창업하는 사람이라면 거의 누구나 사람이 가장 중요한 자산이라는 사실을 잘 안다. 제대로 운영되는 스타트업에서는 인력 자원을 확충하기 위한 직원 채용 및 면접 프로세스를 매우 중시한다. 그런데 많은 경우 인력에 대한 투자가 거기서 멈춰버린다. 그래서는 안 되는 네 가지 이유를 아래에 설명하겠다.

1. 생산성

많은 스타트업이 전체 지원자 수, 최종 면접에 올라온 지원자 수, 실제로 채용한 인재들의 수에 대한 통계를 세심하게 관리한다. 이런 통계는 흥미롭기는 하지만, 여기엔 가장 중요한 수치가 빠져 있다. '생산성 높은 직원들이 얼마나 늘어났는가?'가 그것이다. 많은 기업은 실제 목표와 관련한 성과를 측정하지 않기 때문에 직원 교육의 중요성을 깨닫지 못한다. 만일 생산성을 제대로 측정해본다면, 직원 모집, 채용, 통합에 들인 그 모든 투자가 낭비였다는 사실을 깨닫고 충격에 빠질지도 모른다. 설령 신입 직원들의 낮은 생산성을 인식한다 할지라도 대부분의 CEO들은 교육에 투자할 시간이 없다고 생각한다. 앤디 그로브는 다음과 같은 간단한 계산을 제시하면서, 그렇게 생각해서는 안 되는 이유를 일깨워준다.

교육은 관리자가 할 수 있는 가장 효율적인 활동 중 하나다. 가령 당신 부서의 직원들을 위해 4회의 강의 시리즈를 진행한다고 생각해보라. 각 강의 1시간당 준비하는 데 3시간이 든다고 가정하면 총 12시간이 필요하다. 강의에 참석하는 인원은 10명이라고 치자.

그다음 해에 그들은 회사를 위해 대략 총 2만 시간을 일할 것이다. 만일 당신이 실시한 교육 때문에 직원들의 업무 성과가 1퍼센트 향상된다면, 회사는 단 12시간의 투자로 200시간 업무에 상응하는 추가적인 성과를 얻는 셈이다.

2. 성과관리

관리자 직급에 채용할 사람을 면접할 때 대개 이런 질문을 던진다. 누군가를 해고해본 경험이 있는가? 몇 명이나 해고해봤는가? 해고를 어떤 식으로 진행하는가? 모두 필요한 질문이다. 하지만 가장 필요한 질문은 빼먹을 때가 많다. 바로 이것이다. "누군가를 해고했을 때, 그 직원이 업무에서 자신에게 기대됐던 바를 알고 있으면서도 그 기대치에 미달했다는 것을 당신은 어떻게 확신했습니까?" 이때 관리자가 "해당 직원의 업무에 대한 교육을 실시하면서 기대치를 분명하게 설명했다"고 답한다면 가장 이상적이다. 직원들을 교육하지 않으면 성과관리 기준을 세울 수가 없다. 그러면 당신 회사의 성과관리는 일관성도 없고 엉성하게 되고 만다.

3. 제품의 질

많은 창업자가 이전 직장에서 해결하려고 분투했던 끔찍한 문제들을 말끔히 해결해줄, 멋지고 세련된 제품에 대한 비전을 품고 회사를 시작한다. 그런데 회사가 점점 성공 가도에 오를수록 멋지고 세련됐던 제품이 어느새 프랑켄슈타인 같은 괴물로 변해 있는 것을 발견하게 된다. 왜 이런 일이 일어날까? 성공의 엔진이 가속도를 낼수록 새로운 엔지니어들을 빠른 속도로 충원하면서 신입 직원 교육에 소홀해지기 때문이다. 이런 엔지니어들은 임무가 주어지면 그들 나름의 최선의 방식으로 임무를 완수한다. 이때 많은 경우 아키텍처의 기존 기능을 그대로 모방하는데, 결국 이는 일관성 없는 사용자 경험, 성능상의 문제, 전반적인 혼란으로 이어진다. 그 때문에 결국 발생하는 비용에 비하면 직원 교육에 드는 비용은 시쳇말로 '껌 값'이다.

4. 직원 유지

넷스케이프에서 직원 퇴사율이 특히 높았던 시기가 있었다. 그때 나는 퇴직자 면담 자료를 몽땅 가져다 읽으면서 사람들이 첨단 기술 회사를 그만두는 이유를 분석해봤다. 경제적인 이유를 제외하고, 그들이 떠나는 가장 큰 이유는 두 가지였다.

- **상사를 혐오했다** 대개 직원들은 명확한 지시 및 지도, 경력 개발의 기회, 피드백이 부족한 것을 끔찍하게 싫어했다.
- **배움과 발전이 없다고 느꼈다** 직원들은 자신이 새로운 기술을 배울 수 있게 회사가 자원을 투자하지 않는다고 느꼈다.

훌륭한 교육 프로그램은 이 두 가지 문제를 모두 해결할 수 있다.

직원 교육의 최우선 과제

무엇보다 업무에 필요한 지식과 기술을 교육하는 일이 필요하다. 나는 이것을 실무교육(functional training)이라 부르겠다. 실무교육에는 당신이 신입 직원에게 업무상 기대하는 바를 가르쳐주는 것처럼 간단한 것도 포함되고(뒤에 나오는 '좋은 제품관리자 vs 나쁜 제품관리자' 참고), 몇 주간의 강도 높은 프로그램을 통해 신입 엔지니어들에게 회사 제품의 이력과 상세한 특성을 교육하는 것처럼 복잡한 것도 포함된다. 실무교육의 내용 및 방식은 각각의 업무에 맞춰 설계해야 한다. 만일 더 수준 높은 방식을 원한다면 관리자뿐만 아니라 특정 기술에 관한 높은 전문성을 지닌 팀원에게도 교육을 위임하라. 이런 방식은 긍정적인 부수 효과도 낳는다. 즉, 강력하고 긍정적인 조직문화를 만드는 데 더 큰 도움이 된다. 전략적 워크숍을 백 번 떠나는 것보다 훨씬 낫다.

사내 교육 프로그램의 또 다른 중요한 부분은 관리교육(management training)이다. 관리교육은 당신이 기대하는 바를 관리자들에게 인식시키기 위해 중요하다. 관리자들이 부하 직원과 정기적으로 일대일 면담을 하기 바라는가? 그들이 직원들한테 업무 성과 피드백을 주길 원하는가? 그들이 부하 직원을 적절히 교육하기를 바라는가? 그들이 팀원들과 목표를 공유하며 그 달성을 위해 효과적으로 협력하길 기대하는가? 그렇다면 그런 당신의 기대치를 관리자들에게 알려줘야 한다. 기술 회사의 관리 체계는 형편없는 경우가 많기 때문이다. 기대치를 확실히 규정했다면, 다음 단계는 그 기대치를 충족시키는 구체적인 방법(예: 실적 평가서 작성 방법, 일대일 면담 진행 방법)을 관리자들에게 가르치는 것이다.

실무교육과 관리교육 이외에 다른 교육 기회도 존재한다. 기술 스타트업의 커다란 장점 하나는 뛰어난 인재들을 채용할 수 있다는 점이다. 사내 최고 인재들에게 그들의 기술을 다른 직원과 공유하도록 장려하라. 그들이 다른 직원들에게 협상, 인터뷰, 재무 등에 관해 가르치면 회사 역량도 강화되고 직원 사기도 높아진다. 또한 뛰어난 역량을 갖춘 직원들에게는 다른 직원들을 가르치는 이런 교육이 일종의 명예 훈장이 될 수 있다.

교육은 선택 아닌 의무

교육의 중요성을 이해하고 교육할 내용도 정했다면 이제 할 일은 무엇일까? 이 점을 명심하라. 스타트업은 '해도 되고 안 해도 되는 일'을 할 시간이 없다. 따라서 직원 교육을 반드시 해야 하는 '의무적인' 것으로 정해둬야 한다. 위에 설명한 두 종류의 교육(실무교육과 관리교육)을 의무적인 것으로 만들려면 이렇게 하라.

- 관리자의 신입 직원 충원 요청에 제한을 가하라. 앤디 그로브가 말했듯, 관리자가 직원의 생산성을 높이는 방법은 동기부여와 교육뿐이다. 그러므로 교육은 사내 모든 관리자의 가장 기본적인 의무가 돼야 한다. 이 의무를 이행하게 만드는 효과적인 방법은 관리자가 '신입 직원' 교육 프로그램을 만들어 제출하기 전까지는 인력 충원 요청을 승인하지 않는 것이다.

- CEO인 당신이 직접 관리교육을 진행해 그것이 의무 사항임을 보여라. 회사를 제대로 관리하는 것은 CEO의 마땅한 임무다. 사내의 모든 교육을 진행할 시간은 없겠지만, 성과 기대치를 알려주는 교육만큼은 직접 해야 한다. 결국 그것은 '당신이' 직원들한테 기대하는 바 아닌가! 그 외의 다른 교육들은 사내 최고 관리자들을 뽑아 그들에게 맡겨라. 그리고 이 역시 의무 사항으로 공표하라.

아이러니하게도 직원 교육의 가장 커다란 장애물은 너무 많은 시간이 들 거라는 인식이다. 하지만 기억하라. 직원 교육에 대한 투자보다 더 효과적으로 회사의 생산성을 향상하는 방법은 없다는 사실을. 너무 바빠서 직원을 교육할 시간이 없다는 말은 너무 배고파서 밥 먹을 시간이 없다는 말과 매한가지다. 게다가 기본 교육 프로그램을 만드는 일은 그렇게 어렵지도 않다.

넷스케이프에서 서버 제품관리를 책임지고 있을 당시, 나는 팀원들 전부가 자신의 업무에 대해 저마다 다른 관점과 접근법을 갖고 있는 모습을 보고 답답하기 그지없었다. 그러던 어느 날 이런 생각이 불현듯 들었다. 이제껏 이 업계의 그 누구도 제품관리라는 업무에 관해 명확한 정의를 내린 적이 없었다! 그래서 내가 그 정의를 내려봤다. 아래 소개하는 내용은 직원 교육은 물론이고 내 혈압을 내리는 데에도 도움이 됐다. 놀랍게도 많은 사람이 지금도 이 글을 활용한다. 직원 교육은 그만큼 중요한 일이다.

좋은 제품관리자 vs 나쁜 제품관리자

좋은 제품관리자는 시장, 제품 및 제품라인, 경쟁업체에 대해 정확히 파악하고 있으며 확실한 정보와 자신감을 갖고 움직인다. 좋은 제품관리자는 제품의 CEO와도 같다. 또한 제품의 성공에 대한 책임감을 지니며 제품의 성공을 기준으로 스스로를 평가한다.

좋은 제품관리자는 올바른 제품을 적절한 시기에 출시하는 것, 그리고 거기에 수반되는 모든 제반 사항에 책임질 줄 안다. 회사 상황, 매출, 시장의 경쟁 등 제품을 둘러싼 맥락을 이해하며 효과적인 전략의 수립 및 실행을 책임진다. 그리고 이런저런 변명을 하지 않는다.

나쁜 제품관리자는 변명과 핑계를 입에 달고 산다. 예산이 부족해, 엔지니어링 팀장이 멍청한 탓이야, 마이크로소프트에는 우리보다 10배나 많은 엔지니어들이 있다구, 요즘 내게 할당된 일이 너무 많아, 상사가 제대로 방향을 잡아주질 않아 등등. 회사의 CEO가 이런 종류의 변명을 늘어놓아서는 안 된다면 제품의 CEO 역시 마찬가지다.

좋은 제품관리자는 적시에 훌륭한 제품을 출시하기 위해 협력해야 하는 다양한 부서와의 상호작용에서 불필요하게 시간을 낭비하지 않는다. 그들은 제품팀의 소중한 시간을 허비하지 않는다. 다양한 기능을 관리하지도 않는다. 그들은 엔지니어링팀의 심부름꾼이 되지 않는다. 좋은 제품관리자는 제품팀의 일부분이 아니라 제품팀 자체를 이끄는 리더다. 엔지니어링팀은 좋은 제품관리자를 '마케팅 자원'이라고 여기지 않는다. 좋은 제품관리자는 엔지니어링 관리자와 동등한 위치에서 마케팅에 신경 쓰는 사람이다.

좋은 제품관리자는 목표를, 즉 '무엇'에 초점을 맞춰야 할지 정확히 알며 그것을 달성하기 위해 애쓴다. 나쁜 제품관리자는 '어떻게'를 이해하는 데서 그친다. 좋은 제품관리자는 서면이나 구두로 엔지니어링 팀과 정확하게 의사소통을 한다. 또 비공식적인 지시를 내리지 않으며 비공식적으로 정보를 수집한다.

좋은 제품관리자는 세일즈팀, 마케팅팀, 임원들이 효과적으로 활용할 수 있는 부수적 사항과 문답 자료(FAQ), 보고서를 만들고 프레젠테이션을 수행한다. 나쁜 제품관리자는 세일즈팀이 궁금해하는 내용에 답해주느라 하루 종일 시달렸다고 불평한다. 좋은 제품관리자는 제품의 중요한 결함을 미리 예측하고 실제적인 해결책을 구상한다. 나쁜 제품관리자는 늘 사태가 터진 후에 수습하느라 바쁘다.

좋은 제품관리자는 경쟁력 제고를 위한 묘책, 아키텍처와 관련한 어려운 선택, 제품에 대한 힘든 결정사항, 공략하거나 퇴거해야 할 시장 등 중요한 문제들에 대한 관점이나 입장을 문서로 정리해둔다. 나쁜 제품관리자는 모종의 견해를 입으로 떠들기만 하고 '권력자'가 허용치 않아서 자기 계획을 실행할 수 없다고 불평한다. 나쁜 제품관리자는 실패를 하면 "그럴 줄 알았다"고 말한다.

좋은 제품관리자는 팀원들이 수익 창출과 고객관리에 집중하도록 이끈다. 나쁜 제품관리자는 팀원들이 경쟁업체가 얼마나 많은 기능을 개발하고 있는지에만 집중하게 만든다. 좋은 제품관리자는 노력을 쏟아 구현할 수 있는 좋은 제품을 정의한다. 나쁜 제품관리자는 실제로 구현하기 힘든 좋은 제품을 정의하거나, 엔지니어들이 원하는 대로 만들게 내버려둔다. 즉, 가장 어려운 문제를 엔지니어팀에 넘긴다.

좋은 제품관리자는 제품 기획 단계에서는 시장에 제공할 최고의 가치가 무엇인지를, 시장 진출 단계에서는 시장점유율 및 매출 목표를 달성할 방법을 궁리한다. 나쁜 제품관리자는 가치 전달, 경쟁력 특성, 가격정책, 제품 보급 등에 대해 혼란스러워한다. 좋은 제품관리자는 문제들을 분석하지만, 나쁜 제품관리자는 모든 문제를 모아 더 커다란 문제로 만든다.

좋은 제품관리자는 언론에 보도되길 원하는 제품 스토리가 무엇일지 생각한다. 나쁜 제품관리자는 언론에 제품의 기술적 기능들이 빠짐없이 정확히 소개되기만을 원한다. 좋은 제품관리자는 언론에 질문을 던진다. 나쁜 제품관리자는 언론에서 던지는 질문에 무조건 대답한다. 좋은 제품관리자는 기자와 애널리스트들이 똑똑하다고 가정한다. 나쁜 제품관리자는 기자와 애널리스트들이 멍청하다고, 제품에 적용된 기술의 미묘한 특성을 제대로 이해하지 못한다고 가정한다.

좋은 제품관리자는 지나치다 싶을 정도로 명확성을 추구한다. 나쁜 제품관리자는 뻔한 것도 제대로 설명하지 못한다. 좋은 제품관리자는 자신이 할 일과 성공을 스스로 정의한다. 나쁜 제품관리자는 해야 할 일을 지시받길 기다린다.

좋은 제품관리자는 자기 훈련이 잘돼 있기 때문에 현황 보고서를 매주 제시간에 제출한다. 나쁜 제품관리자는 자기 훈련이 엉망이기 때문에 현황 보고서 제출 시간을 자주 잊어버린다.

뛰어난 기술 회사를 만들려면 당연히 뛰어난 인재가 필요하다. 훌륭한 기업들은 세계 최고의 인재를 끌어오기 위해 시간과 돈을 아낌없이 투자한다. 그런데 세계 최고의 팀을 꾸리기 위해 당신이 나아가야할 선은 어디까지일까? 친구의 회사에서 직원을 데려오는 것은 공정한 게임일까? 그런 이후에도 여전히 친구 관계를 유지할 수 있을까? 먼저, 내가 말하는 '친구'란 무엇을 뜻할까? 친구는 다음 두 가지 의미일 수 있다.

- 사업상 중요한 파트너
- 말 그대로 그냥 친구

내가 던진 질문에서는 '사업상 중요한 파트너'와 '그냥 친구' 이 둘을 구분하는 게 별로 의미가 없다. 대부분의 CEO는 친구 회사에서 의도적으로 직원을 빼오겠다고 마음먹지 않을 것이다. 또 CEO라는 사람은 대개 비즈니스 세계에 진정한 친구가 많지 않으며, 친구 회사에서 인재를 빼오는 것은 친구를 잃는 확실한 방법이다. 그럼에도 대부분의 CEO는 친구 회사에서 직원을 데려오느냐 마느냐 하는 문제에 한번쯤은 직면하기 마련이다. 왜 그런 상황이 발생할까? 어떤 경우에 그렇게 해도 괜찮을까? 어떤 경우에 그런 행동을 하면 친구를 잃는 대가를 치르게 될까?

용서하되, 잊지는 못한다

이런 상황을 가정해보자. 당신의 친구 캐시가 운영하는 회사에 미첼이라는 뛰어난 엔지니어가 있다. 미첼은 당신 회사의 엔지니어 A와 친구 사이다. 그런데 당신 회사에서 신입 사원을 뽑는 시기에 A의 권유로 미첼이 당신 회사의 면접을 보고 자연스럽게 필요한 과정을 밟는다. 물론 이 모든 일은 당신이 모르는 사이에 발생한다.

마지막 단계는 CEO인 당신과의 면접. 면접을 시작하자마자 당신은 미첼이 당신의 친한 친구 캐시의 회사에 근무 중인 직원임을 알게 된다. 당신이 회사 측에서 미첼에게 먼저 정식 입사 제의를 하지는 않았는지 인사부 직원들한테 확인해보니, 미첼은 진작부터 새 일자리를 찾고 있었고 꼭 당신 회사가 아니더라도 어차피 이직할 계획이었다고 한다. 자, 이제 어떻게 해야 할까?

이쯤에서 당신은 이런 생각이 들지도 모른다. "미첼이 어차피 회사를 그만둘 거라면, 캐시는 미첼이 경쟁업체나 그녀가 싫어하는 CEO가 있는 회사보다는 차라리 우리 회사로 오는 편이 낫다고 생각할 거야." 어쩌면 캐시는 그렇게 생각할지도 모른다. 하지만 아닐 수도 있다.

사람들은 대개 회사가 내리막길을 걷는다고 느낄 때 사직을 결심한다. 그러니 캐시의 회사도 생존을 위해 싸우며 간신히 버티고 있는 상황일 가능성이 있다. 만일 그럴 경우, 뛰어난 인재가 사표를 내는 것은 그 무엇보다 캐시에게 커다란 타격이 될 것이다. 왜냐하면 다른 직원들이 뛰어난 인재가 회사를 떠난다면 그것은 사세가 기울고 있다는 확실한 증거라고 생각할 터이기 때문이다. 캐시에게 더욱 타격을 주는 것은 그녀의 직원들이 당신 행동을 배신행위로 바라보면서 속으로 하는 생각이다. 소위 친구라는 사람한테 인재를 빼앗기는 캐시를 보면서 직원들은 이렇게 생각한다. "무능력한 CEO가 분명해. 그러니까 친구가 핵심 인재를 빼앗아가는데도 당하기만 하지." 그러면서 점점 이 상황을 감정적으로 바라보기 시작한다.

당신은 친구인 캐시를 잃고 싶지 않다. 그래서 캐시에게 설명한다. 미첼은 예외적인 경우에 해당한다, 미첼이 입사하고 싶다며 먼저 우리 회사에 찾아왔다, 그쪽 회사에서 우리 회사로 이직하는 직원은 미첼이 처음이자 마지막일 것이다… 대개 이런 식으로 설명하면 캐시는 이해하면서 당신의 정중한 상황 설명에 고맙다고 말할 것이다. 그녀는 용서는 할 것이다. 하지만 단언컨대, 그 일을 절대 잊지는 못할 것이다.

아마도 미첼 일은 당신과 캐시의 관계에 금이 가기 시작하는 첫 단계가 될 것이다. 미첼은 뛰어난 핵심 인재이므로, 캐시 회사의 다른 유능한 직원들이 미첼에게 연락해 왜 회사를 그만뒀느냐고, 어디로 이직할 예정이냐고 물어볼 가능성이 높다. 미첼은 나름의 퇴사 이유를 설명할 테고 그 이유는 다른 직원들의 귀에 퍽 타당하게 들린다. 그리고 이제 그들도 미첼을 따라 당신 회사에 들어오기로 마음먹는다. 당신이 이 모든 상황을 알게 될 즈음엔, 그들이 이미 당신 회사의 채용 담당자로부터 연봉 제안을 받은 이후일 것이다.

당신 회사의 채용 담당자들은 당신에게 설명한다. 캐시 회사 직원들이 제 발로 찾아온 것이지 당신 회사에서 먼저 입사 제안을 한 게 아니라고. 또 그들은 다른 여러 회사에서도 입사 제안을 받은 상태이므로 어차피 캐시 회사를 그만둘 상황이었고, 그러니 그들을 채용하는 게 문제될 게 없다고 말한다. 반면, 캐시 회사 관리자들의 입에서 나오는 얘기는 다를 확률이 높다. 그들은 친구가 직원들을 빼가는 못된 행위를 중단하게 만들라고 캐시를 종용한다. 그러지 않으면 자신들의 업무 목표를 달성할 수 없을 거라면서 말이다. 이런 상황에서 캐시는 당혹감과 분노를 느낀다. 결국 이성적인 머리가 사회적 압력에 굴복하고 만다.

달리 표현해보면 이런 상황과 비슷하다. 만일 당신이 이혼을 한다면, 당신은 남편이 당신의 제일 친한 친구와 연인이 돼도 괜찮다고 느끼는가? 그는 어차피 누군가와는 데이트를 할 테니, 그 누군가가 당신 친구가 돼도 괜찮은가? 이성적으로 쉽게 답할 수 있는 문제 같지만 사실 이런 상황에서는 이성적이 되기 힘들며 당신은 친구를 잃어버릴 가능성이 높다.

스카우트의 역지사지 법칙

먼저, 이 점을 기억하라. 직원들은 두 부류다. 굉장히 뛰어나거나, 회사에 없어도 그만이거나. 따라서 친구 회사에서 직원을 데려오는 경우도 마찬가지다. 최고 인재이거나 아니면 그저 그런 직원이거나. 당신이 데려오는 직원을 상대방 회사에서 아까워하지 않을 것이라고 섣

불리 추측하지 마라.

한 가지 추천할 만한 경험칙은 내가 '직원 스카우트의 역지사지 법칙'이라고 부르는 것으로서, 내용은 이렇다. "X 회사에서 내 회사 직원들을 데려갈 경우 내가 충격과 배신감을 느낄 것 같다면, 나도 X 회사의 인재들을 데려오면 안 된다." 그런 회사들의 숫자는 얼마 안 될 것이며 어쩌면 '제로'일 수도 있다.

이런 골치 아픈 상황을 피하기 위해 많은 기업이 CEO나 다른 임원의 동의 없이는 인재를 데려오지 않기로 하는 회사 리스트를 문서나 불문율로 정해둔다. 이런 방침이 마련돼 있으면, 당신은 친구에게 그의 직원을 지킬 기회, 또는 당신이 스카우트를 진행하기 전에 친구가 반대 의사를 표시할 마지막 기회를 줄 수 있다.

이런 상황에 대처하는 가장 좋은 방법은 투명하고 열린 태도로 임하는 것이다. 친구 회사에서 뛰어난 인재를 데려올 경우 친구 뒤통수를 치게 되는 상황임을 인식했다면, 그 문제를 솔직하게 테이블 위에 꺼내놓아야 한다. 즉 해당 직원에게 "나는 당신이 근무하고 있는 회사와 사업상으로 중요한 관계를 맺고 있다, 그러니 입사 제안을 하기 전에 먼저 당신 회사 사장한테 당신에 대해 물어봐야겠다"고 말하라. 또 "만일 당신이 그것을 원치 않는다면, 채용 프로세스를 중단하고 지금까지 있었던 상황을 비밀로 하겠다"고 말하라.

채용을 하기 전에 친구와 이야기를 나눠보면, 친구의 직원을 데려오는 것이 그 친구와의 관계에 미칠 영향을 현명하게 가늠하고 판단을 내릴 수 있다. 그리고 잘못된 채용을 피하는 데도 도움이 될 것이다. 면접에서는 높은 점수로 합격한 지원자인데 막상 채용해 일을 시켜보면 형편없는 경우가 의외로 많기 때문이다.

석양에 돌아오다의 교훈

서부영화의 고전 〈석양에 돌아오다〉에서 클린트 이스트우드(Clint Eastwood)와 일라이 월러크(Eli Wallach)는 동업 관계인 파트너다. 범죄자인 월러크의 목에는 현상금이 걸려 있는데, 두 사나이는 그 돈을 손에 넣기 위한 모종의 작전을 짠다. 작전은 이렇다. 이스트우드가 월러크를 잡아 넘기고 나서 현상금을 타낸다. 그리고 등 뒤로 손이 묶이고 목에 올가미 모양 밧줄이 걸린 월러크가 교수형을 기다리고 있을 때, 이스트우드가 멀리서 총으로 밧줄을 쏴서 월러크를 도망치게 만든 후 현상금을 나눠 갖는 것이다. 두 사나이는 한동안 이런 동업관계를 이어간다.

그런데 어느 날 이스트우드가 월러크를 교수형장에서 구한 후 이렇게 말한다. "네 녀석 몸값이 3,000달러를 넘는 날은 안 올 것 같군." 월러크가 대꾸한다. "뭔 소리야?" 그러자 이스트우드가 말한다. "우리 동업관계의 끈이 풀렸단 얘기야. 아, 네 녀석은 아니군. 아직 올가미가 목에 걸려 있으니까. 돈은 내가 가져가지. 너는 밧줄이나 가져." 그리고 이후 영화 역사상 손꼽히는 복수극이 펼쳐진다.

당신도 명심하라. CEO 친구에게 그의 가치가 그의 직원보다 높지 않다고 말하는 순간, 친구 관계는 끝이라는 사실을.

타깃 시장도 정했고 시장의 요구를 충족할 적절한 제품도 준비됐다면 이제 회사를 제대로 키워볼 준비가 갖춰진 셈이다. 그러자 이사회에서 '산전수전 다 겪은' 임원을 영입하라고 당신을 재촉한다. 재무나 세일즈, 또는 마케팅 영역의 전문가로서 당신 회사를 세계 최고의 제품을 가진 최고 기업으로 거듭나게 도와줄 인물 말이다. 당신은 마음에 드는 몇몇 후보 인물을 검토해본다. 그런데 이사회 멤버인 벤처캐피털리스트가 말한다. "너무 눈높이가 낮군요. 이 회사는 앞으로 엄청나게 성장할 가능성이 있습니다. 그러니 더 뛰어난 인재를 영입할 수 있다고요."

그래서 당신은 눈높이를 한층 높여 경력이 화려한 인물을 세일즈 책임자로 영입한다. 직원이 수천 명에 달하는 대기업을 여러 곳 거친 베테랑이다. 주변의 평판도 확실하고, 딱 맞는 적임자로 보인다. 당신 회사의 다른 임원도 그를 마음에 들어 한다. 경력이 엄청나게 빵빵하기 때문이다.

기대하는 역할이 다르다

새로운 세일즈 책임자가 들어오고 6개월 후. 모든 직원이 의아해한다. 이렇다 할 실적도 없는 세일즈(또는 마케팅, 재무, 제품) 책임자가 어째서 엄청난 스톡옵션을 받는 거지? 반면 죽어라 일하는 직원들한테 주어지는 스톡옵션은 훨씬 더 적다. CEO인 당신이 본전도 못 뽑는 것보다 더 나쁜 것은 회사 재무 상태가 암울하다는 점이다. 높은 연봉을 받는 세일즈 책임자가 책상 앞에만 앉아 있는 통에 회사가 매출 목표치를 달성하지 못했기 때문이다. 화려한 경력의 임원을 데려왔는데, 대체 어찌 된 일인가?

당신이 인지해야 할 가장 중요한 사실이 있다. 대기업 임원이 하는 일과 작은 회사의 임원이 하는 일은 판이하게 다르다는 점이다. 내가 옵스웨어 매각 후 HP에서 수천 명의 직원을 관리할 당시, 나의 시간 할애를 필요로 하는 일들이 무지막지하게 많았다. 말 그대로 모든 이가 나를 필요로 했다. 협력관계나 매각을 논의하려는 중소기업들이 나를 찾았고, 사내 직원들이 내게 이런저런 승인을 받으러 찾아왔고, 다른 부서에서 내 도움을 요청했고, 고객들도 내가 관심을 기울여주길 원했다.

일단 생각나는 것만 언급한 게 이 정도다. 때문에 나는 현재 돌아가고 있는 일이나 거래를 조율하고 최적화하는 데 하루의 대부분을 보냈다. 내가 하는 일 대부분은 '시급한' 것이었다. 실제로 대기업 임원으로 오래 있어본 베테랑이라면 누구라도 한 분기에 새로운 프로젝트를 3개 이상 추진하는 것은 지나친 욕심이라고 말할 것이다. 결과적으로 대기업 임원은 빈번한 방해 요소들과 더불어 일을 진행하는 데 익숙해지기 마련이다.

스타트업의 경우는 다르다. 스타트업에서는 임원이 주도적으로 움직이지 않는 한 아무 일도 일어나지 않는다. 창업 초기에는 하루에 8~10개의 새로운 프로젝트를 챙겨야 한다. 그러지 않으면 회사의 엔진이 돌아가질 않는다. 회사를 저절로 움직이게 만드는 관성이라는 게 존재하지 않는다. 임원 자신이 전투적으로 움직이지 않으면 회사가 정체되기 십상이다.

위험한 부조화가 나타난다

당신의 스타트업에 대기업 임원을 영입하는 경우 두 가지 위험한 부조화가 발생한다.

1. 리듬의 부조화

그 임원은 이메일이 도착하기를, 전화가 울리기를, 회의 스케줄이 잡히기를 기다리는 것에 익숙해져 있다. 그는 당신 회사에서도 기다리고 또 기다릴 것이다. 새로 온 임원이 (자신에게 익숙한 방식대로) 기다리고만 있으면, 다른 직원들은 그를 이상한 눈초리로 쳐다볼 것이다. 그리고 이렇게 수군거린다. "저 인간은 대체 하루 종일 뭐 하는 거야?", "왜 그렇게 많은 스톡옵션을 받는 거지?"

2. 업무 기술의 부조화

커다란 조직을 운영할 때 필요한 기술과 회사를 새로 만들어 키워나갈 때 필요한 기술은 완전히 다르다. 대기업 임원은 대개 복잡한 의사결정, 우선순위 확정, 조직 설계, 프로세스 개선, 조직 내 커뮤니케이션 등에 능숙해야 한다. 반면 이제 막 시작한 회사에서는 설계할 조직도 없고 개선할 프로세스도 없으며 사내 커뮤니케이션도 비교적 단순하다. 하지만 스타트업 임원은 수준 높은 채용 시스템을 관리하는 데 뛰어나야 하고, 자기 분야에 대한 탁월한 전문성을 지녀야 하며, 품질 관리에 직접 책임을 져야 한다. 또 아무것도 없는 상태에서 프로세스를 만드는 법을 알아야 하며, 새로운 프로젝트를 추진할 때 높은 창의성을 발휘해야 한다.

따라서 임원 영입의 실패를 막으려면 다음 두 가지가 대단히 중요하다.

- 위에 언급한 부조화가 어느 수준인지 면접 과정에서 판단하라.
- 면접 못지않게 조직에 통합되는 과정도 중요하게 여겨라.

부조화를 예측하는 면접 질문

당신 회사에 합류시키려는 임원 후보자의 부조화(리듬의 부조화, 업무 기술 부조화)가 극복하기 힘든 수준인지 아닌지 어떻게 판단할까? 그 판단을 도와줄 면접 자리에서의 질문을 몇 가지 소개한다.

1. 출근한 첫 달에 무엇을 할 계획입니까?

뭔가를 많이 배우고 익히겠다는 대답을 한다면 경계하라. 그 후보자가 당신 회사에 대해 배울 것이 실제보다 많다고 생각한다는 신호일수 있다. 더 구체적으로는, 당신 회사가 그가 다녔던 대기업만큼 복잡하다고 생각하고 있을 가능성이 높다.

주도적으로 일의 추진 속도를 결정하기보다 빈번한 방해 요인과 더불어 일하는 것을 좋아하는 것 같은 낌새를 경계하라. 스타트업에는 방해 요인이 별로 없다.

이런저런 새로운 구상을 당신이 가능하다고 여기는 것보다 더 많이 피력하는 후보자라면 눈여겨보라. 그것은 좋은 신호다.

2. 기존 직장에서 하던 일과 우리 회사에 들어와 하게 될 일이 어떻게 다를 거라고 생각합니까?

그 차이점을 분명히 인지하고 있는 사람이라면 일단 높은 점수를 줘도 좋다. 당신이 필요로 하는 경험을 보유한 사람이라면 그 점을 분명하게 설명할 것이다.

자신이 기존에 일하던 방식 대부분을 그대로 당신 회사로 옮겨올 수 있다고 믿는 후보자는 경계하라. 그 방식이 언젠가는 효과를 발휘할지도 모르지만 당장 그럴 확률은 별로 없다.

3. 우리처럼 작은 회사에 왜 들어오고 싶습니까?

지분 소유를 주요 이유로 꼽는 사람은 경계하라. 0의 1퍼센트는 0이다. 대기업에서만 일해본 임원은 때때로 이것을 잘 이해하지 못한다.

'창의적 능력을 마음껏 발휘하고 싶어서'라고 대답한다면 높은 점수를 줄 만하다. 대기업과 작은 회사의 가장 중요한 차이는 '시간을 운용하느냐' 아니면 '시간을 창조하느냐'에 있다. 더 창의적인 일을 하고 싶은 욕구를 지닌 사람이라면 합류시켜도 좋다.

승선한 임원을 조직에 조화롭게 통합하는 법

어쩌면 이것이 가장 중요할지도 모른다. 새로운 합류한 임원이 조직에 효과적으로 융합되도록 아낌없이 시간을 투자하라. 이때 기억할 점은 다음과 같다.

- **뭔가를 창출할 수밖에 없는 상황을 만들라** 월별, 주별, 또는 매일의 목표를 정해주고 그것을 완수하게 하라. 다른 직원들도 그가 목표를 달성하는 과정을 지켜볼 것이며 이것은 새 임원이 조직에 효과적으로 흡수되는 데 중요한 역할을 한다.
- **확실히 이해했는지 확인하라** 머릿속이 텅 빈 임원은 스타트업에서 아무짝에도 쓸모없다. 모든 임원은 자사 제품과 기술, 고객, 시장에 대해 빠삭해야 한다. 신임 임원이 그것들을 확실히 익히게 도와라. 날마다 일정한 시간에 미팅을 하는 것도 좋다. 업무 중에 설명을 들었지만 완벽히 이해하지 못한 내용이 있다면 무조건 들고 와서 물어보라고 하라. 그런 질문에 상세하게 대답해주고 기본 원칙들을 설명해줘라. 새 임원이 빠른 기간 내에 상황을 파악하게 이끌어라. 만일 당신에게 아무런 질문도 하지 않는다면 그를 내보내는 것을 고려하라. 한 달이 지났는데도 그가 제대로 이해하지 못하고 있는 것 같다면, 무조건 내보내라.
- **조직 구성원들과 소통하게 만들라** 동료 임원이나 사내 핵심 인물과의 커뮤니케이션을 새 임원이 주도적으로 개시하게 하라. 그가 알아야 하거나 배움을 얻을 사람이 누구인지 알려줘라. 그 사

람들을 만나서 배운 내용을 보고서로 정리해 제출하라고 요청하라.

리스크는 적게, 성장은 위대하게

당신 회사와 종류는 비슷하면서 더 규모가 큰 기업에서 일해본 경험을 가진 베테랑을 영입하면 회사 발전에 놀라운 가속도가 붙을 수 있다. 하지만 이런저런 리스크도 수반될 수밖에 없다. 임원 채용의 성공과 실패를 암시하는 중요한 신호를 놓치지 않도록 항상 정신을 바짝 차려라.

직무 관리자(functional manager)와 일반 관리자(general manager), 특히 CEO의 가장 큰 차이는, 일반 관리자는 특정 업무에서 자신보다 훨씬 더 뛰어난 역량을 지닌 사람들을 채용하고 관리해야 한다는 것이다. 사실, 일반 관리자는 자신이 전혀 해본 적 없는 일을 맡길 사람을 채용해 관리해야 할 때도 많다. CEO들 중에 인사나 엔지니어링, 세일즈, 마케팅, 재무, 또는 법률 부서의 책임자로 일해본 경험을 가진 사람이 몇이나 될까? 아마 별로 없을 것이다.

그렇다면 해당 업무 경험이 없는 당신이 어떻게 뛰어난 적임자를 알아볼 것인가?

1단계: 원하는 인재를 명확히 정하라

이것은 가장 중요한 단계임에도 가장 흔히 건너뛰는 단계다. 유명한 자기계발 코치인 토니 로빈스(Tony Robbins)는 말했다. "당신이 뭘 원하는지 제대로 모르면 원하는 것을 이룰 가능성이 대단히 낮아진다." 그런데 당신이 해당 업무를 해본 경험이 없다면 어떤 인재를 원하는지 어떻게 안단 말인가?

먼저, 당신이 해당 분야의 경험이 일천하다는 사실을 인정하고 단순히 면접만으로 후보자를 파악할 수 있다는 생각을 버려야 한다. 물론 면접에서 대화를 나누며 그에 대해 많은 것을 알 수 있지만, 그 정보만 가지고 채용을 확정하는 것은 위험하다. 만일 그럴 경우 다음과 같은 함정에 빠지기 쉽다.

- **외모와 느낌만으로 결정한다** 면접에서 외모나 목소리, 느낌을 보고 회사 임원을 채용하는 사람이 어디 있을까 싶은가? 하지만 내가 지금껏 목격한 바에 따르면 외모와 느낌이 임원 영입을 결정짓는 경우가 대단히 많다. 어떤 인재를 원하는지 명확한 정의도 내려놓지 않은 CEO와 채용을 심사숙고해본 적 없는 이사회가 이끄는 회사라면, 그것 말고 다른 채용 기준이 뭐가 있겠는가?
- **틀에 박힌 전형적인 이미지를 가진 사람을 찾는다** 만일 내가 이렇게 했다면 마크 크래니는 우리 회사에서 일하지 못했을 것이고, 아마 이 책이 출간되지도 않았을 것이다. 이것은 세일즈 책임자라는 인물의 '이상형'을 찾으려는 잘못된 접근법이다. '완벽한 세일즈 임원은 이런 모습일 거야' 하는 그림을 머릿속에 그려놓고 그 이상형에 꼭 들어맞는 사람을 현실에서 찾으려고 하는 것. 이것이 왜 잘못된 생각일까?

  첫 번째, 당신은 어떤 임의의 회사에서 일할 추상적 임원을 찾는 게 아니다. 특정한 시기에, 바로 당신의 회사에서 일할, 실제적인 적임자를 찾고 있단 말이다. 2010년에 오라클에 있던 세일즈 책임자가 만일 1989년에 일했다면 형편없는 성과를 냈을 확률이 높다. 애플의 엔지니어링 담당 부사장은 포스퀘어 (Foursquare)와는 절대 맞지 않는 인물일 것이다. 각각 조직 고유의 세부적 상황과 특성이 중요하단 얘기다. 두 번째, 당신이 머릿속에 그린 이상형은 십중팔구 잘못된 이상형이다. 무슨 기준을 근거로 그 이상형을 만들었는가? 세 번째, 당신 회사의 면접 담당자들에게 그런 추상적인 기준을 교육하기는 무지 어렵다. 분명 그들 머릿속에는 각자 다른 이상형이 그려질 것이다.

- **강점이 많은 것이 아니라 약점이 적은 것을 중요시한다** 사업 운영 햇수가 쌓여갈수록 당신은 깨닫게 될 것이다. 당신이 데리고 있는 직원들 모두에게 그리고 당신에게조차도 각자 커다란 약점이 있다는 사실을 말이다. 세상에 완벽한 사람은 없다.

어떤 인재를 원하는지 깨닫는 가장 효과적인 방법은 당신이 해당 직책을 맡아보는 것이다. 즉 단지 직함만 갖는 것이 아니라 '실제로' 일해보는 것이다. 나는 비즈니스 세계에 뛰어든 이후 인사 담당 부사장도 해봤고, CFO도, 세일즈 담당 부사장도 해봤다. CEO들은 대개 그런 직책을 맡는 것을 꺼린다. 관련 지식이 부족한 것을 걱정하기 때문이다. 하지만 바로 그렇기 때문에 해봐야 한다. 관련 지식을 습득하기 위해서 말이다. 실제로 해당 직책을 맡아봐야만 그 자리의 적임자를 찾는 데 필요한 정보와 지식을 얻을 수가 있다. 당신은 일반적인 임원이 아니라 지금 당장 회사에 필요한, 바로 그 일에 적합한 임원을 찾고 있으니 말이다.

해당 분야 전문가의 도움을 얻는 것도 대단히 유용하다. 지인 중에 능력이 뛰어난 세일즈 책임자가 있다면, 일단 그 사람을 만나서 뛰어난 세일즈 임원의 자질과 강점이 무엇인지 물어보라. 그 강점들 중에 어떤 것이 당신 회사의 니즈와 가장 밀접하게 관련되는지 생각해보라. 또 가능하다면 임원 후보자 면접 자리에 그 전문가를 동참시켜라. 하지만 이 경우, 그 전문가는 채용 결정에 필요한 지식을 전부 갖고 있지는 않다는 사실을 잊지 말라. 그는 당신 회사에 대해, 회사가 돌아가는 방식에 대해, 회사가 가장 필요로 하는 것에 대해 잘 알지 못하는 외부인일 뿐이다. 따라서 아무리 전문가라 해도 그에게 채용 결정을 위임해서는 안 된다.

마지막으로, 회사에 합류하게 될 후보자에게 당신이 기대하는 바를 마음속에 명확히 정해둬야 한다. 이 사람이 출근 첫 달에 무엇을 하길 기대하는가? 합류를 결정한 그의 동기가 무엇이기를 바라는가? 그가 공격적으로 팀원을 늘려 조직규모를 키웠으면 하는가, 아니면 1년에 한두 명을 충원하는 정도였으면 하는가?

2단계: 적임자 판단을 위한 프로세스를 실행하라

다음은 이렇게 모든 정보를 바탕으로 모종의 프로세스를 만드는 것이다. 내가 즐겨 사용하는 프로세스는 아래와 같다.

1. 강점과 약점을 정리한다

보다 명료한 정리를 위해 다음 질문들을 토대로 뽑은 기준을 활용하는 것이 좋다.

- 최고 수준으로 해당 업무 부문을 총괄할 수 있는 인물인가?
- 운영 능력이 뛰어난가?
  - 회사의 전략 방향을 잡는 데 중요한 역할을 할 수 있는가? 이것은 '얼마나 똑똑한가?'에 대한 기준이다.
  - 효과적인 팀원이 될 수 있는가? '효과적인'이란 말이 중요하다. 사내에서 신망받는 인물이지만 다른 팀원과의 팀워크는 형편없는 임원도 있다. 그런가 하면 팀워크도 훌륭하고 영향력도 높지만 직원들한테 미움을 받는 임원도 있다. 후자가 훨씬 더 낫다.

단, 직책에 따라 이러한 능력이 갖는 비중은 다르다. 따라서 적절한 균형을 맞출 필요가 있다. 일반적으로 탁월한 운영 능력은 마케팅 부사장이나 CFO의 경우보다 엔지니어링 부사장이나 세일즈 부사장에게 훨씬 더 중요하다.

2. 기준 충족 여부를 판단할 질문 목록을 만든다

질문 목록을 만들고 실제로 후보자에게 묻지 않는다 할지라도 일단은 만들어놓는 것이 중요하다. 질문을 활자로 정리하는 것은 당신이 원하는 자질과 기준을 마음속에 명확하게 정립하는 가장 좋은 방법이기 때문이다(세일즈 책임자 및 운영 능력과 관련한 질문 예시를 책 말미의 부록에 실어놓았다).

3. 면접팀을 구성한다

다음 순서는 면접팀을 구성하고 실제로 면접을 실시하는 것이다. 면접팀을 구성할 때 다음 두 질문을 염두에 두면 많은 도움이 된다.

- 후보자가 기준에 충족하는지 판단하는 데 가장 큰 도움을 줄 사람은 누구인가? 이는 사내 인물일 수도 있고 외부인일 수도 있다. 이사회 임원, 경영진의 다른 임원들, 또는 해당 분야 전문가 등을 망라해 적합한 사람을 찾는다.
- 후보자를 채용하기로 한다면 당신의 그 결정에 대해 누구의 지지가 필요한가? 이것은 위의 첫 번째 그룹 못지않게 중요하다. 임원 후보자가 아무리 출중한 역량을 갖췄어도, 주변 사람들이 그가 추진하는 일마다 매번 어깃장을 놓는다면 조직에 성공적으로 안착하기 힘들다. 이를 막는 가장 좋은 길은 영입을 확정하기 전에 추후 발생 가능한 문제를 예상하고 이해하는 것이다.

분명 어떤 인물들은 두 그룹 모두에 속하겠지만 두 그룹의 의견은 모두 대단히 중요하다. 첫 번째 그룹은 후보자의 역량을 판단하는 데, 두 번째 그룹은 후보자가 당신 회사에 얼마나 원활하게 적응할지 판단하는 데 도움이 된다. 일반적으로 두 번째 그룹은 최종 심사 단계에만 참여하는 것이 좋다.

다음으로 면접 진행자들에게 각자의 전문 분야에 따라 질문을 할당하라. 특히 질문을 던지는 사람은 후보자 입에서 나오는 답변이 훌륭한지 형편없는지 정확히 판단할 줄 알아야 한다.

각각의 면접 내용에 대해 면접 진행자와 당신이 함께 의견을 나누는 시간을 마련하라. 후보자 합격 기준에 대한 공통의 이해에 도달해야 최선의 정보를 확보할 수 있다.

4. 평판을 조회한다

최종 단계에 오른 후보자에 대해서는 CEO 자신이 직접 평판 조회를 해야 한다. 이때도 면접 과정에서 심사했던 기준들과 관련한 자질을 알아본다. '뒷문' 평판 조회(후보자를 잘 알지만 후보자 본인이 소개하지는 않은 제3자에게 물어보는 것)를 활용하면 한쪽으로 치우치지 않은 공정한 의견을 얻을 수 있다. 하지만 '앞문' 평판 조회도 간과하지 마라. 후보자가 소개한 인물이라면 "좋게 잘 말해주겠다"고 후보자에게 약속했겠지만(그렇지 않다면 후보자가 추천인으로 정했을 리가 없지 않은가), 당신은 평이 좋은지 나쁜지를 듣고자 하는 것이 아니다. 목적은 원하는 역량 기준에 맞는지 여부를 확인하는 것이다. '앞문' 평판 조회의 추천인은 후보자를 가장 잘 아는 인물이라 큰 도움이 될 때가 많다.

3단계: 최종 결정은 오로지 당신 몫이다

전체적으로 채용 심사 과정에 여러 사람이 관여했어도 최종 결정은 당신 혼자서 내려야 한다. 채용 기준과 관련한 종합적 정보, 그 기준의 근거, 면접 진행자 및 추천인에게 얻은 피드백과 정보, 여러 이해관계자 각각의 상대적 중요성 등을 모두 파악하고 있는 사람은 CEO 자신뿐이다. 영입할 임원에 대해 다수의 합의를 도출해 결정을 내리려고 하면, 강점이 많은 인물이 아니라 약점이 적은 인물을 뽑는 방향으로 흘러가기 십상이다. 최종 결정은 외로운 작업이다. 하지만 반드시 누군가는 해야 한다.

직원의 오해에 대처하는 리더의 자세

라운드클라우드 초창기 시절 우리 직원들은 "사장님이 그렇게 하랬다"는 이유로 엉뚱한 짓을 하기 일쑤였다. 대개는 내가 "그렇게 하라"고 말한 적이 없었으며, 적어도 그들이 생각하는 바는 내가 말한 의도와 달랐다. 이번 섹션에서 소개할 경영 원칙은 그런 종류의 경험들과 관련돼 있다.

옵스웨어를 운영할 당시 우리에게는 '하키 스틱'(hockey stick)이라고 부르는 분기 실적 문제가 있었다. 하키 스틱이란 한 분기 동안의 매출 그래프 모양을 의미한다. 분기 초반에는 실적이 좀처럼 늘지 않다가 마지막에 기하급수적으로 증가하는 모양이 하키 스틱을 닮아 이런 이름이 붙었다. 우리의 하키 스틱 문제는 너무 심각해서, 어떤 분기에는 신규 계약의 90퍼센트를 그 분기 마지막 날에 성사시키기도 했다. 이 같은 매출 패턴은 경영 계획 수립을 어렵게 만드는 요인으로 작용하고, 우리처럼 상장기업인 경우에는 특히 끔찍한 영향을 미친다.

당연히 나는 하키 스틱을 쭉 펼친 직선으로 만들어 안정적인 매출 그래프를 얻고 싶었다. 그래서 세일즈팀이 분기의 첫 두 달에 계약을 완료하게 유도하기 위한 방책으로, 첫 두 달에 계약을 체결한 직원들에게 보너스를 지급했다. 그랬더니 그다음 분기에는 약간 직선형에 가까워졌지만 예상보다는 약간 더 적은 매출 그래프가 나타났다. 계약들이 한 분기의 세 번째 달에서 다음 분기의 첫 두 달로 옮겨간 것이다.

나는 넷스케이프에서 대규모 엔지니어링팀을 이끌 때 스케줄, 품질, 기능을 토대로 엔지니어링 제품을 평가했다. 엔지니어링팀은 요구된 모든 기능을 갖추고 버그도 거의 없는 제품을 제시간 내에 완성했다. 하지만 안타깝게도 제품 수준은 그저 그랬다. 거기에 담긴 기능이 전부 별로 뛰어나지 않았다는 얘기다.

내가 HP에 있을 당시, 그곳에서는 매출 및 이윤 목표를 엄격하게 세워놓고 숫자를 중심으로 사업을 운영했다. 일부 부서는 목표치를 달성했지만 이때 연구개발비를 인색하게 아끼는 방식을 취했다. 때문에 그들은 장기적인 경쟁력 포지션을 심각하게 약화시켰고 미래의 위기를 스스로 초래했다.

이 세 가지 경우 모두, 경영진은 요구한 것은 얻었지만 진정 원하는 것은 얻지 못했다. 왜 이런 일이 발생했을까? 한번 짚어보자.

우선순위를 명확히 하라

지금 돌아보면 나는 직원들에게 분기별 그래프를 직선으로 만들라는 요구를 하지 말았어야 했다. 그게 정말로 내가 원하는 것이었다면 나는 (적어도 일시적으로는) 더 낮은 분기별 매출을 받아들여야 했다. 우리 회사에서는 일정한 수의 세일즈 직원들이 각 분기 매출을 최대화하기 위해 노력하고 있었다. 직선에 가까운 분기 실적을 얻으려면 그들이 행동을 변화시키고 우선순위를 수정해야 했다. 안타깝게도 나는 매출 극대화라는 기존의 목표를 더 선호했다.

이런 상황을 고려해보면 사실 나는 꽤 운이 좋았다. 《손자병법》에 보면 팀에게 수행 불가능한 임무를 주는 것은 그들을 불구로 만드는 것과 같다는 말이 나온다. 나는 직원들을 불구로 만들지는 않았지만 나의 우선순위를 엉망으로 만들었다. 내가 취했어야 옳은 행동은 어려운 결정을 내리는 것이었다. 즉 "각 분기 매출을 극대화하는 것과 예측 정확성을 높이는 것, 둘 중에 무엇이 더 중요한가?" 하는 결정 말이다. 내가 직원들한테 내린 지시는 그 답이 후자일 경우에만 합당한 것이었다.

진짜 목표는 숫자가 아니다

두 번째 사례에서 나는 일단의 숫자 목표치를 기준으로 팀을 관리했는데, 그 숫자들에는 사실 내가 진정으로 원하는 것이 제대로 반영되지 않았다. 나는 고객의 사랑을 받을 만한 훌륭한 제품이 좋은 품질을 갖추고 제시간에 완성되기를 원했다. 내가 중시한 우선순위는 이 순서대로였다.

안타깝게도 내가 설정한 수치들은 이 우선순위를 반영하지 못했다. 기본적으로 숫자 목표치는 유인으로 작용한다. 팀원들은 품질과 기능과 스케줄을 측정하고 회의 때마다 그 얘기만 논의하면서, 다른 목표들은 제쳐두고 그것들과 관련한 수치에만 집중했다. 그 수치는 진짜 중요한 목표를 나타내지 못했고, 결과적으로 나는 팀원들이 조준해야 할 방향을 흐트러뜨린 것이다.

흥미롭게도 많은 소비자 인터넷 스타트업에서 이런 종류의 문제가 나타난다. 고객 확보 및 유지와 관련된 수치에 광적으로 집중하는 회사가 많다. 이런 접근법은 대개 고객 확보에서는 유용하지만 고객 유지에서는 그렇지 않다. 어째서일까?

많은 제품의 경우, 신규 고객 확보와 관련된 숫자 목표치는 종종 관리의 방향을 제공하기에 충분할 정도로 상세히 형성된다. 반면 기존 고객 유지와 관련된 숫자 목표치는 충분히 강조되지 않아 완전한 관리 도구가 되지 못한다. 결과적으로 신생 기업은 고객 확보와 관련된 수치를 과도하게 강조하며 실제 유저 경험에 대해서는 충분한 시간을 들여 깊게 고민하지 않게 되기 십상이다. 이는 대개 미친 듯한 수치 추격 현상을 낳게 되고 그러다 보면 뛰어난 제품은 점점 더 멀어져간다. 훌륭한 제품에 대한 비전을 엄격한 숫자 목표치로 보완하는 것은 중요하지만, 제품에 대한 비전 대신에 수치를 택한다면 당신은 원하는 것을 얻지 못하게 된다.

단기 목표 때문에 미래를 희생하지 마라

당신이 장려하고 싶은 것들 중에는 수치화가 가능한 것도 있고 그렇지 않은 것도 있다. 만일 수치적 목표만 보고하고 질적 목표는 무시한다면, 어쩌면 가장 중요할 수도 있는 질적 목표들을 놓치게 된다. 숫자만 중심으로 관리하는 것은 칸마다 정해진 숫자대로 색칠하며 그림을 그리는 것과 비슷하다. 즉 아마추어 방식이라는 얘기다.

내가 HP에 있을 때 회사 측에서는 현재와 미래의 높은 수익 실적을 원했다. 그들은 오로지 숫자에만 집중함으로써, 당장의 실적을 얻고 미래를 희생시켰다. 수치 목표들 못지않게 다음과 같은 질적 목표들도 중시했더라면 회사 발전에 도움이 됐을 것이다.

- 경쟁을 통해 거래를 따내는 승률이 증가하고 있는가, 내려가고 있는가?
- 고객만족도가 오르고 있는가, 내려가고 있는가?
- 우리 엔지니어들은 제품에 대해 어떻게 생각하는가?

HP의 일부 사업 부문들은 조직을 마치 블랙박스(black box, 입력 및 출력 값 위주의 검사 대상을 뜻하는 소프트웨어 관련 용어 – 옮긴이)처럼 관리하면서 미래의 경쟁력을 희생시키고 현재의 실적을 극대화했다. 회사는 단기 목표를 달성한 관리자를 포상했으며 이는 회사에 장기적으로 바람직하지 않았다. 그보다는 화이트박스(white box, 내부 구조 및 동작 위주의 검사 대상을 뜻하는 소프트웨어 관련 용어 – 옮긴이)를 고려하는 것이 나았을 것이다. 화이트박스 접근방식은 수치적 목표에서 한 걸음 더 나아가 조직이 그 수치를 달성하는 과정을 들여다보는 것이다. 이 접근법에서는 단기 목표를 위해 미래를 희생시키는 관리자를 징계하고 미래를 위해 투자하는 관리자를 포상한다. 설령 그 투자가 수치적으로 측정하기 힘든 것이라 할지라도 말이다.

결국엔 리더로부터 시작된다

직원들이 리더의 말을 잘못 해석하는 양상은 매우 다양하다. 그런 일을 막으려면, 당신이 측정하는 모든 것이 자동적으로 직원의 행동 방식을 만들어낸다는 사실을 인식해야 한다. 당신이 원하는 결과가 무엇인지 정했다면, 그것을 설명한 내용에 직원들의 행동이 부합하는지 점검해봐야 한다. 그렇지 않으면 당신이 개선하려고 했던 상황보다 더 안 좋은 부작용이 나타날지도 모른다.

위키(wiki, 사용자들의 협업을 통해 웹사이트의 콘텐츠를 쉽게 추가, 수정, 삭제할 수 있게 해주는 서버 프로그램 - 옮긴이)라는 개념을 처음 개발한 컴퓨터 프로그래머 워드 커닝햄(Ward Cunningham)이 했던 말 덕분에 '기술적 부채'(technical debt)라는 비유는 사람들 사이에 널리 알려져 있다. 개발을 신속히 하기 위해 코드를 불완전하게 작성해놓으면 당장은 시간을 단축할 수 있겠지만, 결국 나중에 그것을 보완하려면 더 많은 노력이 들어간다. 다시 말해 이자가 붙은 빚을 갚아야 하는 셈이다. 이런 트레이드오프(trade-off, 어느 것을 얻으려면 반드시 다른 것을 희생해야 관계 - 옮긴이)가 통할 때도 많지만, 그 트레이드오프를 중요하게 인식하지 않으면 곤경에 처하기 십상이다. 이와 비슷하지만 덜 알려진 개념이 있는데, 바로 '경영 부채'(management debt)다.

기술적 부채와 마찬가지로, 경영 부채도 단기적으로 당장 편리하지만 장기적으로 값비싼 대가를 치르게 되는 경영상의 결정을 내릴 때 발생한다. 이 경우에도 때로는 트레이드오프가 통하지만 그렇지 않을 때도 많다. 더욱 중요한 것은, 경영 부채를 제대로 인식하지 않은 상태에서 그것을 발생시키면 결국 경영 파산에 이를 수 있다는 점이다.

기술적 부채와 마찬가지로 경영 부채가 발생하는 양상 역시 매우 다양하다. 그 전부를 여기서 다룰 수는 없지만 몇 가지 대표적인 예를 소개하겠다. 다음은 스타트업에 자주 나타나는 세 가지다.

- 한 자리에 두 사람을 앉힌다.
- 다른 회사의 스카우트 제안을 받은 핵심 인재에게 연봉을 과하게 올려준다.
- 성과관리나 피드백 프로세스가 없다.

한 자리에 두 사람을 앉힌다

사내의 어떤 직책이 비어 있는데 그 자리에 적임인 훌륭한 인물이 2명 있다면, 당신은 어떻게 할 것인가? 한 사람은 현재 엔지니어링팀을 책임지고 있는 최고 수준의 아키텍트지만 조직규모를 키워본 경험은 없다. 다른 한 사람은 조직 운영 능력이 뛰어나지만 기술적 전문성은 부족하다. 둘 다 놓치고 싶지 않지만 직책은 하나뿐이다. 그래서 결국 '한 자리에 두 사람 모두' 앉히기로 결정하고 약간의 경영 부채를 떠안는다. 그렇게 함으로써 단기적으로 얻을 이로움은 분명하다. 두 인재를 모두 얻을 수 있고, 이론적으로는 두 사람이 서로를 보완하며 발전을 도모할 것이므로 당신이 나서서 그들의 발전을 도울 필요가 없으며, 이로써 두 사람의 기술 차이를 좁힐 수 있다. 그러나 안타깝게도 당신은 그 대신에 아주 높은 이자를 지불해야 한다.

먼저, 한 자리에 두 책임자를 앉히면 엔지니어들이 혼란스러워진다. 엔지니어가 어떤 사안에 대한 최종 결정이 필요할 경우 어떤 상사를 찾아가야 할까? 그가 찾아간 상사가 내린 결정을 다른 상사가 반대하며 무효화할 권한을 지닐 수 있는가? 만일 결정을 위해 회의가 필요한 복잡한 사안이라면, 그 엔지니어는 두 상사 모두를 회의에 참석시켜야 할까? 두 상사 중 누가 팀원들이 나아갈 방향을 정해야 하는가? 방향을 잡기 위해 수차례 회의를 거쳐야 한다면 방향이 제대로 잡히기나 할까?

게다가 책임 소지의 문제도 있다. 만일 제품 출시 스케줄에 차질이 생기면 누가 책임질 것인가? 엔지니어들의 작업 처리량이 형편없어지면 그 상황에 대한 책임을 누가 질 것인가? 운영 전문 상사가 스케줄 문제를 책임지고 기술 전문 상사가 작업 처리량을 책임지고 있는 상황인데, 운영 전문 상사가 엔지니어들을 닦달해서 작업 처리량은 무시하고 스케줄 엄수를 우선시하게 만들면 어떻게 될까? 그의 그런 행동을 CEO인 당신이 어떻게 알 수 있을 것인가?

중요한 것은 이런 상황은 시간이 지날수록 악화되기 십상이라는 점이다. 당장은 추가적인 회의를 연다든가 두 사람의 임무를 명확하게 분리한다든지 해서 악영향을 완화할 수 있을지 모른다. 그러나 이런 저런 프로젝트가 바쁘게 돌아가다 보면 명확했던 구분선이 점차 모호해지고 조직의 업무 효율과 체계가 점차 악화된다. 결국 당신은 둘 중 하나를 택해야 할 것이다. 그 책임자 직급에 한 사람만 남겨놓음으로써 커다란 부채를 한꺼번에 청산하거나, 아니면 엔지니어링 부서가 언제까지고 허덕대는 꼴을 목격하거나.

다른 회사의 스카우트 제안을 받은 핵심 인재의 연봉을
과하게 올려준다

뛰어난 엔지니어가 다른 회사에서 더 나은 근무조건을 제안받고 당신 회사를 그만둘 생각을 한다. 당신은 그간 이런저런 이유로 그에게 업계 평균보다 낮은 연봉을 줬는데, 이번에 다른 회사가 제시한 연봉은 당신 회사의 그 어떤 엔지니어가 받는 수준보다 높다. 그 엔지니어는 실력이 좋기는 하지만 사내에서 '최고 수준'은 아니다. 하지만 그는 지금 당신 회사에서 굉장히 중요한 프로젝트에 참여하고 있기 때문에 그만두게 내버려둘 수가 없다. 그래서 결국 당신은 다른 회사에서 제안했다는 수준으로 연봉을 상향 조정한다. 이로써 프로젝트는 살렸지만, 당신의 경영 부채는 급속하게 늘어난다.

어째서인지 설명을 들어보라. 아마도 당신은 그의 연봉 인상에 대한 비밀이 지켜지리라 믿을 것이다. 다른 직원들한테 알리지 않겠다는 약속을 그 엔지니어한테 받았으니까. 하지만 그건 당신의 착각일 뿐이다. 이유는 이렇다. 그 엔지니어는 사내 동료들과 친하게 지낸다. 다른 회사로부터 입사 제안을 받았을 때 그는 이 문제에 대해 동료들과 상의했다. 동료 하나가 그에게 그 제안을 수락하라고 조언했고 그도 그쪽으로 마음이 잠시 기울었다.

그런데 그냥 회사에 남기로 최종 결정하게 되었으니, 이제 왜 동료에게 받았던 조언과 반대되는 결정을 내렸는지 이유를 설명해야 한다. 그러지 않으면 개인적인 신뢰를 잃게 된다. 그래서 엔지니어는 연봉 인상 얘기를 귀띔해준다. 물론 비밀을 발설하지 않겠다는 약속을 받고서. 동료는 당연히 입을 꾹 다물겠다고 약속한다.

그런데 직원이 그만두겠다고 하니까 그제야 정당한 연봉 인상을 해준 회사가 은근히 괘씸하다. 게다가 해당 엔지니어가 지나치게 높은 연봉을 받게 됐다는 사실에도 질투가 난다. 그래서 동료는 몇몇 다른 동료들한테 이 얘기를 하고 다닌다. 비밀 유지 차원에서 해당 엔지니어의 이름은 밝히지 않은 채로 말이다. 이제 엔지니어링 부서의 모든 직원은 이렇게 생각하게 된다. 연봉을 인상받는 가장 빠른 길은 다른 회사에서 스카우트 제안이 왔으니 회사를 그만둬야겠다고 말하는 것이라고. 이렇게 해서 결국 당신에게 생긴 경영 부채를 다 해소하려면 꽤 많은 시간이 걸릴 것이다.

성과관리나 피드백 프로세스가 없다

당신 회사 직원들은 25명으로 늘어났다. 이제 성과관리 프로세스를 체계적으로 만들어야 한다는 사실을 알지만, 거기에 들어가는 비용이 부담스럽다. 그런 시스템을 만들어놓으면 마치 '대기업'이라도 된 것 같은 느낌이 들까 걱정이다. 게다가 직원들이 부정적인 피드백을 받고 기분이 상할까 염려된다. 이 시점에서는 직원 그 누구라도 잃고 싶지가 않다. 그리고 다들 만족스럽게 일하고 있다. 평화로운 분위기를 굳이 왜 깨트려 평지풍파를 일으킨단 말인가? 약간의 경영 부채를 감수하면 그만 아닌가?

그 빚을 갚아야 하는 시점은 누군가가 기대치에 한참 못 미치는 성과를 낼 때 찾아온다.

CEO	그 친구, 채용할 때 이력서상으로는 꽤 괜찮았는데. 대체 어떻게 된 거지?
관리자	그러게요. 우리의 기대치에 훨씬 못 미치는군요.
CEO	그 친구한테 우리가 기대하는 바를 정확히 알려줬나?
관리자	그렇지는 않았던 것 같습니다….

하지만 그보다 더 큰 빚은 소리 없는 세금처럼 다가온다. 구성원 모두가 같은 목표를 공유하면서 개개인이 계속 발전해나가야 회사도 훌륭한 성과를 낼 수 있다. 적절한 피드백이 없으면 같은 목표의 공유도, 개개인의 발전도 요원해진다. 방향만 제시하고 도중에 적절한 수정이 없으면 구성원들이 올바른 방향으로 나아가기 힘들다. 자신의 약점이 무엇인지 모르면 개선할 수도 없는 법이다. 직원들의 형편없는 성과, 그것이 피드백을 주지 않음으로 해서 당신이 치러야 할 궁극적인 대가다.

좋은 게 다 좋은 건 아니다

내가 아는 경험 풍부하고 훌륭한 CEO들에게는 하나같이 중요한 공통점이 있다. 경영과 관련한 문제에 직면했을 때 대개 남들이 선뜻 택하지 않는 어려운 길을 택한다는 것이다. 그들은 좋은 게 좋은 거라는 식으로 모든 직원에게 똑같은 보너스를 주는 것과 칼 같은 기준에 따라 성과를 낸 사람만 포상해 다수의 심기를 불편하게 만드는 것, 이 둘 중에 후자를 택한다. 많은 직원이 좋아하는 프로젝트를 당장 중단할 것인지를 결정할 때도 마찬가지다. 장기적 계획에는 원래 들어 있지 않았거나, 직원 사기를 꺾지 않고 일관된 리더로 비치기 위해서 그냥 유지하고 있는 것이라면, 훌륭한 CEO는 그 프로젝트를 당장 중단한다. 어째서일까? 경영 부채가 가져오는 대가를 이미 치러봤기에 또다시 같은 전철을 밟고 싶지 않기 때문이다.

기술업계 종사자라면 누구나 사람이 무엇보다 중요하다는 사실에 고개를 끄덕인다. 하지만 사람을 관리하는 부서, 즉 인사부가 갖춰야 하는 요건에 대해서는 제각기 견해가 다른 듯하다.

　문제는 인사부에 관해서는 대부분의 CEO가 자신이 무엇을 원하는지조차 잘 모른다는 것이다. 당연히 CEO라면 자기 회사가 훌륭한 조직문화를 갖추고 잘 관리되는 기업이 되길 원한다. 하지만 대개 CEO는 인사부가 그 바람을 충족시켜주지 못하리라고 생각한다. 그래서 자신이 직접 나서야겠다고 마음먹고 모종의 행동을 취하지만, 아예 쓸데없지는 않더라도 최선은 아닌 행동일 때가 많다.

　엔지니어링 부서를 운영해보면 아이러니한 점을 깨닫게 된다. 훌륭한 품질보증 부서가 있다고 해서 꼭 품질 높은 제품이 나오지는 않는다. 하지만 개발팀이 형편없는 제품을 만들었을 때는 그 사실을 대번에 알 수 있다. 마찬가지로, 수준 높은 인사부가 존재한다고 해서 반드시 훌륭한 조직문화를 갖추고 잘 관리되는 회사가 되는 것은 아니다. 하지만 관리자들이 조직관리를 제대로 못 하고 있을 때는 그 사실을 금세 알 수 있다.

직원 생애 주기

인사관리 품질보증에 접근하는 가장 효과적인 방법은 직원 생애 주기라는 렌즈를 통해 바라보는 것이다. 직원 채용에서 퇴직에 이르기까지 회사가 얼마나 효과적으로 관리하고 있는가? 직원 생애 주기의 모든 단계에서 경영진이 최고의 모습을 보이는가? CEO인 당신이 그 사실을 어떻게 아는가?

훌륭한 인사부는 경영진을 효과적으로 지원하고 그들의 발전에도 기여한다. 훌륭한 인사부는 당신이 아래와 같은 질문들에 답을 찾도록 도와준다.

모집 및 채용

- 충원이 필요한 직급의 적임자에게 필요한 기술과 역량을 정확하게 이해하고 있는가?
- 면접 담당자들이 면접에 제대로 준비돼 있는가?
- 관리자 및 직원들이 입사 후보자들로 하여금 당신 회사를 꼭 일하고 싶은 곳으로 느끼도록 만들고 있는가?
- 면접 담당자들이 면접 시간에 늦지 않고 참석하는가?
- 관리자와 모집 담당자들이 적절한 시기에 입사 지원자들을 모집하는가?
- 인재 확보에서 다른 뛰어난 기업들에 뒤처지지 않고 있는가?

보상

- 전체 직원 수를 감안할 때 복리 혜택 수준이 적절한가?
- 당신 회사와 인재 확보 경쟁을 하는 타 기업들과 비교할 때 당신 회사의 연봉 및 스톡옵션 패키지 수준은 어떠한가?
- 성과 등급별 보상 방침은 적절한 수준인가?

교육 및 통합

- 신규 인력을 채용하는 경우, 해당 직원, 동료, 상사의 관점 각각에서 봤을 때, 그 직원이 생산적인 구성원이 되기까지 시간이 얼마나 걸리는가?
- 입사한 직원이 자신에게 기대되는 업무 성과를 얼마나 잘 이해하는가?

성과관리

- 관리자가 부하 직원들에게 일관성 있고 명확한 피드백을 주는가?
- 당신 회사 직원들의 실적 평가서 수준은 어떠한가?
- 모든 직원이 제때에 자신의 실적 평가서를 받아봤는가?
- 성과가 낮은 직원을 효과적으로 관리하고 있는가?

동기부여

- 직원들이 열의를 갖고 회사에 출근하는가?
- 직원들이 회사의 사명에 믿음을 갖고 있는가?
- 직원들이 날마다 즐거운 기분으로 출근하는가?

- 업무 참여도가 현저히 낮은 직원이 있는가?
- 직원들이 자신에게 기대되는 업무 성과 수준을 제대로 알고 있는가?
- 직원들이 오랜 기간 근무하는가, 아니면 평균적인 수준보다 더 빨리 그만두는가?
- 그들이 그만두는 이유는 무엇인가?

훌륭한 인사부 책임자의 조건

인사부 책임자는 경영진이 원하는 수준을 포괄적이고 지속적으로 이해하고 지원할 수 있어야 한다. 과연 어떤 인물이 합당할까? 아래에 핵심적인 조건들을 소개하겠다.

- **최고 수준의 프로세스 설계 능력** 품질보증 부서 책임자와 마찬가지로 인사부 책임자 역시 프로세스를 설계하는 능력이 뛰어나야 한다. 관리 프로세스를 정확히 판단하기 위한 핵심 자질은 탁월한 프로세스 설계 및 통제 능력이다.
- **뛰어난 외교적 수완** 말을 옮기는 고자질쟁이를 좋아할 사람은 아무도 없다. 경영진이 인사부를 절대적으로 신뢰하지 않으면 인사부가 최상의 역할을 해내기는 불가능하다. 관리자들은 인사부가 그들을 감시하는 것이 아니라 그들의 발전을 돕기 위해 존재한다고 믿어야 한다. 훌륭한 인사부 책임자는 관리자들을 진정으로 돕고자 하며, 문제를 발견한 것에 대한 노고를 인정받

는 것에는 관심이 없다. 그들은 관리자들과 직접 소통하면서 인적자원관리의 질을 높이며, 꼭 필요한 경우에만 CEO를 찾아간다. 정보를 혼자서만 독점하거나 권력 게임이나 사내정치를 일삼는 인사부 책임자는 조직에 아무런 도움이 되지 않는다.

- **업계에 대한 지식** 근로자 보수, 복리 혜택, 효과적인 인력 모집 방식과 관련된 동향은 빠르게 변화한다. 인사부 책임자는 업계에 넓은 인맥을 보유해야 하고 최신 추세 변화를 늘 파악하고 있어야 한다.

- **CEO의 믿음직한 조언자로서 손색없는 지적 수준** 관리자들에게 높은 기준을 적용하는 문제에서 CEO가 인사부 책임자를 전적으로 지지하지 않는다면 인사부 책임자의 다른 능력이 아무리 뛰어나도 무의미하다. 이를 위해서는 CEO가 인사부 책임자의 견해와 판단을 신뢰할 수 있어야 한다.

- **겉으로 드러나지 않는 현상을 이해하는 능력** 회사의 관리 수준이 떨어지기 시작하면 어느 누구도 그것에 대해 말하지 않는다. 하지만 통찰력이 뛰어난 사람이라면 회사가 잘못된 방향으로 흘러가고 있음을 감지할 수 있다. CEO인 당신에게는 그런 사람이 꼭 필요하다.

THE HARD THING

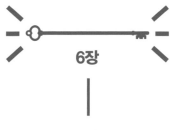

6장

—

오래가는 기업의 조건

ABOUT HARD THINGS

직원이 1,000명이 되면 직원이 10명이던 때와 동일한 기업이 될 수 없다.
기업이 규모를 잘 확대해나갈 수 있게 하려면 조직이 달라질 수밖에 없음을
받아들이고 기업이 와해되지 않게 하는 데 필요한 변화를 수용해야 한다.

> 이건 아무 깜씨들을 위한 게 아냐.
>
> 네가 진정 감둥이라면 어디 한번 나와봐.
>
> 트리니다드 제임스(Trinidad James)의 〈올 골드 에브리싱(All Gold Everything)〉

"이곳은 어딜 가든 비속어가 난무해요. 많은 직원이 불편해하고 있어요." 라우드클라우드/옵스웨어 시절, 하루는 직원회의에서 누군가 비속어 문제를 제기했다. 그 직원은 한동안 그 문제로 신경이 쓰인 듯했다. 그러자 다른 직원들도 거들었다. "비속어가 프로답지 못한 환경을 만들고 있어요. 당장 그만둬야 해요."

전반적인 분위기에 대한 불평처럼 들렸지만, 분명 나를 향한 불만의 목소리였다. 회사에서, 아니 어쩌면 업계에서 비속어를 가장 많이 남용하는 사람이 나였을 것이기 때문이다. 그 시절 나는 상당히 긴박한 상황에서 팀을 이끌었고, 그 때문에 내뱉는 말마다 욕설이 끼지 않는 경우가 드물었다.

비속어 사용은 일부 의도적인 면도 있었다. 직원 개개인을 대할 시간적인 여유가 없었기에 짧은 순간 동안 내가 전달하고자 하는 바를 분명하게 밝히는 것이 무엇보다도 중요했다. 잘 고른 몇 마디 비속어만큼 의사 전달을 명확하게 해주는 것도 없었다. "그건 우선사항이 아니야"라는 표현보다는 "그게 염병할 우선사항이 아니라니까"가 훨씬 긴박하고 또렷하게 뇌리에 꽂히는 법이다. CEO가 비속어 폭탄을 날리면 그 표현은 반복을 낳는다. 자신의 메시지가 회사 곳곳에 퍼지기를 바라는 경우 비속어를 섞는 것이 좋은 방법이 될 수 있다. 그렇지만 직원들이 일단의 갱스터 래퍼들처럼 말하는 것을 원치 않는다면 이 방법은 사용하지 않는 게 좋을 것이다.

한편으로는 의도치 않게 속어를 사용한 경우도 있었다. 내가 스스로를 거의 제어할 수 없었던 그런 시점에 말이다. 결코 운영하기에 만만한 회사가 아니었던 까닭에 나는 CEO 투렛증후군(tourette's syndrome, 근신경 장애로 자신도 모르게 자꾸 몸을 움직이거나 욕설 비슷한 소리를 내는 증상-옮긴이)에라도 걸린 듯 부지불식간에 속어를 내뱉고 있었다. 직원들의 불만이 사소해 보이질 않았기에 그에 대해 진지하게 고민해야 했다. 나는 그날 밤 골똘히 생각한 후 다음에 이르렀다.

- IT업계에 종사하는 직원 중 일부는 비속어 사용이 자연스러운 반면 그렇지 않은 직원들도 있다.
- 우리 회사에서 비속어 사용을 금하게 되면 비속어 사용에 익숙한 사람들은 우리 회사에 입사하려 하지 않을 수 있고 다니던 직원도 그만둘 수 있다. 우리가 고리타분하고 고상한 척하는 회사로 보일 것이기 때문이다.
- 비속어 사용을 계속 허용하면 일부 직원들이 그만둘 수 있다.
- 내가 비속어의 주된 사용자이기 때문에 나의 판단은 편향된 것이라 할 수 있다.

고심 끝에 나는 인텔(Intel)이나 마이크로소프트와 같은 당대 최고의 기술 기업들이 비속어가 난무하는 곳으로 알려져 있음을 깨달았다. 따라서 우리가 비속어 사용을 금한다면 최고의 기술 기업들은 물론이고 나머지 현대 산업계의 문화와 동떨어진 기업이 될 터였다. 그렇다고 비속어 사용을 장려해야 한다는 의미는 결코 아니었지만 금하는 것도 비현실적이며 비생산적으로 보였다. 최고의 엔지니어들을 끌어들이려면 비속어가 자유롭게 쓰이는 환경에서 먼저 찾아봐야 하던 때였다. 최고의 인재를 위해 최적화한 환경이냐 아니면 깨끗한 문화냐, 이 둘 사이에서의 선택이었다. 쉬운 결정이었다.

나는 비속어를 계속 쓰기로 결정했고, 아울러 그와 관련해 내 입장을 분명히 밝힐 필요가 있었다. 직원들이 불만을 토로하며 이 문제를 조직의 맨 위까지 끌고 온 이상 그들에게 해명을 하는 게 당연했다. 비속어가 모든 상황에서 효과적인 게 아니었으므로 그 차이를 설명하는 일은 까다로울 수 있었다. 직원을 위협하거나 성희롱하는 데 쓰는 비속어는 결코 용인될 수 없었기에 그 구분을 명확히 해야 했다. 특정 맥락에서만 비속어의 사용을 허가한다는 내용은 전달하기 여간 까다로운 문제가 아니었다.

그날 밤 나는 〈쇼트 아이즈〉라는 충격적인 영화를 보았다. 1970년 대 말에 제작된 이 영화는 어린이 성추행자에 관한 이야기를 생생히 묘사했다. 어린이 성추행으로 감옥에 간 주인공은 교도소 내 재소자들 사이에 지켜지는 한 가지 분명한 윤리 법칙과 직면한다. 바로 어린이 성추행자는 죽어야만 한다는 법칙이었다. 영화 속 등장인물 중 한 젊은이는 수감자들 사이에서 '컵케이크'(Cupcake, 여자애같이 예쁘장한 사내를 일컬음 - 옮긴이)라고 불렸다. 충격적이었고 믿기 힘들었지만 영화를 보면서 내 문제의 해답을 찾았다. 다음 날 전 사원들 앞에서 다음과 같이 연설했다.

많은 직원이 우리가 사용하는 비속어 때문에 불편해한다는 사실을 알게 됐습니다. 제가 가장 비속어를 남발하는 사람이기에 이런 불만은 제 자신의 행동을 돌아보게 했고, 또한 회사 전체에 대해서도 생각해보게 했습니다. 제가보기에 우리에게는 두 가지 선택사항이 있습니다. 하나는 비속어 사용을 금지하는 것이고 다른 하나는 비속어 사용을 허용하는 것입니다. 이 둘을 적당히 얼버무려 정하는 어정쩡한 기준은 제대로 효력을 발휘할 가능성이 없어 보입니다. 예컨대 '최소한의 비속어 사용'과 같은 기준은 실행 불가능합니다. 전에 말했듯이 세상에서 가장 뛰어난 인재들을 불러오지 못하면 우리는 성공할 수 없습니다. 기술업계에서는 거의 모두가 비속어를 허용하는 문화에 익숙합니다. 따라서 비속어를 금하는 것은 그것을 허용하는 경우보다 인재 영입을 제한하는 조치가 될 것입니다. 결론적으로 우리는 비속어 사용을 허가할 것입니다.

그렇다고 직원들을 위협하거나 성희롱하거나 혹은 그 외에 바람직하지 못한 의도나 용도로 비속어를 사용할 수 있다는 뜻은 아닙니다. 일반적인 다른 어휘가 허용되는 범위 내에서 비속어 역시 언어로서 허용한다는 의미입니다. '컵케이크'라는 단어를 예로 들어 보겠습니다. 제가 섀넌(Shannon)에게 "당신이 구운 컵케이크가 참 맛있어 보이는군요"라고 말하는 것은 괜찮지만, 앤서니(Anthony)에게

"이봐, 컵케이크, 그 청바지 입으니까 아주 섹시해 보이는데"라고 말하는 것은 허용되지 않습니다.

이것이 내가 말할 수 있는 전부였다. 그날 이후 나는 비속어에 대한 불만을 전혀 들을 수 없었고, 그 방침 때문에 우리 회사를 떠난 직원은 한 사람도 없었다고 생각한다. 조직은 때로 해결책이 아닌 명확성을 필요로 한다. 일단 비속어를 사용해도 된다고 명확히 하자 (위협이나 성희롱에 사용되지만 않는다면) 누구도 더 이상 문제 삼지 않았다. 요컨대 해당 방침의 결과는 만족스러웠다. 편안한 업무 환경이 조성됐고, 인력 감소도 줄었으며, 불만도 사라졌다. 때로는 CEO가 따를 수 있는 방침이 올바른 정책이다.

회사가 성장함에 따라 변화가 일어날 것이다. 창업자가 아무리 기업문화를 잘 조성하고 창업정신을 잘 유지한다 할지라도, 또 기업이 성장을 급히 서두르지 않는다 할지라도, 직원이 1,000명이 되면 직원이 10명이던 때와 동일한 기업이 될 수 없다. 물론 직원이 1,000명, 1만 명, 아니 10만 명에 이르면 좋은 기업이 될 수 없다는 뜻은 아니다. 그저 변화가 생길 뿐이고 달라질 뿐이다. 기업이 규모를 잘 확대해 나갈 수 있게 하려면 조직이 달라질 수밖에 없음을 받아들이고 기업이 와해되지 않게 하는 데 필요한 변화를 수용해야 한다. 이 장에서는 기업이 성장하면서 필요로 하는 변화에 대해 이야기할 것이다.

사내정치를 최소화하는 법

오랜 세월 사업을 하면서 "나는 사내정치가 너무 좋아"라고 말하는 사람을 본 적이 없다. 오히려 사내정치에 대해 몹시 불만스러워하는 사람을 많이 접했다고 해야 옳다. 심지어 자신이 운영하는 회사의 사내정치로 골치 아파하는 경우도 간혹 보곤 한다. 이렇게 아무도 좋아하지 않는데 왜 사내정치는 만연하는 것일까?

정치적인 행동 방식은 거의 대부분 CEO로부터 시작된다. 이 말에 어쩌면 당신은 이렇게 생각할 수도 있다. "나는 사내정치가 정말 지긋지긋해. 나는 정치적이지도 않은데 우리 회사는 아주 정치적이야. 분명히 난 그것을 유발한 사람이 아니야." 애석하게도 CEO가 정치적이어야만 조직 내에 극도로 정치적인 행동 방식이 창출되는 것은 아니다. 사실 정치적인 분위기가 가장 심한 조직일수록 CEO는 정치와 담을 쌓은 경우를 종종 볼 수 있다. 정치에 무관심한 CEO는 자주 그리고 뜻하지 않게 강렬한 정치적 행동 방식을 조장한다.

그렇다면 여기서 내가 말하는 사내정치란 과연 무엇인가? 사람들이 자신의 가치나 기여도 이외의 수단으로 자신의 출세나 목적을 달성하려는 행태를 뜻한다. 다른 종류의 정치도 있겠지만 이런 유형의 정치야말로 사람들을 정말 신경 쓰이게 만든다.

사내정치는 어떻게 생기는가

사내정치는 CEO가 (종종 본의 아니게) 정치적인 행위를 장려하거나 때로 자극하면서 생겨난다. 아주 단순한 예로 임원들의 보수를 생각해보자. 당신이 CEO라면 이따금 임원들이 찾아와 봉급 인상을 요구할 것이다. 자신이 현재 시장가치에 훨씬 못 미치는 보수를 받고 있다는 뜻을 당신에게 내비칠 수 있다. 경쟁사로부터 더 나은 제안을 받고서 하는 말일 수도 있다. 이런 상황에 직면하는 경우 그 요구가 합당하다면 당신은 사정을 조사해볼 수 있다. 더 나아가 보수를 올려줄 수도 있을 것이다. 이 과정이 무고해 보이겠지만 당신은 지금 정치적인 행위를 조장하는 강한 유인을 창출한 셈이다.

구체적으로 말하자면 당신은 사업 발전과는 무관한 행위에 보상을 하고 있는 것이다. 그 임원은 뛰어난 실적에 따른 보상 때문이 아니라 요청에 따라 봉급이 오른 것이다. 이것이 왜 나쁠까? 하나씩 짚어보자.

- 다른 야심찬 임원이 즉시 상황을 파악하고 그 역시 봉급 인상을 요구할 것이다. 소문은 돌기 마련이다. 이 요구든 이전 임원의 요구든 그들의 실제 실적과는 아무런 관련이 없다는 점에 주목하라. 당신은 이제 실제 업무수행과 관련된 문제보다는 정치적인 문제를 상대하며 시간을 허비하게 될 것이다. 중요한 점 한가지는 당신 회사의 이사회가 유능하다면, 당신이 봉급 인상을 요구하는 임원 모두에게 비정기적 승급을 허용하도록 놔두지 않을 것이라는 사실이다. 결국 회사 임원의 승급은 먼저 요구하

는 사람에게만 허용되는 방식으로 이뤄질 것이다.

- 더 유능할 수 있지만, 승급 요구에 덜 적극적인 임원은 정치적이지 않다는 이유만으로 비정기적 승급에서 제외될 수 있다.
- 당신 회사의 임직원들은 우는 아이에게 떡 하나 더 준다는 실례의 교훈을 얻게 될 것이다. 또 정치적으로 가장 기민한 직원이 승급한다고 인식하게 될 것이다. 조만간 여기저기서 우는 아이들을 보게 될 것이다.

이제 더 복잡한 예로 들어가보자. CFO가 CEO인 당신에게 와서 말하길 경영자로서 계속 경력을 쌓아가고 싶다고 한다. 궁극적으로 COO(chief operating officer, 최고운영책임자)가 되길 원한다며 당신 회사에서 그 지위를 획득하려면 어떤 기량을 발휘해야 하는지 알고 싶어 한다. 긍정적인 리더의 입장에서 당신은 CFO가 꿈을 향해 나아가도록 격려하고 싶다. 그래서 그가 언젠가는 훌륭한 COO가 될 수 있을 것이며 그러기 위해서는 몇 가지 기량을 더 갖춰야 한다고 조언한다. 그리고 사내 다른 임원들이 그를 위해 일하고 싶어 할 정도로 충분히 영향력 있는 리더가 돼야 한다고 덧붙인다.

일주일 뒤 임원 중 한 사람이 당신에게 허둥지둥 달려와 말한다. 방금 CFO가 자기 밑에 와서 일하고 싶은지 물었다고 한다. 또한 당신이 CFO를 COO로 키우고 있으며 이제 그 마지막 단계를 밟고 있다고 말했다고 한다. 이게 대체 무슨 말도 안 되는 소리란 말인가? 이 역시 CEO의 실수라 해도 할 말이 없는 부분이다.

사내정치에 녹다운되지 않는 테크닉

사내정치를 최소화하려는 노력은 종종 부자연스럽게 느껴질 수 있다. 개방적 사고의 진작이나 직원의 능력 개발 독려 등과 같은 탁월한 경영 관행과 역행하기 때문이다.

하급 직원들을 관리하는 것과 임원급을 관리하는 것의 차이는 무엇일까? 이는 흡사 정식으로 훈련받은 적이 없는 사람과 싸우는 것과 전문 권투 선수와 링 안에서 싸우는 것의 차이와 같을 수 있다. 보통 사람과 싸울 때는 일반적인 방식으로 싸우더라도 심각한 상태에 빠지진 않을 것이다. 예를 들어 싸움을 하던 중 한 걸음 물러서려고 앞에 딛고 있는 발을 먼저 들어 올릴 수 있다. 하지만 프로선수 앞에서 이렇게 하면 큰 낭패를 보게 될 것이다. 프로선수의 경우 작은 실수도 놓치지 않고 기회로 삼는 테크닉을 수년 동안 훈련한다. 한 발 물러서기 위해 앞쪽 발을 먼저 들어 올릴 때 당신은 아주 잠깐 동안 균형을 잃을 수 있고 이 순간이 상대방이 노리는 전부일 수 있다.

이와 유사하게 하급 직원들을 관리할 때는 그들이 경력 개발에 관해 문의를 하더라도 대개는 자연스럽게 떠오르는 대로 말해주고 상황을 잘 넘길 수 있다. 그러나 위에 예를 든 것처럼 매우 야심차고 노련한 전문가를 상대할 때에는 상황이 달라진다. 사내정치에 KO 당하지 않으려면 테크닉을 연마할 필요가 있다.

나는 CEO로 성장하면서 사내정치를 최소화하는 데 유용한 두 가지 테크닉을 터득했다.

- 올바른 종류의 야망을 가진 사람을 영입하라. 앞서 예로 든 임원들도 야망은 있지만 본질적으로 정치적이지 않을 수도 있다. 모든 경우가 정치적인 것은 아니라는 의미다. 하지만 당신의 회사를 미 의회에 버금가는 정치조직으로 만들고 싶다면 가장 확실한 방법은 그릇된 종류의 야망을 가진 사람들을 고용하는 것이다. 앤디 그로브가 정의 내렸듯이, 올바른 종류의 야망은 기업의 성공을 우선시하며 임원 자신의 성공은 오직 기업 승리의 부산물로 인식하는 야망이다. 잘못된 종류의 야망은 회사의 성과와는 상관없이 임원의 개인적 성공만을 염두에 두는 야망이다.
- 정치적인 문제로 발전할 가능성이 있는 사항에 관해서는 엄격한 프로세스를 구축하고 절대로 이 프로세스에서 벗어나지 마라. 기업의 특정 활동은 정치적인 행동 방식을 유발한다. 여기에는 '실적 평가와 보수', '조직 설계와 책임 범위', '승진'과 같은 활동이 포함된다.

각각의 경우를 살펴보고 어떻게 프로세스를 설계하고 집행해야 나쁜 행동 방식과 정치적 동기를 갖는 결과로부터 회사를 보호할 수 있는지 알아보자.

1. 실적 평가와 보수

실적 관리와 보수 책정 프로세스의 확립을 미뤄놓는 스타트업을 종종 볼 수 있다. 그렇다고 해서 직원을 평가하지 않는다거나 봉급을 올려주지 않는다는 뜻이 아니다. 단지 임기응변식으로 수행한다는 의미며 이렇게 되면 회사는 정치적인 술수에 아주 취약해진다. 체계적인 실적 및 보수 평가를 정례화함으로써 봉급 인상과 주식 지급이 최대한 공정하게 이뤄지도록 해야 한다.

이는 특히 임원 보수와 관련해 중요하다. 사내정치를 최소화하는 효과도 있을 것이기 때문이다. 앞선 예에서 느낄 수 있듯이 CEO는 공격할 여지가 없는 실적 및 보수 평가 정책을 갖추고 있어야 한다. 그러면 임금 인상을 요구하는 임원에게 그의 보수는 정해진 시기에 다른 사람들과 함께 평가될 것이라고 말할 수 있으며, 그것으로 그만인 것이다. 또한 임원의 보수 책정 프로세스는 이사회 승인 단계를 포함하는 게 이상적이다. 그렇게 하면 건강한 통치 체계가 확보될 것이며 예외적인 승급은 더욱 어려워질 것이다.

2. 조직 설계와 책임 범위

야심 있는 직원들을 관리하다 보면 간혹 자신의 책임 범위를 확대하길 원하는 직원을 보게 될 것이다. 앞서 언급한 예에서 CFO가 COO가 되길 원하는 것처럼 말이다. 다른 경우 마케팅 부장이 영업부와 마케팅 부서를 관리하길 원할 수도 있고, 엔지니어링 부장이 엔지니어링과 제품관리 부서를 운영하고 싶어 할 수도 있다. 누군가 당신에게 이런 사안을 제기하면 대답에 아주 신중을 기해야 한다. 당신이 입 밖에 내는 어떤 말이든 정치적인 폭탄으로 탈바꿈할 수 있기 때문이다. 일반적으로 아무 말도 하지 않는 것이 가장 좋다. "왜죠?" 정도는 물을 수 있겠지만 묻더라도 그 이유에 반응을 보이지 않도록 주의하라.

당신이 어떤 식으로든 생각을 내비치면 그것은 새어나가 소문이 되고 온갖 종류의 비생산적인 논의를 부추기는 빌미가 된다. 당신은 정기적으로 조직 설계를 평가해야 하고, 당신이 조직 편성과 관련해 어떤 계획을 가지고 있는지 직원들이 눈치 채지 않게 하면서 의사결정에 필요한 정보를 수집해야 한다. 일단 결정을 하고 나면 즉시 조직개편을 단행해야 한다. 소문이 새어나가고 로비가 횡행할 시간적 여유를 줘서는 안 된다.

3. 승진

회사에서 누군가 승진할 때마다 그와 조직 내 지위가 같은 나머지 직원 모두는 그 승진을 평가한다. 그러고 난 후 그것이 해당 직원의 가치에서 비롯된 것인지 아니면 정치적 우세에서 비롯된 것인지 판단한다. 만약 후자에 해당한다면 다른 직원들은 대개 다음 세 가지 중 하나로 반응한다.

- 못마땅해하며 자신이 저평가됐다고 느낀다.
- 대놓고 이의를 제기하고 승진한 사람에 반하는 운동을 벌이며 새로운 지위를 약화하려 한다.
- 부적절한 승진을 만들어낸 정치적 행동 방식을 모방하려 한다.

당신은 분명 이 가운데 어떤 행동 방식도 회사에서 보길 원치 않을 것이다. 그러므로 모든 직원의 승진을 좌우할 공식적이고, 가시적이며, 빈틈없는 승진 프로세스를 확립해야 한다. 일반적으로 이 프로세스는 직급에 따라 달라져야 한다. 일반 승진 프로세스는 직원의 업무수행에 대해 잘 알고 있는 다양한 중간 관리자를 포함할 수 있다. 그러나 임원 승진 프로세스는 이사회를 포함해야 한다.

승진 프로세스 확립의 목적은 두 가지다. 첫 번째, 회사가 최소한 승진의 근거를 직원의 가치에 두려고 시도한다는 신뢰감을 조직에 형성하기 위해서다. 두 번째, 당신이 결정한 승진에 대해 설명할 수 있는 정보를 생성하기 위해서다.

불평불만을 해결하는 실질적인 팁

조직이 상당한 규모로 성장하면 임직원이 때로 서로에 대해 불평을 늘어놓을 것이다. 가끔은 이런 비판이 극도로 공격적일 수도 있다. 비난의 말을 들을 때면 당신은 듣는 태도와 그 태도가 전달하는 메시지에 주의를 기울여야 한다.

불평하는 직원들의 말을 단지 듣기만 하면서 불평의 대상이 되는 직원을 변호하지 않으면 당신이 그들의 불평에 동의한다는 의미가 된다. 만약 회사 직원들이 당신이 고용한 임원 중 한 사람이 결코 뛰어나지 않다는 그들의 생각에 당신이 동의했다고 생각하게 된다면, 그 정보는 순식간에 막무가내로 퍼질 것이다. 결과적으로 직원들은 해당 임원의 말을 더 이상 듣지 않을 것이고 그는 곧 무능해질 것이다. 당신은 두 가지 종류의 뚜렷이 구분되는 불평을 듣게 될 것이다.

- 임원의 행동 방식에 대한 불평
- 임원의 능력이나 실적에 관한 불평

일반적으로 첫 번째 유형의 불평을 해결하는 가장 좋은 방법은 불만을 표하는 임원과 불만의 대상이 되는 임원을 함께 불러 서로 해명하게 하는 것이다. 대개 이런 자리를 마련하는 것만으로 갈등을 해결할 수 있고 잘못된 행동 방식을 바로 잡을 수 있으며 관계를 개선할 수 있다. 관계에 실제로 금이 가 있었더라도 말이다. 두 임원이 모두 한자리에 있지 않은 상황에서 행동 방식의 문제를 다루려 해서는 안 된다. 그렇게 하면 조작과 정치를 초래하는 결과를 낳게 될 것이다.

두 번째 유형의 불평은 비교적 드물지만 더 복잡하다. 임원 중 한 사람이 용기를 내 동료 임원의 능력에 대해 불만을 터뜨렸다면, 불평을 하는 임원이나 그 대상이 되는 임원에게 큰 문제가 있을 가능성이 크다. 이런 종류의 불만은 대체로 다음의 둘 중 하나일 것이다. 당신이 이미 알고 있는 무언가를 이야기하는 경우 아니면 당신이 모르고 있던 충격적인 소식을 전하는 경우란 얘기다.

이미 알고 있는 사실을 불만스럽게 이야기한다면, 문제는 당신이 그 상황을 너무 오랫동안 방치했다는 사실이다. 당신이 무슨 이유로 정도에서 벗어난 그 임원의 명예를 회복시키려 했든지 간에 그동안 시간을 너무 오래 끌었고, 그로 인해 이제 당신의 조직이 문제의 임원을 공격한다는 뜻이다. 당신은 이 상황을 즉각 해결해야 한다. 이는 대개 문제가 되는 임원의 해고를 뜻한다. 나는 실적이나 일련의 기량이 개선되는 임원을 본 적은 있어도 조직으로부터 신임을 잃었다가 다시 회복하는 임원은 결코 본 적이 없다.

다른 한편, 새로운 불만이 제기된 경우라면 즉시 대화를 중단하고 불평을 하는 임원이 내린 평가에 당신이 조금도 동의하지 않음을 분명히 해야 한다. 당신이 문제가 되는 임원의 실적에 관해 재평가하기 전에 그를 무력하게 만들어서는 안 된다는 의미다. 그런 불만이 자기 충족적 예언이 되는 것을 당신도 원치 않을 것이다.

일단 대화를 차단하고 나면 해당 임원에 대한 재평가를 신속하게 진행해야 한다. 만약 그가 훌륭하게 자신의 업무를 수행하고 있다면 불만을 표한 임원의 의도를 파악하고 그것을 해결해야 한다. 부당한 비난이 조직 내에서 곪아가도록 내버려 둬서는 안 된다. 그렇지만 만약 당신이 재평가를 통해 불만의 대상이 되는 임원의 업무수행이 실제로 형편없다는 사실을 발견했다면, 불만을 제기한 임원의 이야기를 다시 들어보는 시간을 가져야 할 것이다. 그리고 동시에 실력 없는 임원을 내보내기 위한 과정을 밟아야 한다.

당신은 CEO로서 늘 당신의 말과 행동이 조직 전체에 가하는 자극을 고려해야만 한다. 개방적인 리더, 호응하는 리더, 행위 지향적인 리더로 행동하는 것이 당장의 기분은 좋게 해줄지도 모른다. 하지만 그럼으로써 전혀 의도치 않은 온갖 잘못된 것들을 조장하는 결과를 낳을 수도 있다는 점을 항상 염두에 둬야 한다.

올바른 야망을 독려하라

경영진에 합류할 임원이나 간부급 직원을 영입할 때 대부분의 스타트업들은 후보자의 지능지수(IQ)에 초점을 맞춘다. 그러나 지능지수는 높지만 잘못된 종류의 야망을 가진 사람들은 회사에 해를 끼친다. 나는 이미 올바른 종류의 야망을 가진 사람을 고용하기 위해 노력해야 한다는 점을 강조했다. 지난 몇 년 동안 이런 생각을 밝히면서 엇갈린 반응을 접할 수 있었다. 동의하는 사람들이 있는가 하면 의문을 제기하는 사람들도 있었다.

거시적인 수준에서 회사는 고위 임원들이 개인적인 성공(이것을 로컬 최적화라고 간주하자)보다는 회사의 성공(글로벌 최적화로 간주하자)을 위해 자신을 최적화할 때 가장 크게 성공할 수 있다. CEO가 개인 인센티브 프로그램을 아무리 훌륭하게 설계한다 하더라도 결코 완벽한 형태가 될 수는 없다. 더욱이 승진이나 권한 확대와 같은 경력 인센티브는 상여제도나 여타 선험적 관리 도구의 영역 밖에 해당한다. 주식 기반 보수 구조에서는 회사의 성공을 위해 최적화하는 것이 개인적인 성공에서도 더 나은 결과를 산출한다. 옵스웨어의 세일즈 책임자 마크 크래니가 말하곤 한 것처럼, "0의 2퍼센트는 0일 뿐이다."

경영진이나 관리자들이 올바른 종류의 야망을 품는 일은 특히 중요하다. 그 외의 야망은 무엇이든 직원들의 의욕을 꺾어놓기 때문이다.

내가 만약 직원이라면 왜 그토록 오랜 시간을 상사의 경력을 위해 일하고 싶겠는가? 만약 임원이나 관리자가 회사보다 자신의 경력을 더 신경 쓴다면 직원들 역시 그것에 이바지하는 일만 하게 된다. 너무도 막중해서 직원 모두의 개인적인 야망을 대체하는 임무만큼 유능한 직원에게 동기를 부여하는 것은 없다. 결과적으로 올바른 종류의 야망을 가진 임원이나 관리자들이 잘못된 종류의 야망을 가진 이들보다 근본적으로 훨씬 더 가치가 높다. 잘못된 야망을 품은 임원이나 관리자들의 위험성에 대해 더 확실하게 이해하고 싶다면, 닥터 수스(Dr. Seuss)가 쓴 경영 걸작 《거북이 여틀(Yertle the Turtle)》을 강력히 추천한다.

올바른 야망을 가려내는 법

여느 복잡한 성격적 특성과 마찬가지로 올바른 종류의 야망도 면접만으로 완벽하게 가려낼 수는 없다. 하지만 다음에 제시한 몇 가지 아이디어가 유용할 수는 있다.

거시적인 수준에서 모든 사람은 자신만의 개인적인 프리즘을 통해 세상을 본다. 지원자를 면접할 때 그들이 '나'라는 프리즘을 통해 세상을 보는지 아니면 '팀'이라는 프리즘을 통해 세상을 보는지 알려주는 작은 차이를 찾아보면 도움이 된다.

'나'의 프리즘으로 세상을 보는 사람들은 면접 자리에서 전 직장의 업무에 대해 다음과 같은 식으로 묘사하는 경향이 있다. "마지막으로 근무한 직장에서 제 일은 전자상거래 분야에서 노는 거였습니다. 저의 경력에 도움이 되는 일이라고 생각했습니다." 이렇게 본인의 경력과 관련된 언급을 어떤 식으로든 피력하기 마련이다. 한편 올바른 종류의 야망을 품은 사람은 팀을 이루어 무언가 실질적인 것을 함께 창출해낸 노력을 묘사할 때 '노는'과 같은 희화화하는 표현을 쓰지 않는다. 또한 '나'라는 프리즘을 사용하는 사람들은 "제 경력에 도움이 되는"이나 "제 이력서의 완성도를 높이는" 등과 같은 표현이 자연스럽고 아무런 문제가 없다고 생각하지만 '팀'이라는 프리즘을 사용하는 사람들은 그런 표현이 다소 불편하고 어색하다고 느낀다. 분명히 팀의 목표와 분리되는 개인적 목표를 나타내기 때문이다.

세상을 순전히 팀의 프리즘을 통해 보는 사람들은 '나'라는 단어를 좀처럼 사용하지 않는다. 심지어 자신의 공적에 대해 답할 때조차도 그렇다. 입사를 위한 면접 자리에서도 전에 함께 일한 팀 구성원들에게 공훈을 돌리기 마련이다. 그들은 자신이 어떻게 보상을 받을 것인지 또는 자신의 경력이 어떤 경로를 밟게 될지, 이런 것보다는 자신이 몸담을 회사가 어떻게 하면 성공할 수 있을지에 훨씬 더 많은 관심을 보인다. 파산한 전 직장에 대한 질문을 받는 경우 그들은 일반적으로 강한 책임감을 느끼며 자신의 잘못된 판단과 결정에 대해 상세하게 이야기한다.

우리가 옵스웨어에서 글로벌 세일즈 책임자를 고용할 때 이런 판별 기준을 활용하는 것이 크게 가치가 있다는 사실이 입증됐다. 세일즈 부문은 특히 자기 자신의 목표보다 회사를 위한 야망을 앞세우는 책임자가 맡는 것이 중요하다는 점을 강조하고 싶다. 그 이유는 아주 다양하다.

- 세일즈 부문은 개인적 의제에 대한 유인이 특히 강하기 때문에 올바른 종류의 리더십이 없으면 균형을 유지하기가 어렵다.
- 세일즈 조직은 외부 세계에 보이는 회사의 얼굴이다. 만약 이 조직이 자기 조직만을 위해 최적화한다면 회사는 심각한 문제에 직면할 것이다.
- 첨단 기술 회사에서 부정행위는 대개 세일즈 부문에서 시작된다. 관리자들이 궁극적으로 개인적인 성공을 완성하려 애쓰는 경우 특히 그런 일이 벌어지기 쉽다.

면접을 진행하면서 우리는 많은 후보자를 만났다. 초대형 계약을 성사하거나 인상적인 목표를 달성하거나 또는 회사에 성공을 안겨준 여타의 공적을 오롯이 자신이 독차지하는 사람들이 대부분이었다. 거래 성사와 관련해 자신의 공훈을 가장 높이 산 후보자들은 거래가 실제로 어떻게 조직돼 성사에 이르게 됐는지 세부사항을 설명해보라고 하면 예외 없이 힘들어했다. 사실 조사에 들어가보면 해당 거래에 참여했던 다른 사람들은 후보자와 전혀 다르게 이야기하곤 했다.

반면에 우리가 마크 크레니를 면접할 때는 오히려 그에게 개인적인 성취에 대해 입을 떼게 하는 게 힘들었다. 사실 면접을 함께 진행한 다른 임원들은 마크를 냉담한 사람으로 보았고, 특정 질문에 발끈하는 것을 보고 아주 불쾌한 사람이라고까지 느꼈다. 한 임원은 이렇게 불평했다. "벤, 마크가 나이키와의 거래 규모를 100만 달러에서 500만 달러로 늘려놓은 것은 분명해요. 우리와 거래하는 나이키 쪽 담당자가 나에게 확인해줬으니까요. 하지만 마크는 왜 그와 관련해 자신이 무엇을 했는지 자세히 밝히려 하질 않는 걸까요."

내가 마크를 면접했을 때 그는 정말로 자신의 전 회사가 어떻게 성공할 수 있었는지에 대해서만 논의하고 싶어 했다. 그는 그의 팀이 어떻게 경쟁사 대비 자사의 취약점을 진단했는지, 그리고 제품 개선을 위해 다른 임원과 어떻게 협력했는지에 대해서 아주 상세하게 설명했다. 그러고 나서 세일즈 부서를 훈련하고 조직하는 방식을 변경하기 위해 어떻게 CEO와 협의했는지 이야기했다.

대화가 옵스웨어에 관한 내용으로 접어들자 마크는 이미 우리 회사의 가장 큰 경쟁사에서 일하는 세일즈 직원들을 접촉해봤다고 밝혔다. 그는 그들이 어떤 거래를 추진하고 있는지 파악해놓은 상태였다. 그는 나에게 경쟁사가 체결하려고 하는 거래를 어떻게 따낼 계획인지, 그리고 아직 착수하지 않은 거래를 어떻게 추진할 계획인지 사정 없이 물었다. 마크는 우리 회사 경영진 모두의 강점과 약점을 알고 싶어 했다. 그는 승리를 위한 전략을 알고 싶어 했다. 그가 받게 될 보수나 승진에 대한 주제는 영입 과정 막판에 가서야 나왔고, 그는 단지 보상이 정치가 아닌 실적을 기반으로 한다는 확약만을 원했다. 팀과 팀의 성공만을 중시하는 인물임이 너무도 명백했다.

마크의 재임 기간 동안 매출은 10배가 넘게 뛰었고, 우리 회사의 시가총액은 20배 증가했다. 더 중요한 것은 세일즈 조직에서 자발적 퇴사가 거의 없었고, 고객관리는 공정하고 정직하게 이뤄졌다는 사실이다. 우리 회사의 법률팀과 재무팀은 종종 마크가 다른 무엇보다도 회사를 최우선으로 보호한다고 언급했다.

키워드는 임원의 올바른 야망

자신의 경력을 위해 최적화하는 개별적인 직원들이 있다 해도 회사 운영에는 큰 문제가 되지 않을 수도 있다. 하지만 모든 올바른 일을 온갖 그릇된 의도로 행하는 고위 간부를 신뢰하는 것은 위험천만한 일이다.

직위와 승진 프로세스를 체계화하라

스타트업에서는 직원들에게 직위가 없는 것을 흔히 볼 수 있다. 회사가 하루빨리 자리 잡을 수 있도록 모두가 정신없이 일하는 상황이므로 이런 현상은 당연하다고 볼 수도 있다. 역할이 명확하게 규정될 필요가 없고, 사실, 규정될 수도 없다. 모두가 온갖 종류의 일을 이것저것 조금씩 해야 하기 때문이다. 이런 환경에서는 정치도 없고 아무도 지위나 권한을 놓고 다투지 않는다. 꽤 괜찮은 분위기다. 그렇다면 왜 모든 조직이 종내에는 직위를 창출하는 것일까? 그리고 직위를 제대로 관리하는 방법은 무엇일까? (이 주제에 관한 나의 사고 정리에 기여한 마크 저커버그에게 감사한다.)

결국에는 필요한 것, 직위

모든 회사가 결국에는 직위를 만들 수밖에 없는 두 가지 중요한 요인이 있다.

- **직원들이 직위를 원한다** 당신은 당신의 회사에서 영원히 일할 작정일지 몰라도 직원 중 적어도 일부는 당신 회사를 그만둔 뒤의 삶을 계획해야 한다. 당신 회사의 영업부장이 다음 직장을 위해

면접을 볼 때, 수백 명의 직원을 둔 글로벌 세일즈 부문을 관리했음에도 불구하고 자신의 직위가 '친구'였다고 말할 수는 없는 것이다.

- **직원들이 누가 누구인지 알아야 한다** 회사가 성장하면 모든 직원이 다른 직원 모두를 알 수는 없을 것이다. 뿐만 아니라 직위가 없으면 직원들이 각자 다른 직원이 하는 일을 알지 못하므로 자신의 업무를 완수하기 위해 누구와 일을 해야 하는지 모르게 된다. 직위는 회사에서의 역할을 묘사하는 요긴한 약칭을 제공한다. 나아가 고객과 사업파트너들이 당신 회사와 가장 효율적으로 일하는 방법을 파악할 때도 이 약칭을 기반으로 삼을 수 있다.

이런 핵심적인 이유 말고도 직원들은 자신의 가치와 보수를 동료와 비교 측정하는 척도로 직위를 사용할 것이다. 만약 하급 엔지니어 직위의 직원이 대응 관계에 있는 수석 아키텍트보다 자신이 훨씬 더 실력 있는 프로그래머라고 믿는다면, 이는 그가 저평가되고 제대로 된 보수를 받지 못하고 있다고 느낄 수 있음을 시사한다. 직위는 상대적인 가치를 추산하는 데 사용되므로 신중하게 관리해야 한다.

'피터의 원리'와 '형편없는 사람들의 법칙'

기본적인 것들은 실로 명백해 보이는데, 왜 거의 모든 기업이 직위와 관련해서 결국에는 심각한 실수를 저지르는 것일까? 회사에서 근무한 경험이 있는 사람이라면 누구나 과도한 위치까지 승진한 임원을 두고 이렇게 생각한 적이 있을 것이다. "저 사람이 어떻게 부사장 자리까지 갔지? 나라면 가판대도 안 맡길 인물인데…."

직위와 관련해 접하게 되는 한 가지 난제가 '피터의 원리'(Peter Principle)다. 로렌스 J. 피터(Laurence J. Peter)와 레이먼드 헐(Raymond Hull)이 1969년 출간한 동일 제목의 책에서 밝힌 원리다. 피터의 원리는 구성원들이 유능하게 일하는 한 승진을 계속하지만 조만간 더 이상 능력을 발휘할 수 없는 '무능력의 수준'으로 승진하게 되고 그 위치에서 더 이상 승진하지 못하고 머무르게 된다는 논리다. 앤디 그로브가 그의 경영 고전 《하이 아웃풋 매니지먼트》에서 지적했듯이 관리자가 위계상 어느 수준에서 무능함을 나타낼지 선험적으로 알 수 없으므로 피터의 원리는 불가피하다.

또 다른 난제는 내가 '형편없는 사람들의 법칙'(Law of Crappy People)이라고 부르는 현상이다. 이 법칙은 다음과 같다. "규모가 큰 조직의 어떤 직위에서든 그 수준의 인재는 결국 해당 직위의 가장 형편없는 사람들로 수렴된다."

이 법칙의 바탕이 되는 근거는 이러하다. 회사에서 하급 직위 직원들은 바로 위 직급에 있는 가장 형편없는 사람을 기준으로 삼아 자신과 비교하기 마련이다. 예를 들어 재스퍼(Jasper)가 사내에서 가장 무능한 부사장이라고 하면, 그 밑의 모든 부장급 간부는 그를 기준으로 삼아 자신을 평가하고 자신이 개중 낮은 재스퍼의 능력 수준과 같은 수준에 이르렀다고 생각되면 바로 승진을 요구한다.

이런 난제를 가장 잘 해결할 수 있는 길은 피터의 원리든 형편없는 사람들의 법칙이든 그 작용 원리를 이해하고 경감하는 것뿐이다. 어느 정도로 경감을 이뤄내느냐에 따라 회사의 질적 수준이 판가름 날 것이다.

품질보증 승진 프로세스

피터의 원리와 형편없는 사람들의 법칙을 모두 경감하는 가장 좋은 방법은 아주 엄격한 승진 프로세스를 제대로 설계하는 것이다. 승진 프로세스는 가라데의 승급 방식과 유사한 결과를 도출하는 게 이상적이다. 가라데 도장에서는 다음 단계에 올라가려면 (예를 들어 갈색 띠에서 검은 띠로 올라가려면) 목표로 하는 단계에 있는 상대와 겨뤄서 이겨야만 한다. 이렇게 하면 새로 검은 띠를 딴 사람이 기존 검은 띠 중 최약체보다는 실력이 뒤지지 않는다는 사실이 보장된다.

안타깝게도 비즈니스업계에는 이런 식의 물리적인 겨루기와 흡사한 경쟁 수단이 없다. 그렇다면 어떻게 실제로 결투를 붙이지 않으면서 직위의 품질을 유지할 수 있을까?

먼저 각 단계에서 맡게 되는 책임뿐 아니라 책무를 수행하는 데 필요한 기술에 대해서도 아주 명쾌하고 또렷하게 정의하는 것으로 시작하라. 필요로 하는 기술에 대해 서술할 때 "손익 관리에 능숙해야 한다"거나 "탁월한 관리 기술을 갖춰야 한다" 등과 같은 일반적인 묘사는 피하라. 실제로 특정 인물의 이름까지 거론할 정도로 각 단계를 구체적이고 세부적으로 규정하는 것이 가장 바람직하다. 일테면 "제니 로저스(Jenny Rogers)만큼 유능한 슈퍼스타 영입 담당자여야 한다"처럼 말이다.

그다음에는 모든 승진에 적용되는 공식 프로세스를 규정하라. 이 프로세스의 중요 요건 중 하나는 승진 체계를 회사 전체에 균등하게 적용해야 한다는 것이다. 만약 한 관리자나 단일 지휘 계통이 단독으로 승진을 결정하게 하면, 예컨대 인사부는 부사장이 5명이고 엔지니어링 부서는 부사장이 1명인 결과가 나올 수도 있다.

회사 전체에 균등한 승진 체계를 구축하는 한 가지 방법은 회사 내모든 주요한 승진을 심사하는 승진 심의회를 정기적으로 여는 것이다. 관리자가 승진시키고자 하는 직원이 있으면, 그 직원이 다음 단계의 기술 기준에 합당하다고 믿는 이유를 담은 관리자의 소견서를 심의회에 제출하는 식으로 심사를 청구한다. 그러면 심의회는 그 직원의 기량을 승진하고자 하는 단계의 기술 묘사와 비교하고 또 해당 단계의 다른 직원들의 기술과도 비교해 승진을 허가할 것인지 결정한다. 이 프로세스는 공정성과 단계별 자질을 보증하는 것은 물론이고, 전체 경영진이 승진 대상에 오른 직원들의 기술과 성과에 대해 알 수 있는 기회를 제공한다.

앤드리슨 vs 저커버그: 직위는 높게 책정할수록 좋은가?

회사에서는 고위직에 부사장만을 두는 것이 바람직한가 아니면 최고마케팅책임자, 최고수익책임자, 최고인사책임자, 최고간식책임자 등까지 책정하는 게 좋은가? 이와 관련해서는 두 학파가 대립되는 관점을 견지한다. 하나는 마크 앤드리슨이 대표하고 다른 하나는 마크 저커버그가 대표한다.

앤드리슨은 사람들이 회사에 요구하는 많은 것 중에서, 즉 급여와 보너스, 스톡옵션, 권한, 직위 가운데서 직위가 가장 돈이 들지 않으므로 가능한 한 가장 높은 직위를 주는 게 이치에 맞는다고 주장한다. 그에 따르면 위계에는 사장, 부문별 책임자, 부사장 등이 있어야 한다. 직위로 인해 사람들 기분이 좋아진다면 기분을 맞춰주라는 얘기다. 직위를 달아주는 데에는 아무런 비용이 들지 않는다. 더 좋은 것은 새로 영입할 인물을 놓고 다른 회사와 경쟁을 벌이는 경우 앤드리슨의 방법을 사용하면 적어도 한 기준에 있어서는 언제나 경쟁자를 능가할 수 있다.

페이스북에서는 이와 대조적으로 저커버그가 의도적으로 업계 표준보다 현저하게 낮은 직위를 배치한다. 여타 회사의 부사장급이 페이스북에서는 부장이나 과장으로 직위가 대폭 낮아진다. 저커버그의 방식과 논리를 살펴보자. 첫 번째, 그는 회사에 입사하는 모든 신규 직원은 페이스북의 위계에 따라 직위가 재조정되도록 보장한다. 그렇게 함으로써 업무수행능력이 더 나은 기존 직원보다 신규 직원에게 더 높은 직위를 뜻하지 않게 부여하는 사고를 피하는 것이다. 이런 정책은 사기를 고양하고 공정성을 높인다. 두 번째, 모든 관리자로 하여금 페이스북의 위계 시스템을 이해하고 내면화하게 함으로써 조직 내 승진 및 보수와 관련된 프로세스에 최대의 효율을 부여한다.

또한 저커버그는 직위가 중요하게 받아들여지고 조직 내의 영향력을 반영하길 원한다. 회사가 급속히 성장하게 되면 조직도상의 어느 부분이든 가능한 한 명료하게 해주는 게 중요하다. 부사장이 50명이고 부문별 책임자가 10명이나 되는 구조에서는 이런 명료화가 더욱 힘들어질 수밖에 없다.

저커버그는 영업 담당자들이 종종 그들과 상응하는 엔지니어링 부문의 사람들보다 부풀린 직위를 달고 다니는 것을 알고 있다. 그 역시 거창한 직위가 대외적으로 중요한 만남을 성사시키는 데 도움이 된다는 사실을 인지하고 있지만, 제작부 사람들과 엔지니어들이 여전히 문화의 핵심을 이루는 조직이 되길 원하는 까닭에 이런 직위 정책을 유지하려고 노력하는 것이다.

페이스북이 낮은 직위 정책으로 인해 새로운 인재 임용 기회를 놓친 적이 있을까? 당연히 그렇다. 그러나 정확히 말하자면 결국 그들이 원하지 않는 후보자를 놓친 셈이라는 주장도 설득력을 얻을 수 있다. 실제로 페이스북의 직원 채용 프로세스와 임원진 영입 프로세스는 모두 그들에게 맞는 직원은 스스로 합류하고 그들에게 맞지 않는 직원은 스스로 이탈하도록 신중하게 설계돼 있다.

그렇다면 어떤 방법이 더 나은가? 앤드리슨의 방법인가 저커버그의 방법인가? 정답은 당신의 회사가 어떤 상태이냐에 따라 달라진다. 페이스북은 직원 채용에서 너무도 많은 이점을 누리는 회사이기 때문에 절대적 직위 수준의 엄격함으로 인해 업계 최고의 인재들을 끌어모으는 능력에 큰 타격을 입지 않는다. 당신의 회사는 어쩌면 이런 이점을 누릴 수 없는 상태일 수 있다. 그 경우 높은 직위가 좋은 전략이 될 수 있다. 둘 중 어떤 시나리오를 채택하든 고도로 규율이 잡힌 사내 위계와 승진 프로세스는 반드시 갖춰야 한다.

공정한 프로세스의 중요성

당신은 어쩌면 승진과 직위에 그렇게 많은 시간을 쏟으며 심혈을 기울이는 것은 어리석은 형식주의에 지나치게 역점을 두는 일이라고 생각할지도 모른다. 정반대다. 직위와 승진과 관련해 세심하게 계획된 엄격한 프로세스가 없다면, 직원들은 그 결과로 초래되는 불공평에 집착하게 될 것이다.

만약 당신이 이 프로세스를 제대로 조직하기만 한다면, 당신 말고 어느 누구도 직위에 대해 오랜 시간 고민하며 시간을 보내지 않을 것이다. '이달의 최고 사원' 지위를 노리는 직원들은 많겠지만 말이다.

머리만 좋은 골칫덩이들을 가려내라

IT업계에서는 언제나 지능이 직원 채용의 결정적인 요소로 작용한다. 우리가 하는 일이 어렵고 복잡한 데다가 경쟁사들 역시 엄청나게 똑똑한 인간들로 가득 차 있기 때문이다. 하지만 지능만이 유일한 중요 자질이 될 수는 없다. 유능한 직원이라 함은 열심히 일하고 신뢰할 만하며 탁월한 팀원이어야 한다는 것을 뜻한다.

이것은 내가 CEO 시절에 가장 힘들게 터득한 교훈 중 하나다. 나는 온갖 종류의 배경과 성격 유형, 다양한 업무 스타일을 지닌 우수한 사람들이 한데 어우러져 번성하는 환경을 창출하는 게 나의 본분이라고 생각했다. 그리고 내 생각이 맞았다. 그것이 내 일이었다. 다양한 배경과 업무 스타일을 가진 사람들이 성공적으로 일할 수 있는 회사는 그렇지 못한 회사보다 최고 인재를 영입하고 보유하는 데 있어 상당히 유리하다. 그렇지만 도가 지나치면 오히려 독이 되는 것이다. 내가 그렇게 지나치게 나갔다. 여기 사내 가장 똑똑한 사람들이 최악의 직원이 되는 세 가지 사례가 있다.

사례 1: 이단아 유형

어느 정도 규모가 되는 회사는 때로 이치에 맞지 않는 전략이나 계획,

프로세스, 승진 또는 여타의 활동을 단행하기도 한다. 규모가 큰 어떤 조직도 완벽할 수는 없다. 그래서 회사의 특별히 취약한 부분을 찾아내고 개선에 이바지할 수 있는 똑똑하고 대단히 열성적인 직원이 많이 필요한 것이다.

하지만 때로는 정말 똑똑한 직원이 회사의 개선과는 상관없는 의제를 발달시키는 경우가 있다. 바로잡을 목적으로 조직의 결점을 찾기보다는 자신의 명분을 쌓기 위해 회사의 약점을 찾는 경우다. 구체적으로 말하면 이런 직원은 회사가 가망이 없고 오합지졸에 의해 운영되고 있다는 나름의 명분을 구축한다. 이 유형의 행동 방식은 직원이 똑똑할수록 더욱 파괴적이 된다. 간단히 말해 최고로 똑똑한 사람이 최고로 파괴적이다. 그 직원이 똑똑하지 않으면 아무도 그의 말을 듣지 않을 테니까 말이다.

왜 똑똑한 직원이 자신이 소속된 회사를 흠집 내려 하는 것일까? 실제로 다양한 이유가 있다. 대표적인 몇 가지를 소개한다.

- **실제적 영향력이 없다** 권한이 있는 사람에게 접근할 수 없다고 느껴 결국 불평만이 나름의 진실을 토로하는 수단이 된다.
- **기질적으로 반항아다** 저항해야만 직성이 풀린다. 뿌리 깊은 성격적 특성일 수 있다. 때로 이런 사람들은 실제로 직원일 때보다는 CEO일 때 더 능력을 발휘한다.
- **치기 어리고 순진하다** 회사를 운영하는 사람들은 사업상의 모든 사소한 세부사항까지 다 알 수 없으므로 잘못된 모든 것에 연루될 수밖에 없음을 이해하지 못한다.

이런 종류의 문제는 종종 바로잡기가 극히 어렵다. 일단 어떤 직원이 공개적인 입장을 취하면 일관성을 유지하라는 사회적 압력이 거세진다. 만약 그가 친하게 지내는 50명의 친구들에게 자기 회사 CEO가 세상에서 가장 멍청한 인간이라고 말했다면, 그 말을 뒤집는 것은 스스로 신용에 손상을 자초하는 일이 된다. 다음에는 그가 불평을 해도 별로 믿으려 하지 않을 것이다. 대부분의 사람은 자신의 신뢰도에 타격이 가해지는 상황을 감수하려 하지 않는다.

사례 2: 신뢰할 수 없는 유형

재기가 넘치는 사람 중에는 전혀 신뢰할 수 없는 부류가 있다. 옵스웨어 시절 우리는 한때 누가 봐도 천재인 아서(Arthur, 가명)라는 엔지니어를 고용한 적이 있다. 제품개발 부서에 투입했는데 신규 사원의 경우 충분히 생산성을 발휘하려면 보통 3개월 정도 소요되는 업무였다.

아서는 이를 이틀 만에 완전히 따라잡았다. 셋째 날 우리는 그에게 한 달 정도 걸릴 것으로 예상한 프로젝트를 맡겼다. 아서는 그 프로젝트를 3일 만에, 그것도 거의 흠잡을 데 없는 수준으로 끝냈다. 더 정확하게 말하자면, 그는 72시간 만에 그 일을 끝냈다. 72시간 논스톱으로, 쉬지도 않고, 잠도 자지 않고, 코드 작업 외에는 아무것도 하지 않았다. 입사 후 처음 3개월 동안의 성과로 볼 때 그는 우리가 고용한 가장 유능한 직원이었다. 우리는 그를 즉시 승진시켰다.

그 뒤 아서가 변하기 시작했다. 전화도 없이 며칠씩 나오지 않더니 조금 지나서는 몇 주씩 결근했다. 마침내 나타나서는 거듭 사과에 사죄를 더했지만 그의 행동 방식에는 변화가 없었다. 작업의 질도 떨어졌다. 일에 집중하지 못했고 일처리도 엉성했다. 나는 그렇게도 뛰어난 직원이 어찌 저렇게 망가질 수 있는지 이해가 되지 않았다. 아서의 상사는 그를 해고하려 했다. 그의 팀이 더 이상 어떤 일에서든 아서를 신뢰할 수 없다는 이유에서였다. 나는 반대했다. 나는 아서 안에 여전히 도사리고 있는 천재성을 우리가 되찾아주게 되길 바랐다. 하지만 우리는 끝내 그렇게 하지 못했다.

나중에 안 사실이지만 아서는 조울증을 앓고 있었고, 약물과 관련된 두 가지 심각한 문제를 겪고 있었다. 첫 번째, 그는 조울증 약을 복용하길 원치 않았다. 두 번째, 코카인 중독 상태였다. 결국 아서를 해고해야 했고, 지금도 나는 그가 계속해서 천재성을 발휘했으면 어디까지 발전하게 됐을까 생각하며 가슴 아파한다.

신뢰할 수 없는 행동이 모두 조울증에서 비롯되는 것은 아니지만, 이런 행동에는 종종 심각한 수준의 문제적 근원이 있기 마련이다. 근원은 자기 파괴적인 기질이나 약물 상용 습관, 또는 은밀히 부업을 뛰는 작태 등 다양하다. 회사는 팀을 이뤄 함께 노력하는 곳이다. 직원의 잠재력이 아무리 크다 할지라도 그가 신뢰할 수 있는 방식으로 업무를 수행하지 않는 한 진가를 이끌어내는 것은 불가능하다.

사례 3: 무례하고 공격적인 유형

이 유형의 똑똑하고 무례한 직원은 조직 내 어디서든 찾아볼 수 있지만, 임원급에 있는 경우 가장 파괴적이라 할 수 있다. 임원 대부분은 때로 머저리나 멍청이, 얼간이 등과 다양한 불경스런 표현이 어울릴 정도로 불손하게 구는 경우가 있다. 극적으로 무례한 행동이 명료성을 증진하거나 중요한 교훈을 역설하는 데 사용될 수 있기 때문이다. 나는 지금 이런 종류의 행동 방식을 이야기하고자 하는 게 아니다.

특정 직원의 터무니없는 행동이 지속될 때 조직은 무기력해질 수 있다. 회사가 성장하면서 생겨나는 가장 해결하기 힘든 문제는 언제나 의사소통이다. 엄청나게 많은 사람을 같은 마음가짐으로 같은 목표를 향해 나아가게 하는 것은 결코 쉬운 일이 아니다. 그런데 임원 중 한 사람이 성난 얼간이같이 군다면 이것은 불가능에 가까워진다. 어떤 사람들은 소통 방식이 유난히 공격적이어서 그들이 같은 공간에 있으면 다른 사람들이 그냥 입을 닫아버린다. 누군가 마케팅 조직의 현안에 대해 언급할 때마다 마케팅 담당 부사장이 달려들어 맹렬히 공격을 가한다면, 앞으로 어떤 주제가 결코 논의의 대상이 되지 않을지 짐작되지 않는가.

이런 행동은 상당이 나쁜 영향을 미쳐 그 얼간이가 같은 공간에 있는 것만으로도 아무도 어떤 주제든 언급하지 않는 지경에 이를 수 있다. 결과적으로 경영진 사이에서 소통은 사라지고 회사 전체가 서서히 퇴보의 길을 걷는다. 이 머저리가 의심할 나위 없이 명석한 경우에만 이런 일이 생김에 주목하라. 똑똑한 사람이 아니라면 그가 공격해도 아무도 개의치 않을 것이기 때문이다. 큰 개가 무는 경우에만 영향이 발생하는 법이다. 만약 당신 조직의 덩치 큰 개들 중 한 놈이 조직 내 소통을 파괴하고 있다면 동물 보호소에 보내야 마땅하다.

언제 버스를 잡아둘 것인가

유명한 미식축구 코치 존 매든(John Madden)에게 한번은 누군가가 그의 팀에 속한 터렐 오웬스(Terrell Owens)의 자유분방함을 용인할 것인지 물었다. 오웬스는 가장 재능 있는 선수 중 하나인 동시에 가장 망나니 같은 선수이기도 했다. 매든은 대답했다. "팀원 하나하나를 다 기다리느라 버스를 잡고 있으면 출발이 너무 늦어져 시합을 놓치게 됩니다. 그렇게 해서는 안 되겠죠. 버스는 정시에 출발해야 합니다. 하지만 때로 아주 중요한 선수가 늦는 경우라면 그 선수를 기다리기 위해 버스를 붙잡아둬야 합니다. 오직 그 선수에게만 적용되는 사항이죠."

미국 프로농구 챔피언십을 가장 많이 따낸 필 잭슨(Phil Jackson) 감독이 언젠가 다음과 같은 질문을 받은 적이 있다. 기행을 일삼기로 유명한 슈퍼스타 데니스 로드먼(Dennis Rodman)에 관한 질문이었다. "데니스 로드먼은 연습에 빠지는 것이 허용된다고 들었는데, 그렇다면 마이클 조던(Michael Jordan)이나 스코티 피펜(Scottie Pippen)과 같은 다른 스타플레이어들 역시 연습에 빠질 수 있다는 의미인가요?"

잭슨은 대답했다. "물론 그건 아닙니다. 이 팀에는 오직 하나의 데니스 로드먼만을 위한 자리가 있을 뿐이죠. 사실 사회 전체로 볼 때도 로드먼 같은 사람은 극히 적은 수만 수용할 수 있지요. 그렇지 않으면 우리는 아마 무정부 상태로 전락하고 말 겁니다."

당신은 어쩌면 앞서 언급한 사례 중 하나에 해당하지만 회사에는 크게 긍정적인 기여를 하는 직원을 두고 있을지도 모른다. 당신이 개인적으로 그 직원의 부정적인 속성을 경감하고 그 직원으로 인해 조직문화 전반이 오염되지 않도록 막겠다고 결심했을 수도 있다. 다 좋다. 하지만 명심하라. 버스는 오직 그 직원만을 위해 잡아둬야 한다는 사실을 말이다.

고참급 임원 영입에 수반되는 리스크를 파악하라

당신의 회사가 순조롭게 돌아가고 사업도 확장되고 있는 상황에서 이 사회의 누군가가 무서운 소리를 꺼낸다. "나이 든 사람들을 영입할 필요가 있어요. 경험 많고 안 해본 일 없는 임원급 말이에요. 회사가 다음 단계로 도약하는 데 도움이 될 겁니다."

정말 그럴까? 지금이 그래야 할 때인가? 만약 그렇다면 어디에서부터 시작해야 하지? 일단 영입하고 나면 그들을 어떻게 관리하지? 무엇보다 그들이 일을 제대로 하고 있는지 내가 어떻게 알 수 있지?

당신 머릿속에 떠오르는 첫 번째 질문은 다음과 같을 것이다. "대체 왜 나이 든 사람들이 필요하다는 거지? 고급 양복이나 입고 와서 정치적인 야망을 떠들어대다가 가족들과 함께해야 한다고 일찍 퇴근하며 기업문화만 망칠 사람들 아닌가?" 이 모든 질문에 대한 대답이 어느 정도까지는 "그렇다"일 수 있다. 그렇기 때문에 이 질문들에 대해 신중하게 생각해봐야 한다. 그러나 적절한 시기에 적합한 유경험자를 영입하는 것은 파산과 영화(榮華)의 차이를 의미할 수도 있다.

질문의 첫 부분으로 돌아가보자. 왜 고참 임원을 영입해야 할까? 한 마디로 대답하면 '시간' 때문이다. 기술업계 스타트업은 사업을 시작하는 그 순간부터 마지막에 문을 닫는 순간까지 시간과 맹렬한 싸움을 벌인다. 기술업계 스타트업 중 어떤 회사도 유통기한이 그리 길지 않다. 처음에는 최고로 느껴졌던 아이디어도 일정 시간이 지나면 형편없는 게 된다.

저커버그가 만약 지난주에 페이스북을 출범했다면 어떻게 됐을 것 같은가? 네스케이프에서 우리는 사업을 시작한 지 15개월 만에 주식을 상장했다. 만약 우리가 6개월 늦게 네스케이프를 시작했다면 37개 브라우저 회사가 난립하는 시장에 뒤늦게 진출한 꼴이 됐을 것이다. 다른 회사가 선수를 치지 않는다 하더라도, 또 당신의 꿈이 무척이나 아름답다 하더라도 창업 후 5~6년 내에 아무것도 성취하지 못하면 대부분의 직원은 당신과 회사에 대한 신념을 상실할 것이다. 당신이 하고자 하는 일을 이미 해본 사람을 영입함으로써 성공에 이르는 시간을 급격히 줄일 수 있다.

하지만 CEO들이여, 주의하라. 고참 임원을 스타트업에 영입하는 것은 운동선수가 경기력 향상을 위해 약물을 복용하는 것과 같다. 일이 순조롭게 진행된다면 믿기 힘든 새로운 경지에 오를 수 있지만, 일이 잘못되는 경우 조직이 내부에서부터 악화되기 시작할 수 있다. 모든 일이 잘 되어가길 바라며 고참 임원 영입을 고려하고 있다면, '어른의 관리감독'이나 '진정한 기업 모양새' 등과 같은 추상적인 이유를 좇아서는 안 된다. 당신이 찾고 있는 것이 무엇인지 정의가 빈약한 경우 나쁜 결과를 초래하기 십상이다. 고참 임원을 영입하는 정당한 이유는 '특정 분야의 지식과 경험을 습득하기 위해서'다.

예를 들어, 기술업계 창업자인 당신은 아마 글로벌 세일즈 채널을 구축하는 방법이나 무적의 브랜드를 창출하는 방법, 또는 생태계에 변화를 줄 만한 사업 개발 거래를 찾아내고 협상하는 방법에 대해 정통한 지식을 가지고 있지 않을 것이다. 최고 수준의 고참 임원을 영입하면 이들 영역에서 당신 회사가 성공할 수 있는 능력을 극적으로 향상시킬 수 있다.

그런 적임자는 외부 경험자 중에서 찾을 수 있고 내부 승진을 통해서도 찾을 수 있다. 둘 중 어느 쪽을 선택할지는 영입이 필요한 위치에 외부 지식과 내부 지식 중 어느 것이 더 가치 있는지에 달렸다. 예를 들어, 엔지니어링 책임자에게는 코드 베이스와 엔지니어링팀에 관한 포괄적인 지식이 엔지니어링 조직의 규모 확대 방안에 관한 지식보다 대개는 더 중요하고 습득하기도 어렵다. 결과적으로 당신의 조직 안에 있는 지식을 외부 세계의 지식보다 더 가치 있게 여기게 될 것이다.

그렇지만 대기업에 당신의 제품을 판매할 사람을 고용할 때는 정반대다. 타깃 고객사의 사고방식과 운영 방법, 문화적 경향 등을 알고 매출을 극대화하기 위해 세계 적소에 배치할 적임자를 채용하고 평가하는 방법에 정통한 것이 당신 회사의 제품과 문화에 대해 아는 것보다 훨씬 더 가치 있다. 이런 이유로 내부 승진으로 엔지니어링 책임자를 정하면 흔히 성공적인 사례가 되는 반면, 세일즈 책임자를 내부 승진시키면 거의 대부분 실패하는 것이다. 스스로에게 물어보라. "이 직위에 내부 지식과 외부 지식 중 어느 것이 더 중요한가?" 이 질문은 연륜을 좇을지 젊은 피를 찾을지 결정하는 데 도움이 된다.

지혜로운 관리의 기술

앞서 이야기했듯이 고참 임원의 합류는 위험성을 내포한다. 또 하나 까다로운 게 있다면 고참 임원들이 승선하고 난 뒤에 그들을 효과적으로 관리하는 일이다. 고참들은 몇 가지 중요한 도전 과제를 던져준다.

- **나름의 문화를 동반한다** 고참들은 그들만의 습관과 소통 방식, 그리고 그들이 성장한 회사의 가치관을 가지고 온다. 이런 문화가 당신 조직의 환경과 정확히 일치할 가능성은 거의 없다.
- **나름대로 조직 체계 운영 방식을 파악해 기술을 구사한다** 고참들은 규모가 큰 조직 환경에서 경험을 쌓았기 때문에 그와 유사한 환경에서 길을 찾고 효과적으로 움직이는 기술을 잘 개발한다. 이런 기술이 당신의 조직 환경에서는 이례적이고 정치적으로 보일 수 있다.
- **당신은 그들이 하는 일을 그들만큼 잘 알지 못한다** 사실상 정확히 이 이유 때문에, 즉 당신이 그 일을 어떻게 하는지 모르기에 그들을 고용하는 것이다. 그렇다면 어떻게 해야 그들이 훌륭하게 업무를 수행하고 책임을 다하게 할 수 있을까?

앞서 언급한 내부적 악화를 방지하기 위해서는 이 세 가지를 인식하고 관련 문제들이 당신 조직으로 전이되지 않도록 적절한 대응책을 강구하는 게 중요하다.

먼저, 당신 회사의 문화에 따를 것을 요구하라. 문화가 다른 회사

출신을 고용하는 것은 무리가 아니다. 또 개중 어떤 문화는 당신 회사의 문화보다 더 우월한 속성을 가지고 있을 수도 있다. 하지만 그들이 일하게 될 곳은 당신 회사고 당신의 문화권이다. 당신에게는 당신만의 사업 방식이 있다. 그들이 다양한 기업문화를 경험했다고 해서 위축되지 마라. 뜻을 굽히지 말고 당신의 문화를 고수하라. 만약 새로운 사고방식을 통합해 당신의 문화를 확장하길 원한다면 그것도 좋은 생각이다. 그러나 그렇게 하려면 그 의도를 분명히 드러내야 한다. 주관 없이 이리저리 흔들려서는 안 된다. 그다음에는 정치적 동기의 술수를 주시하고 그런 행동이 보일 때 절대 용인하지 마라.

이때 가장 중요한 일은 높은 수준의 실적 기준을 명시하는 것이다. 회사를 세계 일류 기업으로 만들고 싶다면 나이에 상관없이 직원들도 세계 일류가 돼야만 한다. 임원 중 한 사람이 특정 업무를 당신보다 더 잘한다는 것만으로는 결코 충분치 않다. 애초에 당신이 그 일을 할 수 없어서 그를 고용했기 때문이다.

당신이 그 일을 해본 적이 없어서 어떻게 하는 것이 훌륭하게 해내는 것인지 알 수 없다는 이유로 성과 기준을 낮게 설정하지 않도록 주의하라. 예를 들면, 나는 젊은 CEO들이 자사의 마케팅 및 홍보 부서가 유능하다며 신을 내는 경우를 많이 본다. 자신의 창업에 관한 수많은 긍정적인 이야기를 언론을 통해서 접할 수 있었다는 얘기다. 이는 높은 수준의 홍보 성과가 아니다. 기자들에게 갓 태어난 아기 같은 귀엽고 사랑스러운 회사에 관한 기사를 써달라고 청하는 것은 누구나 할 수 있다. 오직 세계 정상급 홍보 담당자만이 사춘기에 들어선 껑충하고 여드름투성이인 회사를 훌륭하게 홍보할 수 있다. 세계 일류 홍보 담당자들은 부정적인 이야기도 그럴싸하게 돌려놓을 수 있다. 세계 정상급 홍보 담당자들은 닭똥도 치킨샐러드로 변신시킨다. 닭똥을 치킨샐러드로 변신시키려면 신뢰를 기반으로 장기간 쌓아온 인간관계와 심오한 노하우, 그리고 이 둘을 적절히 활용할 자신감이 필요하다. 애송이 홍보 담당자들은 이 세 가지 중 어떤 것도 가지고 있지 않다.

높은 실적 기준을 개발하는 아주 좋은 방법 중 하나는 해당 분야에서 탁월한 실적을 내고 있다고 생각되는 사람들을 만나보는 것이다. 그들의 기준이 무엇인지 알아보고 그 기준을 당신 기준에 추가하라. 일단 높지만 성취 가능한 실적 수준을 확정하면, 임원들이 그 수준을 견지하게 하라. 그들이 어떻게 그 수준을 달성할지 설사 당신이 모른다 할지라도 말이다. 놀라운 브랜드를 창조하는 방법, 변혁적 계약을 맺어 시장을 유리하게 바꿔놓는 방법, 누구도 가능하다고 생각지 않는 세일즈 목표를 달성하는 방법 등을 알아내는 것은 당신이 할 일이 아니다. 당신이 보수를 지불하는 임원들이 해야 할 일이다. 그런 일을 하라고 임원들을 영입한 것이다.

마지막으로 당신의 새로운 임원은 단지 목표를 달성하는 데에만 그쳐서는 안 될 것이다. 온전한 인격을 갖춘 팀 플레이어로 역할해야 한다. 빌 캠벨이 균형 잡힌 방법으로 임원을 평가하는 훌륭한 방법론을 개발했다. 당신의 임원이 목표 달성 수준 이상의 자질을 갖췄는지 알아보는 데 도움이 될 것이다. 캠벨은 임원의 업무수행을 네 가지 뚜렷하게 구분되는 영역으로 나눴다.

1. 목표에 대한 결과

실적 수준을 높게 설정했으면 임원이 그 수준에 도달했는지 비교 평
가하기 쉬울 것이다.

2. 관리

임원이 목표 달성을 대단히 훌륭하게 해냈다 할지라도 이것이 결속력
있고 충성스러운 팀을 구축하고 있다는 의미는 아니다. 목표에 도달
하는 것과는 별개로 관리자로서 얼마나 역할을 잘해내고 있는지 아는
것 역시 중요하다.

3. 혁신

앞날은 무시하고 해당 분기의 목표 도달에만 급급한 임원이 분명히
있을 수 있다. 예를 들어 엔지니어링 책임자가, 요구되는 제품 특징은
살리면서 일정에 맞춰 출시하기 위해 끔찍한 아키텍처를 구축하는 손
쉬운 방법을 쓸 수도 있다. 그 아키텍처로는 차기 출시 제품을 지원할
수 없다는 사실을 알면서도 말이다. 이런 일이 가능하기 때문에 CEO
는 내용은 전혀 모르면서 결과만 봐서는 안 된다. 모든 세부사항까지
주의 깊게 지켜봐야 한다는 의미다.

4. 협업

처음에는 이 영역이 직관적으로 임원의 자질과 관계있는 것으로 느껴
지지 않을 수도 있다. 하지만 임원들은 임원진 사이에서 의사소통하
고 지원 활동을 하며 자신이 필요로 하는 것을 얻어내는 데 유능해야

한다. 이 차원에서 임원들을 평가해보라.

이봐, 당신 영혼을 판 거야

처음으로 나이 든 임원을 회사에 영입할 때에는 마치 영혼을 파는 듯한 느낌을 받을 수도 있다. 그리고 조심하지 않으면 회사의 영혼까지 팔아버리는 지경에 이를 수도 있다. 하지만 무에서 유를 창조하길 원한다면, 리스크를 감수하고 시간과의 싸움에서 이겨야 한다. 이는 최고의 재능과 지식, 경험을 손에 넣어야만 한다는 뜻이다. 심각한 나이 차를 극복해야 한다 할지라도 말이다.

내가 처음 일대일 면담에 대해 블로그에 글을 쓰고 나자 사람들로부터 피드백이 쇄도했다. 반응을 보인 사람들의 절반 정도는 일대일 면담이 소용없는 짓이므로 그렇게 중요하게 생각해서는 안 된다고 반박했다. 나머지 절반은 더 효과적으로 일대일 면담을 진행하는 방법을 알고 싶어 했다. 나에게는 이 두 반응이 같은 동전의 양면처럼 느껴졌다.

CEO에게 가장 중요한 운영상의 책무는 회사의 의사소통 구조를 설계하고 시행케 하는 것이다. 이 의사소통 구조에는 조직 설계, 회의, 프로세스, 이메일, 기업용 SNS, 그리고 관리자와 직원의 일대일 면담 등이 포함될 수 있다. 잘 설계된 소통 구조가 없으면 정보와 아이디어는 정체될 것이고 나쁜 업무 환경으로 인해 회사는 퇴보할 것이다.

일대일 면담 없이도 훌륭한 소통 구조를 설계하는 게 분명 가능하다. 하지만 대부분의 경우 일대일 면담은 정보와 아이디어가 조직의 상층부로 흘러가게 하는 훌륭한 메커니즘을 제공한다. 따라서 소통 구조 설계의 일부로 잡아야 한다.

일대일 면담을 좋지 않게 생각하는 사람들은 대개 어설프게 설계된 소통 구조의 피해자들이다. 바람직한 일대일 면담의 비결은 그것이 관리자가 아니라 '직원'을 위한 자리임을 이해하는 것이다. 현황 보고서나 이메일, 혹은 여타의 공식적이며 딱딱한 메커니즘으로는 다룰 수 없는 모든 긴급 현안과 눈부신 아이디어, 뿌리 깊은 불만을 나누는 자유로운 형식의 면담이다.

만일 어떤 직원이 흥미로운 아이디어가 떠올랐지만 아직 20퍼센트 정도밖에 완성되지 않았다면 어떻게 해야 상사로부터 피드백을 받을 수 있을까? 그 아이디어와 회사의 관련성도 확신이 서지 않아 바보 같은 소리로 들릴 것 같은 상황에서 말이다. 또 특정 동료와 어떻게 협력하면 좋을지 알지 못하는 상황에서 그 동료가 당신의 업무 진행을 방해하고 있다면, 그 동료를 탓하지 않으면서 어떻게 그 상황을 타개할 수 있을까? 일과 직장을 사랑하지만 개인적인 삶이 무너져 내리고 있을 때 어떻게 하면 도움을 받을 수 있을까? 현황 보고서로? 이메일로? 인트라넷으로? 아니면 요가 시간에? 이런 것들이 해결해줄 수 있을 거라 생각하는가? 위에 언급한 상황들과 여타 논의가 필요한 중요한 사안들에서 일대일 면담은 긴요한 수단이 될 수 있다.

당신이 구조화된 안건을 좋아한다면, 면담을 원하는 직원에게 안건을 설정하게 하라. 직원에게 안건을 미리 보내게 하면 좋은 관행을 정착시킬 수 있다. 직원이 안건을 설정하면서 긴급한 사항이 아니라고 생각되면 면담을 취소할 수 있는 기회가 되기 때문이다. 또한 직원을 위한 면담임을 분명히 해주는 까닭에 직원이 필요로 하는 만큼 시간을 정하게 된다. 직원을 위한 면담이므로, 관리자는 10퍼센트만 이야기하고 90퍼센트는 들어야 한다. 일반적인 일대일 면담과는 정반대라는 점에 주목하라.

안건 설정과 이야기가 관리자의 일이 아닌 반면, 관리자는 직원으로부터 주요 현안을 이끌어내려고 노력해야 한다. 이런 노력은 내성적인 직원의 면담일수록 중요하다. 엔지니어들을 관리하는 책임자라면 직원의 입에서 현안을 끌어내는 일은 반드시 숙달해야 할 중요한 기술에 속한다. 다음은 내가 일대일 면담에서 매우 효과적이라고 생각한 질문들이다.

- 우리가 어떤 방법으로든 나아질 수 있다면 어떻게 하면 될까요?
- 우리 조직 제일의 문제는 무엇일까요? 그리고 그 이유는 무엇인가요?
- 여기서 일하는 데 흥미를 잃게 만드는 요소는 무엇인가요?
- 회사에서 누가 제일 재밌나요? 존경하는 사람은 누구인가요?
- 당신이 내 위치에 있다면, 무엇을 변화시키고 싶은가요?
- 제품의 어떤 점이 마음에 안 드나요?
- 우리가 놓치고 있는 가장 큰 기회는 무엇인가요?
- 우리가 해야만 하는데 하지 않고 있는 일은 무엇인가요?
- 우리 회사에서 근무하는 게 행복한가요?

결국 가장 중요한 점은 최상의 아이디어나 가장 풀기 어려운 문제, 가장 심각한 개인적 사정 등이 해결 가능한 사람에게 전달돼야 한다는 사실이다. 일대일 면담은 이를 가능하게 하는, 오랜 세월에 걸쳐 그 효과가 입증된 방법이다. 하지만 이보다 더 좋은 당신만의 방법이 있다면 그 방법에 안주해도 좋을 것이다.

문화를 프로그래밍하라

창업자 10명에게 기업문화가 무엇을 뜻하는지 물어보면 서로 다른 대답 열 가지를 듣게 될 것이다. 사무실 디자인, 가치관, 즐거움, 협력, 컬트와 유사한 것, 회사에 맞지 않는 직원 가려내기, 뜻이 맞는 직원 찾아내기 등의 다양한 답변이 나올 것이다. 그렇다면 과연 기업문화란 무엇인가? 문화가 중요한가? 문화가 중요하다면 얼마나 많은 시간을 문화에 할애해야 할까?

먼저 두 번째 질문부터 생각해보자. 기술업계 스타트업이라면 최우선으로 해야 하는 일은 제품 개발이다. 현재 시장을 지배하고 있는 방식보다 최소한 10배는 더 나은 제품을 개발해야 한다. 2~3배 좋아서는 시장의 판도를 바꿀 만큼 충분히 빠른 속도로, 또는 충분히 많은 양으로 소비되지 않을 것이다. 그다음으로 해야 하는 일은 '시장점유'다. 당신 회사가 10배나 더 좋게 무언가를 만들어냈다면, 분명 다른 회사도 그렇게 할 수 있다는 뜻이다. 따라서 그 누구보다 먼저 시장을 선점해야 한다. 경쟁 상품보다 10배나 더 나은 제품은 그리 흔치 않다. 그렇기 때문에 새롭게 시장을 점유한 제품을 자리에서 몰아내기가 오랫동안 자리를 차지하고 있었던 제품을 끌어내리는 것보다 훨씬 어렵다.

당신의 스타트업이 방금 언급한 이 두 가지에 실패한다면, 기업문화는 전혀 중요하지 않다. 세상은 일류 기업문화를 갖추고도 파산한 회사로 넘쳐난다. 문화는 회사를 먹여 살리지 못한다. 그렇다면 왜 기업문화에 신경을 써야 하는 것인가? 세 가지 이유에서다.

- 위에 언급한 두 가지 목표를 이루는 데 도움이 되는 한 기업문화는 중요하다.
- 기업문화는 회사가 성장해나갈 때 핵심 가치를 유지하게 해준다. 그럼으로써 회사를 더 일하기 좋은 곳으로 만들며, 미래에 더 나은 성과를 올리는 데 도움을 준다.
- 아마도 가장 중요한 이유일 듯한데, 회사를 성공 궤도에 올려놓기 위해 당신과 직원들이 초인적인 힘을 발휘해 그 많은 일을 해내고 나서 보니 당신조차 일하기 싫은 기업문화가 형성돼 있다면 엄청난 비극일 것이다.

기업문화 창출하기

여기서 기업문화라 함은 회사의 가치관이나 직원만족도 같은 여타 중요한 활동을 의미하지 않는다. 구체적으로 나는 일하는 방식의 설계에 대해 이야기할 것이다. 이 방식은 회사에 다음과 같은 기여를 하게 될 것이다.

- 당신 회사를 경쟁 회사와 구별할 것이다.
- '고객을 기쁘게 하기'나 '아름다운 제품 만들기'와 같은 사업 운

영의 중요한 가치관을 고수하도록 도울 것이다.

- 회사의 사명에 적합한 직원을 식별하는 데 도움을 줄 것이다.

문화는 여타 맥락에서 다른 많은 것을 의미할 수 있지만 여기서 다루기에는 위에 언급한 사항만으로도 충분하다고 생각한다.

회사에 문화를 조성하기 시작할 때 명심할 점이 있다. 미래에 회고적으로 언급될 당신 회사 문화의 대부분은 기업문화로서 시스템에 맞춰 설계되는 게 아니라, 당신과 초창기 직원들의 행동에 기초해 시간과 더불어 서서히 진화한다는 사실이다. 그러므로 당신은 오랜 시간 동안 많은 행동 방식에 영향을 미치게 될 몇 가지 문화 설계 포인트에 중점을 둬야 한다.

짐 콜린스(Jim Collins)는 베스트셀러 《성공하는 기업들의 8가지 습관》에서 자신이 연구한 오래 지속된 기업들에게서 볼 수 있었던 공통점 중 하나를 "컬트와 유사한 문화"라고 소개했다. 나는 이 표현이 혼란스럽게 느껴졌다. 마치 기업문화가 아주 기이하고 그 문화에 광적으로 열광하기만 하면 문화적인 측면에서 성공할 것이라는 암시처럼 들렸기 때문이다.

이 관점은 사실과 관련이 있을 수는 있어도 실제로 사실은 아니다. 적절하게 설계된 문화가 훗날 돌이켜볼 때 결국 컬트와 유사해 보이는 경우가 흔히 있다는 점에서는 콜린스의 말이 맞지만, 컬트 같은 문화가 애초의 설계 원칙이 되는 경우는 없다. 그러니까 당신은 회사가 외부 사람들 눈에 어떻게 하면 기이하게 보일 수 있을지 애써 고민할 필요가 없다. 하지만 어떻게 하면 사람들이 일상적으로 하는 일을 변화시키기에 충분할 만큼 도발적일 수 있을지는 생각해볼 필요가 있다.

이상적인 문화 설계 포인트는 이행하기에는 사소해 보여도 결과적인 행동 방식 변화에는 지대한 영향을 미치도록 구상하는 것이다. 이런 종류의 메커니즘을 갖게 만드는 열쇠는 충격 요법이다. 기업문화에 무언가 아주 충격적인 것을 더하면 그것은 언제나 대화를 창출하고 행동을 변화시킨다. 영화 〈대부〉에서 그 예를 볼 수 있다. 할리우드 거물에게 누군가의 일자리를 부탁했는데도 묵묵부답이다. 그의 침대 위에 말의 머리를 가져다 놓자 실업자 한 사람이 사라진다. 충격은 행동 방식 변화에 아주 효과적인 메커니즘이다. 다음의 세 가지 사례를 살펴보자.

1. 문으로 만든 책상

아마존닷컴(Amazon.com)의 창립자 겸 CEO 제프 베이조스(Jeff Bezos)는 애초부터 고객에게서 가치를 얻어내는 게 아니라 고객에게 가치를 전달해 수익을 창출하는 회사를 구상했다. 그렇게 하기 위해 가격과 고객 서비스 양면에서 장기적으로 앞서가길 원했다. 비용으로 많은 돈을 소비하면서 이렇게 할 수는 없었다. 수년에 걸쳐 모든 비용을 감사하고 초과 지출한 직원에게 호통을 치며 비용을 절약할 수도 있었 겠지만, 제프는 다른 방법을 선택했다. 절약 정신을 문화화하기로 결정한 것이다.

그는 믿기 힘들 정도로 간단한 방식을 사용했다. 아마존닷컴의 모든 책상을 영구히 홈디포(Home Depo, 미국에 본사를 둔 건축자재 및 인테리

어 용품 소매업체 - 옮긴이)에서 값싼 문짝을 구매해 다리를 붙여 제작하기로 한 것이다. 문으로 만든 책상은 인체 공학적으로 그다지 좋지 않고 1,500억 달러라는 시가총액과도 어울리지 않는다. 그러나 충격에 휩싸인 신입 사원이 왜 홈 디포의 무작위 부품을 이용해 임시변통으로 만든 것 같은 책상에서 근무해야 하는지 물으면 예외 없이 기를 죽이는 답변을 듣게 된다. "우리는 최고 제품을 최저 가격에 배송하기 위해 비용을 절감할 수 있는 모든 기회를 강구합니다." 문으로 만든 책상에 앉아 근무하는 게 싫다면 아마존닷컴에 오래 다닐 수 없을 것이다.

2. 지각 1분에 10달러

벤처캐피털 앤드리슨호로위츠(Andreessen Horowitz, a16z)를 설립했을 때 마크와 나는 기업가들을 깊은 존경심으로 대하는 회사를 만들고 싶었다. 기업 구축 과정이 심리적으로 얼마나 혹독한지 기억하고 있었기 때문이다. 만약 스타트업이 베이컨과 달걀 위주의 아침식사라면, 우리는 닭을 가지고 있는 것이고 기업가는 돼지 그 자체라 할 수 있다. 즉 우리는 그저 관여할 뿐이지만 기업가는 자신의 모든 것을 바쳐 일한다. 나는 우리 회사가 그 사실을 존중하는 회사가 되길 바랐다. 우리는 기업가와의 회의에 언제나 제 시간에 참석하는 것이 존경심을 표하는 한 가지 방법이라 생각했다. 우리가 기업가 입장에서 방문했던 그 많은 벤처캐피털리스트들이 그랬던 것처럼, 더 중요한 업무가 있다며 고객을 회사 로비에서 30분씩 기다리게 하고 싶지 않았다.

우리는 직원들이 기업가들을 위해 정시에 맞춰 준비하고 집중하길 원했다. 하지만 어디서든 일해본 사람이라면 이렇게 하기가 말은 쉬

워도 행하기는 어렵다는 사실을 알 것이다. 우리는 회사에 올바른 행동을 불러오기 위한 충격 요법으로, 기업가와의 회의에 1분 늦을 때마다 10달러 벌금을 강제하는 제도를 가차 없이 시행했다. 예를 들어, 정말 중요한 전화를 받아야 해서 회의에 10분 정도 늦겠다고 한다면? 문제없다. 100달러를 들고 회의에 들어와 벌금을 내면 된다. 새로운 직원이 합류해 이 제도를 충격적으로 받아들이면, 그 기회를 이용해 우리가 기업가를 존중하는 이유를 자세히 설명한다. 기업가들이 벤처 캐피털리스트들보다 더 중요하다고 생각하지 않는 사람은 앤드리슨 호로위츠에서 일할 수 없다.

3. 빨리 움직여 무언가를 깨뜨려라

마크 저커버그는 혁신을 믿는다. 큰 리스크를 무릅쓰지 않고는 큰 혁신도 있을 수 없다고 믿는다. 그래서 페이스북 초창기에 그는 충격적인 좌우명을 내세웠다. "빨리 움직여 무언가를 깨뜨려라"(Move fast and break things). 이 CEO는 정말 직원들이 무언가를 깨뜨리길 원했을까? 무언가를 깨뜨리라니! 좌우명이 너무 충격적이어서 보는 사람마다 멈춰서 생각하게 되고, 생각할수록 깨닫게 된다. 빨리 움직여 혁신하다 보면 무언가를 깨뜨리겠구나. 당신 스스로에게 묻는다면 대답을 찾을 수 있을 것이다. "내가 이 돌파구를 시도해야 할까? 아마 멋질 거야, 하지만 단기적으로 문제를 야기할 수 있어." 혁신적이기보다 올바르길 원한다면 당신은 페이스북에 맞지 않을 것이다.

당신 회사에 맞는 충격 요법이 정확한 형태를 갖추기 전에 그 메커니즘이 당신 회사의 가치관과 일치하는지 확인하라. 예를 들어, 잭 도시(Jack Dorsey)는 스퀘어(Square, 모바일 결제 서비스 회사 – 옮긴이)에 있는 사무용 책상을 결코 문짝으로 만들거나 하지는 않을 것이다. 왜냐하면 스퀘어에서는 아름다운 디자인이 절약 정신을 능가하기 때문이다. 스퀘어에 들어서면 그들이 디자인을 얼마나 진지하게 생각하는지 느낄 수 있다.

요가는 기업문화가 아니다

오늘날의 스타트업들은 스스로를 돋보이게 하려고 온갖 종류의 일을 벌인다. 훌륭하고, 독창적이고, 별난 일을 많이 벌이지만 이들 대부분은 기업문화를 정의할 수 없을 것이다. 회사에서 요가 시간을 준다고? 물론 요가를 좋아하는 사람들에게는 요가로 인해 그 회사가 더 근무하기 좋은 회사가 될 수 있다. 요가를 좋아하는 사람들에게는 요가가 팀워크를 쌓는 훌륭한 훈련이 될 수도 있다. 그럼에도 불구하고 요가는 기업문화가 될 수 없다. 요가는 사업을 추진하고 영구히 촉진하는 데 도움이 되는 핵심 가치를 정립하지 않는다. 요가는 사업이 이루고자 목표로 삼는 것과의 관련성이 명확하지 않다. 요가는 하나의 특전일 뿐이다.

반려견을 사무실에서 키우게 하는 것 역시 충격적일 수 있다. 하지만 동물 애호가들을 환영한다거나 직원들의 삶의 방식을 존중한다는 사실이 어떤 사회적인 가치를 제공할 수는 있어도 사업과의 뚜렷한 연관성을 보여주지는 못한다. 모든 스마트한 회사는 직원을 가치 있게 생각한다. 특전은 좋은 것이지만 문화는 아니다.

기업문화의 진짜 역할

CEO의 책무 가운데 하나는 무엇을 해야 할지 아는 것과 CEO가 원하는 일을 회사가 하도록 만드는 것이다. 적절한 기업문화를 설계해놓으면 아주 오랫동안 중요한 특정 영역에서 CEO가 원하는 일을 회사가 하도록 만드는 데 도움이 될 것이다.

회사를 키우는 데도 요령이 필요하다

영향력이 큰 회사를 세우길 원한다면 일정 시점에서 규모를 확대해야 한다. 스타트업 세계에서는 얼마나 적은 사람들이 초창기 구글이나 페이스북을 세웠는지에 관한 마법 같은 이야기가 회자되곤 한다. 하지만 오늘날 구글은 직원을 2만 명이나 고용하고 있고, 페이스북에는 1,500명 이상이 근무하고 있다. 따라서 무언가 중대한 일을 해내고 싶다면 조직규모 확대라는 마술을 배워야 한다. 이사회 임원들은 흔히 기업가에게 규모 확대와 관련하여 다음 두 가지 조언을 한다.

- 멘토를 구하라.
- 조직규모를 확대하는 법을 알고 있는, '다 겪어봐서 경험이 풍부한' 임원을 찾아라.

그런대로 괜찮은 조언이지만 몇 가지 중요한 한계가 있다. 첫 번째, 만약 당신이 조직규모 확대와 관련해 아무런 지식이 없다면 그 일에 적합한 사람을 판단하기가 아주 힘들 것이다. 프로그램 하나 짜본 적이 없는 사람이 끝내주는 엔지니어를 찾고 있다고 상상해보라. 두 번째, 투자자 겸 이사인 이사회 임원들도 많은 경우 회사의 규모 확대에 대해 아무것도 모른다. 따라서 조직 확대와 관련한 경험은 있을지언정 뛰어난 기술은 없는 사람에게 현혹될 수 있다. 당신이 큰 조직에서 일해본 적이 있다면, 큰 규모를 운영해본 경험은 있지만 '훌륭하게' 운영하는 데 필요한 기술은 갖추지 못한 사람이 흔하다는 사실을 잘 알것이다.

위에 언급한 두 가지 조언도 나름 훌륭하지만 최고의 멘토와 최적의 임원을 고르는 올바른 길은 우선 조직 확대와 관련된 기본을 익히는 것이다. 그런 다음에 경영서에 나오는 다양한 규모 확대 기술을 상황에 따라 적용해야 한다.

조금씩 자리를 내줘라

조직규모가 커지면 전에는 쉬웠던 일도 어려운 게 된다. 특히 다음과 같은 것들은 회사가 작을 때는 아무런 문제가 되지 않지만 회사가 성장하면서 큰 도전이 된다.

- 커뮤니케이션
- 공통의 지식
- 의사결정

문제를 확실히 이해하기 위해 한계 조건부터 살펴보자. 직원이 하나인 회사를 상상해보라. 혼자서 모든 코드를 작성하고 테스트하며, 마케팅과 세일즈도 뛰고, 스스로 관리자 역할까지 한다. 회사와 관련된 모든 것을 속속들이 알고 있고, 혼자서 모든 결정을 내리며 다른 사람과 소통할 필요도 없고, 모든 것을 자신에게 맞추면 된다. 회사 규모가 커지면 이 모든 게 각 차원에서 악화될 것이다. 반면, 회사가 성장하지 않으면 결코 제대로 된 회사라 할 수 없을 것이다. 따라서 문제는 성장하되 부정적인 변화를 최대한 늦추는 것이다.

미식축구에 이와 아주 유사한 예가 있다. 공격팀의 라인맨이 하는 일은 돌진하는 수비팀의 라인맨으로부터 쿼터백을 보호하는 것이다. 이때 공격 라인맨이 자신의 위치를 고수하면 수비 라인맨이 공격 라인맨을 쉽사리 비켜가 쿼터백을 압도할 것이다. 결과적으로 공격 라인맨은 서서히 경합에서 물러나거나, 아니면 '내키지 않지만 자리를 내줘야 함'을 배우게 된다. 물러서서 수비 라인맨의 전진을 허용해야 함을 배우게 된다. 한 번에 조금씩 물러서는 것이다.

조직규모를 확대할 때도 이와 마찬가지로 당신의 자리를 조금씩 내줘야 한다. '전문화', '조직 설계', '프로세스', 이 모두가 상황을 복잡하게 만들고, 이를 이행하면서 당신이 공통의 지식과 질 높은 커뮤니케이션으로부터 멀어져가고 있다고 느끼게 될 것이다. 공격 라인맨이 한 발 물러서는 것과 아주 유사하다. 당신은 자리를 조금 내주겠지만 회사가 혼돈 상태에 빠지는 것을 막을 수 있을 것이다.

직원 충원 작업이 신규 직원에게 넘길 수 있는 업무보다 더 과중하게 느껴질 때는 수비 라인맨이 이미 당신을 비켜간 것이다. 내키지 않더라도 이제 당신의 자리를 조금씩 내주기 시작해야 한다.

전문화

조직규모 확대를 위한 첫 번째 기술은 전문화다. 스타트업의 직원들은 처음에는 온갖 종류의 일을 다 한다. 예를 들어 엔지니어가 코드도 작성하고, 시스템 구축도 관리하며, 제품도 테스트하고, 점차 제품 배치 및 운영까지 한다. 이렇게 하더라도 처음에는 잘 돌아간다. 조직 구성원 모두가 모든 일을 파악하고 있으며, 커뮤니케이션도 최소 수준이면 되기 때문이다. 업무를 전달하고 말고 할 사람도 없으니 복잡한 업무 인계도 없다. 그런데 회사가 성장할수록 새로운 엔지니어를 충원하는 게 점점 어려워진다. 학습 곡선이 엄청나게 가팔라지기 시작하기 때문이다. 신규 엔지니어에게 기대 수준을 보이도록 교육하는 것이 자신이 손수 일하는 것보다 더 힘들어진다. 이 시점이 되면 전문화가 필요하다.

구축 환경, 시험 환경, 운영 등과 같은 업무를 전문적으로 담당하는 직원들이나 팀을 만들어놓으면 몇 가지 복잡한 문제도 발생한다. 부서 간 업무 전달, 갈등의 가능성이 있는 의제, 공통의 지식이 아닌 전문화된 지식 등과 관련된 문제가 생길 수 있는 것이다. 이런 문제들을 최소화하려면 '조직 설계' 및 '프로세스'와 관련한 기술을 함께 알아둬야 한다.

조직 설계

조직 설계의 첫 번째 규칙은 완벽한 조직 설계는 존재하지 않는다는 점이다. 어떤 식으로 설계하든 조직의 한 부분에서 커뮤니케이션을 최적화하면 다른 부분의 커뮤니케이션이 원활해지지 못하기 마련이다. 예를 들어, 당신이 엔지니어링 부서 밑에 제품관리팀을 두면 제품관리와 엔지니어링 사이의 커뮤니케이션은 최적화되겠지만 제품관리와 마케팅 사이의 커뮤니케이션에는 문제가 생긴다. 결과적으로 새로운 조직 구성을 발표하자마자 직원들은 거기서 결점을 찾아낼 것이고 그들의 말은 필경 옳을 것이다.

그럼에도 언젠가는 거대한 한 덩어리로 되어 있던 조직이 효율적으로 돌아가기 힘든 시점이 올 것이다. 그때는 여러 소집단으로 쪼갤 필요가 있다. 가장 기본적으로는 전문화된 각 부서에 자체 관리자를 배치하는 것을 고려할 수 있다. 예를 들어 품질보증 관리자를 둔다고 치자. 그다음에는 더 복잡한 사항이 대두한다. 클라이언트 엔지니어링과 서버 엔지니어링을 각각 별개의 부서로 분리해야 할까? 아니면 유스 케이스(use case, 사용자의 입장에서 시스템의 동작을 표현한 시나리오로, 시스템에 관련된 사용자의 요구사항을 알아내는 과정 – 옮긴이)에 따라 조직을 구성해 모든 기술 구성요소가 포함되게 해야 할까? 회사 규모가 아주 커지면, 전체 회사를 직무 중심으로, 예컨대 세일즈, 마케팅, 제품관리, 엔지니어링 등으로 조직할지 아니면 임무 중심으로 조직할지 결정해야 한다.

목표는 해악을 최소화할 수 있는 선택을 하는 것이다. 조직 설계를 회사의 커뮤니케이션 구조라고 생각해보라. 직원들 사이의 효과적인 소통을 원한다면 최선의 방법은 같은 관리자에게 보고하도록 하는 것이다. 이에 반해 조직도상에서 더 멀어질수록 소통도 더 부족해진다.

또한 조직 설계는 회사가 외부 세계와 소통하는 방법을 구조화한다. 예를 들어 이런 상황을 생각해보자. 세일즈 부서를 제품에 따라 조직할 수 있다. 관련 제품 부서들과의 소통을 극대화하고 세일즈 부서의 제품 관련 지식을 극대화하기 위해서 말이다. 이렇게 하면 다양한 종류의 제품을 구매하는 고객들은 여러 명의 세일즈 담당자를 상대해야 하는 불편함을 감수해야 할 것이다. 이런 점을 염두에 두고 다음에 제시한 조직 설계의 기본 단계를 살펴보자.

1. 무엇이 소통돼야 하는지 알아보라

가장 중요한 정보와 그 정보가 필요한 사람이 누구인지 목록으로 작성해보라. 예를 들어, 제품 아키텍처 관련 정보는 엔지니어링, 품질보증, 제품관리, 마케팅, 세일즈 등의 부서에서 알고 있어야 한다.

2. 결정이 필요한 게 무엇인지 알아보라

빈번하게 결정을 내려야 하는 이슈의 유형을 생각해보라. 제품의 특징 선정, 아키텍처와 관련된 결정, 프로그램 지원 관련 문제해결법 등이 있을 것이다. 지정된 관리자의 관할 영역 안에서 최대한 많은 의사결정을 하게 하려면 어떻게 조직을 설계해야 할까?

3. 커뮤니케이션과 결정 경로의 우선순위를 정하라

제품관리자가 제품 아키텍처를 이해하는 것이 더 중요한가, 아니면 시장을 이해하는 것이 더 중요한가? 엔지니어가 고객을 이해하는 것이 더 중요한가, 아니면 제품 아키텍처를 이해하는 것이 더 중요한가?

우선순위는 회사의 현재 상황을 기초로 함을 명심하라. 상황이 변화하면 우선순위도 바뀔 수 있다.

4. 각 부서를 누가 이끌 것인지 결정하라

이 단계가 첫 번째가 아닌 네 번째임에 주목하라. 당신은 관리자가 아니라 실무 직원들에게 최적화된 조직을 만들어야 한다. 조직을 설계할 때 범하는 큰 실수 하나는, 조직 윗부분에 있는 사람들의 개인적인 야망을 조직 아랫부분에 있는 사람들을 위한 소통 경로보다 우선시하는 것이다. 부서 리더 선임이 겨우 네 번째 단계여서 관리자들은 언짢을 수도 있지만, 이를 받아들일 수밖에 없을 것이다.

5. 최적화되지 않은 경로를 찾아보라

최적화할 커뮤니케이션 경로를 정하는 것만큼 중요한 것은 그렇게 하지 못한 곳을 찾아내는 일이다. 우선순위 목록의 아래쪽에 있다고 해서 중요하지 않은 것은 아니다. 최적화하지 못한 경로를 완전히 무시한다면 분명 큰 문제가 돼 돌아올 것이다.

6. 앞선 다섯 단계에서 확인한 문제를 해소할 계획을 세워라

발생 가능성이 있는 문제를 확인했으면, 조직 전반에 닥칠 문제를 수습하기 위해 구축해야 할 프로세스를 마련해야 한다.

이 여섯 단계는 조직 설계에 상당한 진척을 가져올 것이다. 다소 복잡한 조직 설계를 점검할 때는 다음 사항도 고려해야 한다. 속도와 비용

중에 어떤 것을 택할 것인가의 문제, 조직 변화를 추진하는 방법, 얼마나 자주 조직개편을 해야 하나 등등 말이다.

프로세스

프로세스의 목적은 커뮤니케이션이다. 5명이 일하는 회사라면 프로세스가 필요 없다. 그냥 서로 이야기하면 되기 때문이다. 업무상 기대되는 바를 완벽하게 이해한 상태에서 서로에게 업무를 인계할 수 있고, 한 사람에게서 다른 사람에게 중요한 정보를 전달할 수 있으며, 관료주의적 절차에 수반되는 비용 발생 없이 고품질의 업무를 유지할 수 있다. 하지만 직원이 4,000명이라면 얘기가 달라진다. 이 경우 커뮤니케이션은 더 힘들어진다. 임시방편적이고 두 사람 사이에서 이루어지는 의사소통은 더 이상 효과가 없다. 무언가 좀 더 견실한 것이 필요하다. 커뮤니케이션 버스와도 같은 것, 바로 프로세스가 필요한 것이다.

프로세스는 잘 구성된 공식적인 커뮤니케이션 수단이다. 프로세스는 복잡하게 설계된 식스 시그마(Six Sigma) 절차일 수도 있고 잘 짜인 정기 회의일 수도 있다. 프로세스의 규모는 커뮤니케이션 상황의 필요에 따라 확대될 수도 있고 축소될 수도 있다.

커뮤니케이션의 범위가 여러 부서에 걸치는 경우, 프로세스가 잘 설계돼 있으면 질 높은 소통이 가능해진다. 회사에 도입할 첫 프로세스를 찾고 있다면 면접 프로세스를 고려해보라. 이 프로세스는 대개 채용 부서, 인사부, 지원 부서 등 여러 부서에 걸쳐 있고, 회사 밖의 사람들, 즉 지원자와 관련되며, 회사의 성공에 대단히 중요하다.

그렇다면 프로세스는 누가 설계해야 할까? 이미 나름대로 임시 프로세스를 적용하고 있는 직원들이다. 그들은 무엇이 소통돼야 하고 누구와 소통해야 하는지 알고 있다. 현재 사용되는 프로세스를 공식적으로 체계화하고 규모 확대가 가능하게 만들 주체로서 당연히 그들이 적임자다.

언제 프로세스 시행을 시작해야 할까? 상황에 따라 다르겠지만, 일반적으로 새로운 직원에게 기존 프로세스를 따르도록 하는 것이 기존 직원에게 새로운 프로세스를 따르도록 하는 것보다 훨씬 쉽다. 새 직원들이 쉽게 따를 수 있도록 현재 사용하고 있는 프로세스를 공식화하라.

프로세스 설계에 관해서는 이미 많은 글이 나와 있으므로 여기에 일일이 언급하지는 않겠다. 나의 경우 앤디 그로브의 저서 《하이 아웃풋 매니지먼트》 첫 장에 나오는 '생산의 기본'이 특히 도움이 됐다. 새로 창업한 기업이 명심해야 할 점들은 다음과 같다.

- **먼저 성과에 초점을 맞춰라** 프로세스가 생산해내야 하는 것이 무엇인가? 면접 프로세스의 경우, 뛰어난 신입 사원이다. 이러한 목표를 이루기 위한 프로세스가 제대로 만들어져 있는가?
- **각 단계에서 자신이 원하는 것을 얻고 있는지 알아낼 방법을 찾아라** 충분히 많은 사람이 지원하고 있는가? 적합한 지원자가 있는가? 당신의 면접 프로세스가 채용하고자 하는 자리의 적임자를 찾아줄 것인가? 회사에서 채용을 결정했을 때 지원자가 그 자리를 받아들일 것인가? 지원자가 입사를 결정했다면 과연 그가 생

산적인 직원이 될 수 있을까? 생산적인 직원이 됐다면 계속해서 회사를 다닐 것인가? 이런 각 단계를 어떻게 판단할 것인가?

- **프로세스 체계 안에 책임을 적용하라** 각 단계별로 어떤 부서 또는 개인에게 책임이 있는가? 성과의 가시성을 증대하기 위해 무엇을 할 수 있는가?

관건은 성장의 속도

회사 규모를 확대하는 과정은 제품 규모를 확대하는 과정과 다르지 않다. 회사 크기가 달라지면 회사 구조에 필요한 요건도 달라진다. 이런 요건을 너무 초기에 도입하면 회사가 무겁고 둔해 보일 것이다. 하지만 너무 늦게 도입하면 회사가 이런저런 압박감에 주저앉을 수 있다. 구조적인 요소를 더할 때는 회사의 실제적인 성장 속도를 반드시 염두에 둬라. 성장을 예상하는 것은 좋지만 과도한 예측은 좋지 않다.

임원의 규모 확대 능력을 예단하지 마라

일전에 친구 둘과 대화를 나눈 적이 있다. 한 사람은 벤처캐피털리스트였고, 다른 한 사람은 CEO였다. 우리의 대화는 CEO인 친구 회사의 한 임원에 대한 내용으로 넘어갔다. 그 임원은 업무수행에서 특별히 뛰어났지만 더 큰 규모를 관리한 경험이 부족했다. 벤처캐피털리스트인 친구는 CEO인 친구에게 순진하게 조언했다. 그 임원이 장래에 회사의 니즈에 부응해 규모를 확대해나갈 수 있을지 신중히 고려해보라는 조언이었다.

나는 즉시, 공격적으로, 소리 높여 응수했다. "그런 끔찍한 생각이 어디 있나? 말도 안 되는 소리일세." 두 친구는 내가 분통을 터뜨리자 깜짝 놀랐다. 통상 나는 내 감정을 뇌에서 점검해보지도 않고 입 밖으로 바로 내뱉을 만큼 자기 통제력이 없는 사람이 아니다. 그렇다면 내가 분통을 터뜨린 이유는 무엇일까? 여기 내 대답이 있다.

CEO는 모든 팀 구성원을 끊임없이 평가해야 한다. 하지만 미래에 생길 회사의 니즈에 따라 어떻게 업무를 수행할지 이론적인 견지에서 직원을 평가한다는 것은 무척이나 비생산적이다. 다음과 같은 이유에서다.

- **규모에 따른 관리 노하우는 타고나는 능력이라기보다 습득하는 기**

술에 가깝다** 엄마 뱃속에서 나오면서 1,000명의 직원을 관리하는 방법을 알고 있는 사람은 아무도 없다. 모두 어떤 시점에서 배우는 것이다.

- **미리 판단하는 것은 거의 불가능하다** 어떤 임원이 규모를 확대해 나갈 수 있을지 어떻게 미리 알 수 있을까? 빌 게이츠가 하버드 중퇴자였을 때 그가 회사 규모를 확대해가는 법을 배울 거라는 사실이 그렇게 명백했던가? 그런 판단을 어떻게 내릴 수 있단 말인가?

- **직원을 미리 판단하는 행위는 그들의 성장을 저해한다** 더 큰 조직을 운영하는 것과 같은 일을 하는 데 있어 누군가가 부적격하다고 판단했다면, 그들에게 그런 일을 하기 위한 기술을 가르친다는 것은 말이 되는가? 아니 심지어 누군가에게 예상되는 결함을 지적한다는 것은 말이 되는가? 물론 말이 안 된다. 이미 그들이 할 수 없다고 못 박았지 않은가.

- **규모 확대 능력이 있다고 판단되는 임원을 너무 일찍 고용하는 것은 큰 실수다** 위대한 임원이라는 것은 없다. 단지 특정 회사의 특정 시점에 위대한 두각을 나타내는 임원이 있을 뿐이다. 마크 저커버그는 페이스북의 경이로운 CEO다. 그가 오라클에서도 훌륭한 CEO가 될 수 있었을까? 마찬가지로 래리 앨리슨(Larry Ellison)은 오라클을 멋지게 이끌고 있지만 페이스북을 운영하기에는 적임자가 아닐 것이다. 당신이 만약 임원진을 미리 판단해 보고는 그들이 부적합하다고 여겨 심한 긴박감에 휩싸이게 된다면, 대규모의 조직을 관리할 수 있는 임원들을 필요한 시기보

다 앞당겨 불러들일 가능성이 농후해진다. 유감스럽게도 당신은 아마 그들을 영입한 뒤 12개월 동안 그들의 업무 능력을 무시하게 될 것이다. 그 12개월이 규모 확대 능력을 판단할 유일한 척도인데 말이다. 결과적으로 훌륭한 임원들을 형편없는 임원들과 교체한 셈이 될 것이다.

- **회사가 더 큰 규모에 다다르면 실제로 임원의 능력을 판단해야 하는 시점이 오기 마련이다** 만약 당신이 규모 확대 능력이 있는 임원을 너무 일찍 영입하거나 기존 임원의 성장을 저해하는 함정에 빠지지 않았다 할지라도, 임원의 능력을 예단한 것으로 실질적인 어떤 이득도 얻지 못한다. 당신이 A라는 시점에서 어떤 결정을 내렸든, B라는 시점에서 훨씬 더 나은 데이터를 가지고 여전히 상황을 판단해야 할 것이다.

- **인생 면에서든 조직 운영 면에서든 바람직하지 않다** 창업 당시부터 몸 바쳐 일하고 훌륭하게 일을 완수하며 임무 수행에 충성스럽게 기여한 누군가를 한심할 정도로 불충분한 데이터를 바탕으로 3년 뒤 함께 일할 수 없는 자원으로 미리 낙인찍는다면, 당신의 회사는 어두운 세계로 들어서게 될 것이다. 그곳은 정보가 은닉되고 부정직하며 형식적인 의사소통만이 이뤄지는 곳이다. 편견이 판단을 대신하는 곳이다. 비판이 가르침을 대신하는 곳이다. 팀워크가 내분으로 변모하는 곳이다. 그곳에 발을 들이지 마라.

그렇다면 사람들의 규모 확대 능력을 속단하지 않으면서 판단을 내리는 방법은 무엇인가? 최소한 분기당 한 번 모든 차원에서 팀을 평가해야 한다. 규모 확대 능력을 예단하는 실수를 피하는 두 가지 비결은 다음과 같다.

- **규모 확대 능력을 분리해서 평가하지 마라** 의문을 가져야 하는 점은 임원이 규모를 확대할 수 있느냐가 아니다. 그 임원이 현재 규모에서 임무를 수행할 수 있느냐다. 항상 전체적으로 평가해야 한다. 그러면 규모 확대 능력만을 따로 떼어 평가하지 않게 될 것이다. 규모 확대 능력만을 분리해서 평가하다 보면 흔히 현명하지 못한 미래 실적 예측으로 이어진다.
- **절대적인 규모가 아닌 상대적인 규모로 판단하라** 어떤 임원이 훌륭한지 자문하는 것은 대답을 얻기 심히 어려울 수 있다. 여기 더 나은 질문이 있다. 정확히 현 시점에 우리 회사에 내가 영입할 수 있고 더 발전할 수 있는 임원이 존재하는가? 최대 경쟁사가 이 임원을 영입한다면 우리 회사의 성공 가능성에 어떤 영향을 미칠 것인가?

임원들의 규모 확대 능력을 예단하는 것은 부당하고 무익한 일이며, 무엇보다도 당신의 경영 능력을 혼탁하게 만든다.

THE HARD THING

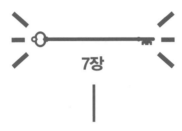

7장

방향 감각을 상실했을 때

ABOUT HARD THINGS

보통 수준의 CEO들은 자신의 뛰어난 전략적 조치나 직관적인 사업 감각,
또는 여타의 다양한 자기만족적인 설명을 늘어놓는다.
하지만 위대한 CEO들은 놀라울 정도로 대답이 일치한다. 그들은 모두 이렇게 말한다.
"그만두지 않았을 뿐입니다."

> 이건 이웃의 모든 빈민가를 위한 거야.
>
> 우두머리 나스, 슈퍼 캣 돈 다다, 알아들어?
>
> **나스의 〈더 돈(The Don)〉**

라우드클라우드 사업을 EDS에 매각한 뒤 우리는 곧바로 새로운 위기에 직면했다. 투자자들은 재원과 고객을 모두 팔아버린 우리에게 더이상 투자할 만한 것이 남지 않았다고 판단했다. 결과적으로 기관 투자가들은 옵스웨어 주식을 모두 팔았고, 우리의 주가는 주당 35센트로 떨어졌다.

알고 보니 이는 주목할 만한 가격이었다. 시가총액이 우리가 은행에 가지고 있던 현금의 절반과 같은 액수로 산출됐기 때문이다. 이는 곧 투자자들이 옵스웨어 사업이 가치가 없다고 믿는다는 의미였고, 더 나아가 우리가 보유 현금의 절반을 소진한 후에야 제정신으로 돌아와 투자자들에게 남은 현금이나마 돌려줄 것으로 생각한다는 뜻이었다.

게다가 더욱 비참하게도 나스닥에서 통지가 날아왔다. 앞으로 90일 안에 주가를 1달러 이상으로 올려놓지 않으면 상장을 폐지할 것이며, 그에 따라 우리 주식은 페니스톡(penny stock, 투기적 저가주로서 장외시장이나 작은 거래소에서 거래된다 - 옮긴이)으로 분류될 것이라는 내용이었다. 나는 이 유쾌한(?) 소식을 세 가지 선택지와 함께 이사회에 전했다.

- **주식병합** 10:1로 주식병합을 단행해 주식 수를 10분의 1로 줄이는 대신 가격은 10배로 높인다.
- **포기** 그냥 페니스톡이 된다.
- **장도에 오름** 투자자들을 끌어모으기 위한 장도에 올라 그들로 하여금 충분한 양의 주식을 사도록 해 주가를 3배로 끌어올린다.

이사회는 상황에 크게 공감하는 분위기였고 어떤 선택이든 받아들일 자세였다. 앤디 라흘레프는 투자자들 사이에서 주식병합에 관한 부정적인 인식이 줄었다고 지적했다. 순전히 투자자의 수가 줄어든 이유에서였다. 마크는 신문의 영향력이 사라진 경제 시대인 만큼 상장폐지가 그다지 크게 문제 되지 않을지도 모른다고 추정했다.

그래도 나는 주식병합을 택하고 싶지 않았다. 무엇보다도 항복하는 것처럼 느껴졌고 나약함의 극적인 표출 같았다. 주식병합은 우리가 정말로 은행에 보유한 현금의 절반 가치밖에 안 되는 것으로 내 스스로 믿고 있음을 시장을 향해 말하는 것 같았다. 나는 상장폐지도 원치 않았다. 언젠가는 마크의 말이 맞겠지만, 이 시대에는 다수의 기관 투자자들이 페니스톡을 매입하는 게 금지돼 있다는 사실도 알고 있었다. 나는 장도에 오르기로 결정했다.

문제는 누구를 만나러 가야 하는지였다. 당시 대부분의 기관 투자자들은 1달러 아래는 고사하고 10달러 아래의 주식에도 투자하지 않으려 했다. 그래서 마크와 나는 우리의 인맥 스승이자 유명한 엔젤 투자자(angel investor, 기술력은 있으나 자금이 부족한 창업 초기의 벤처기업에 자금을 지원하고 경영을 지도하는 개인투자자 – 옮긴이)인 론 콘웨이(Ron Conway)를 찾아가 조언을 구했다. 우리는 그에게 상황을 전하며 연간 2,000만 달러에 달하는 EDS와의 라이선스 계약만으로도 옵스웨어 사업은 가치가 있다고 설명했다. 또 유능한 팀과 엄청나게 많은 지적 재산권이 있다고 덧붙이며 우리 주식이 보유 현금의 절반 수준에 거래될 이유가 없다고 강조했다. 론은 주의 깊게 듣더니 이렇게 말했다. "내 생각에는 자네들이 허브 앨런(Herb Allen)을 만나야 할 것 같군."

나는 허브의 투자은행 앨런앤드컴퍼니(Allen & Company)에 대해 들어본 적은 있지만 그에 대해 잘 알지는 못했다. 앨런앤드컴퍼니는 세계 최고의 비즈니스 컨퍼런스를 개최하는 것으로 유명했다. 이 컨퍼런스는 초대받은 사람만 참석할 수 있으며, 다른 컨퍼런스에서는 결코 볼 수 없는 유명 인사들의 관심을 꾸준히 끌고 있다. 빌 게이츠, 워런 버핏, 루퍼트 머독 등과 같은 인물들이 고정 게스트다. 앨런앤드컴퍼니는 다른 모든 비즈니스 컨퍼런스를 합한 경우보다 더 많은 일류 게스트를 참석하게 하는, 그 정도로 대단한 회사다.

마크와 나는 맨해튼에 있는 앨런앤드컴퍼니 사무실에 도착했다. 허브의 아버지인 허버트(Herbert)가 다년간 이사를 역임한 코카콜라가 소유한 빌딩에 위치했다. 앨런앤드컴퍼니 사무실을 한마디로 묘사한다면 '고급스럽다'가 될 것이다. 아름답게 장식됐지만 화려하지는 않은, 우아하면서도 편안한 사무실이었다.

그의 사무실을 닮은 듯 허브도 겸손하면서 품격이 돋보였다. 그는 론을 칭찬하는 말로 회의를 시작했고 론이 소개한 사람은 누구든 개인적으로 중요하다고 말했다. 마크와 나는 허브에게 라우드클라우드와 관련된 이야기를 차근차근 했다. 어떻게 우리가 클라우드 서비스 사업을 EDS에 매각했고, 어떻게 소프트웨어와 주요 인재들을 보유했으며, 어떻게 소프트웨어 라이선스로 연간 2,000만 달러를 확보했는지 설명했다. 또한 우리가 아주 건실한 대차대조표를 보유하며 주당 35센트의 가치는 확실히 넘어선다고 덧붙였다.

허브는 전체적인 설명을 귀 기울여 듣고 나서 말했다. "제가 도움이 되고 싶군요. 어떻게 도울 수 있을지 한번 알아보겠습니다." 나는 그의 말뜻을 이해할 수 없었다. 실리콘밸리에서 통상 의미하는 "꺼져. 나는 페니스톡 같은 것은 안 사"라는 뜻인지 아니면 실제로 그가 한 말 그대로를 뜻하는 것인지 그 자리에서는 알 수가 없었다. 하지만 곧 그 의미를 알게 됐다.

그 후 두어 달에 걸쳐 앨런앤드컴퍼니는 옵스웨어 주식을 매입했고, 허브 앨런도 개인적으로 옵스웨어 주식을 샀으며, 앨런앤드컴퍼니의 몇몇 고객도 주요 투자자가 됐다. 그 덕분에 우리의 주가는 몇 달 만에 주당 35센트에서 3달러로 솟구쳤다. 우리는 상장폐지를 면했고, 주주 기반을 재건했으며, 직원들에게 희망을 줬다. 이 모든 게 오로지 허브 앨런과 가진 단 한 차례의 만남에서 연유했다.

수년 뒤 나는 허브에게 아무도 우리 회사의 가능성을 믿어주지 않을 때 왜 우리 회사를 믿고 투자했는지 그 이유를 물었다. 그러면서 그 당시 앨런앤드컴퍼니가 기술주에 그리 관여하지 않던 때였고 데이터센터 자동화와는 더욱 관련이 없어 보였음을 언급했다. 허브의 대답은 이랬다. "나는 당신 사업에 대해 아무것도 이해하지 못했고, 당신이 종사하는 업계에 대해서도 아는 게 거의 없었어요. 다만 내가 볼 수 있었던 것은 모든 상장기업 CEO와 회장들이 책상 밑에 숨어 있을 때 두 사람이 나를 찾아왔다는 거죠. 찾아왔을 뿐 아니라 대기업을 운영하는 사람들보다 더욱 성공에 대한 확신에 차 있었고 결연했죠. 용기와 투지에 투자하는 것은 나에게는 어렵지 않은 결정이었어요."

이것이 바로 앨런 허브가 사업을 하는 방식이다. 만일 허브와 사업할 기회가 주어졌는데도 이를 마다한다면 당신은 아주 바보 같은 짓을 하는 거다.

내가 기업가로서 배운 가장 중요한 교훈은 "바로잡아야 할 것에 집중하고, 내가 잘못했거나 잘못할지도 모르는 것에 대한 걱정은 멈추라"는 것이다. 이 장은 이 교훈의 다양한 측면을 압축하고 중요한 것들을 바로잡는 방법으로 안내한다.

가장 어려운 CEO 기술

지금까지 내가 CEO로서 배운 가장 어려운 기술은 내 자신의 심리를 관리하는 능력이다. 조직 설계, 프로세스 설계, 재무지표, 고용, 해고 등과 관련된 모든 것은 내 정신 상태를 점검하는 것과 비교하면 상대적으로 터득하기 쉬운 기술에 속한다. 나는 내가 심리적으로 강한 줄 알았다. 하지만 아니었다. 여리기 그지없었다.

수년에 걸쳐 수백 명의 CEO들과 이야기를 나눈 결과 모두 비슷한 경험을 공유한다는 사실을 알았다. 그럼에도 불구하고 자신의 심리에 대해 말하는 사람은 거의 없었고, 이 주제를 다룬 어떤 글도 본 적이 없었다. 마치 경영자들의 '파이트 클럽'(Fight Club, 동명의 소설 및 영화에 "파이트 클럽의 첫 번째 규칙은 파이트 클럽에 대해 말하지 않는 것"이라는 대사가 나온다-옮긴이)과 같은 분위기다. CEO의 심리적 붕괴에 대한 첫 번째 규칙 역시 그에 대해 논하지 않는 것인가 보다.

나는 이 신성시되는 규칙을 깨는 위험을 무릅쓰며 이 질환에 대해 서술하고 나에게 도움이 됐던 몇 가지 테크닉을 처방하려 한다. 결국 심리전은 어느 CEO나 직면하게 되는 가장 개인적이고 중요한 전투인 것이다.

일을 잘해내고 있는 것 같은데 왜 이리 기분이 찜찜하지?

일반적으로 목표의식이 높지 않거나 자신이 하는 일에 깊은 관심을 기울이지 않는 사람은 CEO가 될 수 없다. 더욱이 CEO는 다른 사람들이 함께 일하길 원할 만큼 뛰어나거나 영리해야 한다. 처음부터 나쁜 CEO가 되려고 하거나, 조직을 제대로 기능하지 못하는 방향으로 이끌려 하거나, 방대한 관료주의를 창출해 회사가 삐걱거리다 결국에는 멈춰 서게 하려는 사람은 아무도 없다. 하지만 평탄한 길을 걸어 위대한 기업을 만들어낸 CEO 또한 아무도 없다. 회사를 이끌다 보면 많은 일이 잘못되기 마련이다. 피할 수 있었고 또 피했어야만 하는 일들 말이다.

CEO가 겪는 첫 번째 문제는 CEO가 돼서야 CEO가 되는 법을 배운다는 점이다. 관리자나 임원, 또는 다른 역할을 수행하면서 쌓은 훈련은 사실 회사를 경영할 수 있도록 준비시켜주지 못한다. 회사를 경영할 수 있도록 준비하는 유일한 방법은 실제로 회사를 경영하는 것이다. 이는 곧 당신에게 없는 기술을 요하고 어떻게 하는지 모르는 광범위한 일단의 일에 직면하게 된다는 뜻이다. 그럼에도 모든 사람은 당신이 이런 일들을 할 줄 알 것으로 기대한다. 당신이 CEO이니까 말이다.

내가 처음 CEO가 됐을 때 한 투자자가 '자본구성표'(cap table)를 보내달라고 요청했던 일이 기억난다. 그가 무엇을 말하는지 어렴풋이 이해했지만 그 양식이 어떻게 생겨야 하는지 또는 어떤 항목이 포함되거나 제외돼야 하는지는 실제로 알지 못했다. 별것 아닌 사소한 거였고 나에게는 신경 써야 할 훨씬 더 중요한 일들이 많았다. 하지만 자신이 하고 있는 일이 실제로 무엇인지 모를 때는 모든 것이 힘든 법이다. 나는 그 빌어먹을 스프레드시트와 씨름하느라 꽤 많은 시간을 허비했다.

당신이 하고 있는 일이 무엇인지 알고 있다 하더라도 일은 잘못될 수 있다. 역동적이고 경쟁이 심한 시장에서 경쟁하고 승리하기 위해 다면적인 인간 조직을 건설한다는 것은 엄청나게 힘든 일이기 때문이다. 만약 CEO들을 상대평가 한다면 평균은 100점 만점에 22점 정도일 것이다. 이렇게 낮은 점수는 A학점만 받던 엘리트 CEO들에게 심리적인 도전이 될 수 있다. 특히 아무도 평균이 22점이라고 말해주지 않기 때문에 더 그렇다.

당신이 만약 10명으로 구성된 팀을 이끈다면 실수나 잘못된 행동 방식이 거의 없이 팀을 관리하는 게 가능하다. 하지만 1,000명으로 이루어진 조직을 관리할 때는 그렇게 하기가 거의 불가능하다. 회사가 일정 규모로 확대되면 회사 차원에서 아주 형편없는 일들이 일어난다. 당신이 그런 종류의 무능함과 연관됐다는 게 상상조차 되지 않을 만큼 말도 안 되는 일을 하게 된다는 뜻이다. 돈을 낭비하고 서로의 시간을 허비하며 엉성하게 일을 처리하는 직원들을 보면서 당신은 상심에 빠질 것이다. CEO라면 그런 것을 보고 화가 치밀어오르는 것도 당연하다.

상처에 소금을 뿌리는 말이겠지만, 이 모든 게 당신 잘못이다.

누굴 탓하겠어

재즈 뮤지션들을 탓할 순 없어.

데이비드 스턴의 NBA 복장 규정을 탓할 수도 없어.

나스의 〈힙합 이즈 데드(Hip Hop Is Dead)〉

우리 회사 사람들이 비용 보고 프로세스와 같은 이런저런 일들이 잘 못됐다고 불평하면 나는 모두 내 잘못이라고 농담 삼아 말하곤 했다. 이 농담이 아이러니한 것은 사실은 농담이 아니었기 때문이다. 회사 의 모든 문제는 정말로 내 잘못이었다. 회사를 설립한 CEO로서 회사 의 모든 고용과 모든 결정은 내 지휘하에서 이뤄졌다. 중간에 영입돼 모든 문제를 이전 CEO의 책임으로 돌릴 수 있는 해결사 CEO와는 달 리, 나에게는 말 그대로 탓을 돌릴 대상이 아무도 없었다.

만약 누군가 온갖 잘못된 이유로 승진했다면 그건 내 잘못이었다. 만약 우리가 해당 분기 실적 목표를 달성하지 못했다면 그것도 내 잘 못이었다. 훌륭한 엔지니어가 그만뒀다면 그것도 내 잘못이었다. 세일 즈팀이 제품 구성에 대해 불합리한 요구를 한다면 그것도 내 잘못이 었다. 제품에 버그가 너무 많아도 내 잘못이었다. CEO 자리는 그렇게 구렸다.

모든 일에 책임이 있다는 느낌과 평가에서 받는 22점은 당신의 의 식을 짓누르기 시작할 것이다.

망가진 것들이 너무 많아

이런 스트레스를 고려해볼 때 CEO는 종종 다음 두 가지 중 하나의 실수를 한다.

- 회사 문제를 지나치게 개인적인 것으로 받아들인다.
- 회사 문제를 지나치게 개인과는 별개의 것으로 받아들인다.

첫 번째 시나리오에서 CEO는 모든 문제를 대단히 심각하게 개인적으로 받아들여 이를 바로 잡기 위해 다급하게 움직인다. 문제의 규모를 감안해볼 때 이런 움직임은 대개 두 가지 중 하나의 시나리오로 귀결된다. 만약 CEO가 외향적이라면 팀을 공포에 떨게 만들고 결국 아무도 더 이상 회사에 다니고 싶지 않은 지경에까지 이르게 한다. CEO가 내향적이라면 모든 문제를 안고 고민하다가 몸이 안 좋아진 나머지 아침에 거의 일어날 수 없을 지경에까지 이를 수 있다.

두 번째 시나리오에서는 점점 커지는 재앙, 즉 회사를 보면서 느끼는 고통을 완화하기 위해 CEO는 극단적으로 낙천적인 태도를 취한다. 그리 나쁜 태도는 아니다. 이런 관점에서 보면 어떤 문제도 실제로 그렇게 나빠 보이지 않고 급히 처리할 필요도 없다. 문제를 합리적으로 해석함으로써 CEO는 스스로 편안한 마음을 갖는다. 그러나 문제는 이것이다. CEO가 실제로 어떤 문제도 해결하지 않는 것을 보고, 가장 기본적인 문제와 갈등마저 계속해서 무시하는 것을 보고 직원들은 결국 상당한 좌절감을 느낀다. 마침내 회사는 엉망이 된다.

이상적인 것은 CEO가 긴급성을 느끼면서도 제정신으로 움직이는 상태다. 감정적으로 죄책감을 느끼지 않으면서 공격적이고 단호하게 움직여야 한다. 사안의 중요성과 그것에 대해 자신이 느끼는 감정을 분리할 수 있는 CEO라면 직원들을 악마처럼 변하게 하거나 스스로 악마가 되는 일은 피할 수 있을 것이다.

외로움을 먹고 자라는 CEO

CEO로서 가장 암울한 시기에 회사의 생존 가능성과 관련된 본질적인 문제를 직원들과 논의하는 것은 분명 부정적인 결과를 초래할 수 있다. 한편 이사회와 외부 고문들과 의논하는 것도 성과가 없을 수 있다. 당신과 그들 사이의 지식격차가 너무도 커서, 결정을 내리는 데 유용할 만큼 충분히 그들에게 예비지식을 주며 상황을 이해시키는 것이 사실상 불가능하기 때문이다. 당신은 혼자인 것이다.

라우드클라우드 시절, 닷컴버블이 붕괴되고 그 결과 우리 고객의 대부분이 파산했을 때, 우리 사업은 큰 손상을 입었고 대차대조표도 말이 아니었다. 아니, 이건 한 가지 해석이라 할 수 있었다. 필연적으로 회사의 공식적인 이야기가 돼야 했던 다른 해석은 이랬다. "우리는 은행에 아직 많은 돈이 남아 있고, 닷컴기업이 아닌 전통적인 형태의 기업 고객들과 인상적인 속도로 계약을 체결하고 있다." 어떤 해석이 더 진실에 가까울까? 함께 상의할 사람이 아무도 없는 상황에서 내 자신에게 삼천 번 정도는 질문했던 것 같다. 특히 다음의 질문 두 가지가 내 머릿속을 어지럽혔다.

- 공식적인 해석이 잘못된 것이면 어쩌지? 내가 만일 투자자에서 부터 직원들까지 모두를 잘못 이끌고 있는 것이면 어쩌지? 그렇다면 나는 즉시 자리에서 제거돼야 마땅하지 않은가.

- 공식적인 해석이 맞으면 어쩌지? 내가 만일 아무런 이유 없이 머리가 터지도록 고민하고 있는 것이라면? 공연히 지휘 능력에 스스로 의문을 품고 회사를 정상 궤도에서 벗어나게 하고 있는 거라면 어쩌지? 그렇다면 나는 즉시 자리에서 제거돼야 마땅하지 않은가.

대개 그렇듯 이 경우도 시간이 흐른 후 되돌아보는 것 말고는 어떤 해석이 옳은지 알 방도가 없었다. 사실 둘 다 옳지 않았던 것으로 드러났다. 새로운 고객들이 우리를 구원하지 않았지만 우리는 또 다른 방법을 찾아 살아남았고 궁극적으로 성공에 이르렀다. 올바른 결과에 이르는 비결은 긍정적인 시나리오와 암울한 시나리오, 그 어느 쪽에도 치우치지 않는 것이다.

내 친구 제이슨 로젠탈은 2010년 닝의 CEO 자리에 올랐다. 그는 CEO가 되자마자 현금 위기에 직면했고, 세 가지 어려운 선택사항 중에서 하나를 택해야만 했다. 첫 번째, 회사 규모를 급격하게 축소한다. 두 번째, 회사를 매각한다. 세 번째, 우선주를 보통주로 전환하는 고도의 주가 희석으로 자본을 끌어들인다. 이 선택사항들을 하나씩 생각해보자.

- 그가 매우 공들여 채용한 많은 재능 있는 직원들을 해고하고, 그

결과 남아 있는 직원들의 사기를 심하게 떨어뜨릴 가능성이 있다.

■ 회사를 매각함으로써 지난 몇 년간 나란히 함께 일해온(제이슨은 사내 승진 CEO였다) 모든 직원을 팔아넘긴다. 그들에게 임무를 완수할 기회도 주지 않은 채 말이다.

■ 직원들의 주인 지위를 대폭 축소하고 그들의 노고를 경제적으로 의미 없게 만든다.

이런 선택은 두통을 유발한다. 여기서 대망을 품은 기업가들을 위한 조언이 하나 등장한다. 끔찍한 것과 격변적인 것 사이에서 하나를 고르는 것이 싫으면 CEO가 되지 마라.

제이슨은 업계 최고 두뇌 몇 명에게 조언을 구했지만, 궁극적으로 마지막 결정을 내릴 때는 완전히 혼자였다. 누구도 해답을 줄 수 없었고, 그 답이 무엇이든 간에 결과를 안고 살아가야 하는 이는 제이슨이었다. 가장 최근에 고용한 직원을 우선적으로 내보내는 식으로 직원을 감축한다는 그의 결정은 아직까지 성공적인 것으로 보인다. 닝의 수익이 급등하고 있고 직원들의 사기도 높은 수준이라서 하는 말이다. 선택의 결과가 더 나빴다면 그것은 모두 제이슨의 잘못이었을 테고 그에 대한 새로운 해답을 찾는 것도 제이슨에게 달린 일이었을 것이다. 나는 제이슨을 만날 때마다 이렇게 말하는 걸 좋아한다. "CEO의 세계에 온 걸 환영해." 제이슨은 결국 닝을 글램(Glam)에 팔고 라이트로(Lytro)에서 CEO의 삶을 이어나가고 있다.

지금과 같은 시기에는 거의 모든 회사가 생존의 위협을 받는 상황을 맞을 수 있다. 앤드리슨호로위츠의 내 파트너 스콧 바이스(Scott

Weiss)는 이런 순간이 너무도 흔해 이 상황을 표현한 약어마저 생겼다고 얘기했다. '위피요'(WFIO)라는 말로 "우리 좆됐어, 다 끝났다고"(We're Fucked, It's Over)를 뜻한다고 한다. 이 말이 말해주듯, 모든 회사는 최소한 두 번에서 다섯 번은 이런 순간을 겪는다(비록 나는 옵스웨어 시절 최소한 열두 번은 족히 겪었다고 확신하지만 말이다). 이 위피요의 순간은 언제나 실제 상황보다 훨씬 더 암담하게 느껴진다. 특히 CEO에게는 더욱 그렇다.

심리를 이완하는 진정 요법

심리가 까다로운 이유는 모든 사람마다 서로 달라서다. 이런 주의사항을 염두에 두고, 수년 동안 나는 내 심리 상태를 다루는 몇 가지 테크닉을 개발했다. 당신에게도 도움이 됐으면 좋겠다.

1. 친구를 사귀어라
설사 아주 힘든 결정에 도움이 되는 양질의 조언을 듣는 것이 거의 불가능하다 할지라도, 유사한 도전적인 결정을 내려야만 했던 사람과 이야기를 나눌 수 있다는 것은 심리학적인 관점에서 대단히 유용하다.

2. 머릿속에서 꺼내 종이 위에 쏟아내라
우리가 상장기업이므로 고객과 재원을 모두 팔고 사업을 변경하는 것이 최선이라는 내 생각을 이사회에 설명해야만 했을 때 나는 정말 혼란스러웠다. 그 결정을 마무리하기 위해 나는 내 논리의 이유를 상세하게 글로 적었다. 그 기록의 과정이 나를 내 심리 상태로부터 분리시켰고 신속한 결정을 내릴 수 있도록 도왔다.

3. 벽이 아닌 도로에 집중하라

경주용 자동차를 운전하는 법을 배울 때 처음 배우는 것 중 하나가 시속 360킬로미터로 커브를 돌 때에는 벽에 신경 써서는 안 된다는 것이다. 도로에 집중해야 한다. 벽에 집중하다 보면 벽으로 돌진하게 되고 도로에 집중하면 도로를 따라 가게 된다. 회사를 경영하는 것도 이와 매한가지다. 언제나 수많은 일이 잘못될 수 있고 회사는 위기에 빠질 수 있다. 이렇게 잘못된 일에 지나치게 신경을 쓰다 보면 자신을 거의 미칠 지경에 이르게 할 수 있고, 경주용 자동차로 벽에 부딪히듯 회사를 박살낼 수 있다. 피하고 싶은 것보다 자신이 지금 가고 있는 길에 집중하라.

꽁무니 빼지 마라

CEO로 일하다 보면 때려치우고 싶을 때가 한두 번이 아닐 것이다. 나는 CEO들이 스트레스를 풀기 위해 과도한 음주를 하거나 한눈을 파는 경우, 심지어 그만두는 경우까지 봤다. 그들은 자신이 왜 꼬리를 내리고 그만둬도 괜찮은지 합리화하는 데는 기가 막히게 성공하지만, 결코 위대한 CEO가 될 수 없는 사람들이다.

위대한 CEO는 고통을 직시한다. 그들은 잠 못 이루는 밤, 갑자기 흐르는 식은 땀, 그리고 '고문'과도 같은 고통을 상대한다. '고문'은

BEA시스템의 전설적인 공동창업자 겸 CEO인 내 친구 알프레드 추앙(Alfred Chuang)이 애용하는 표현이다.

성공한 CEO를 만날 때마다 나는 그들에게 어떻게 오늘에 이르렀는지 묻는다. 보통 수준의 CEO들은 자신의 뛰어난 전략적 조치나 직관적인 사업 감각, 또는 여타의 다양한 자기만족적인 설명을 늘어놓는다. 하지만 위대한 CEO들은 놀라울 정도로 대답이 일치한다. 그들은 모두 이렇게 말한다. "그만두지 않았을 뿐입니다."

두려움과 용기는 한끗 차이다

나는 우리 선수들에게 영웅과 겁쟁이의 차이가 무엇인지 아느냐고 묻곤 한다. 겁쟁이와 용감한 사람의 차이가 무엇일까? 차이가 없다. 단지 무엇을 하느냐가 다르다. 둘 다 느끼는 것은 같다. 모두 죽음을 두려워하고 다칠까 두려워한다. 겁쟁이는 직면해야 하는 것과 마주서길 거부한다. 영웅은 절제력이 더 강해서 두려움을 물리치고 해야만 하는 일을 한다. 그래도 영웅과 겁쟁이, 둘 다 같은 감정을 느낀다. 사람들은 당신이 어떻게 느끼느냐가 아니라 당신이 하는 행동을 보고 당신을 판단한다.

커스 다마토(Cus D'amato), 전설적인 복싱 트레이너

파트너들과 나는 사업가를 만나면 두 가지 중요한 자질을 갖췄는지 유심히 살펴본다. 바로 탁월함과 용기다. CEO로 지냈던 시절을 되돌아보면, 가장 중요한 결정들을 내릴 때는 지능보다 용기가 훨씬 더 많이 필요했다. 종종 무엇이 올바른 결정인지 분명하게 보이는데도 이런저런 압박감에 못 이겨 잘못된 결정을 내리게 되는 경우가 있다. 이런 잘못된 결정은 작은 것에서 출발한다.

한 사람은 CEO, 다른 한 사람은 회장의 직함을 가진 공동창업자들이 회사를 홍보하려고 우리를 찾아오면 흔히 대화는 이렇게 전개된다.

나	누가 회사를 경영하나요?
공동창업자	우리죠. (둘이 함께 대답한다.)
나	누구에게 최종 결정권이 있죠?
공동창업자	우리 둘 다요.
나	언제까지 그런 방식으로 회사를 운영할 건가요?
공동창업자	계속해서요.
나	그러니까 모든 직원이 업무를 완수하기 더 힘든 상황을 만들어놓고는 아무도 책임질 필요가 없다는 거네요. 그런 거죠?

그러면 대개 침묵이 이어진다.

논리적으로 볼 때 직원들이 결정권자 두 사람에게 의사를 묻는 것보다 한 사람에게 묻는 것이 분명 더 간편하다. 이해하기 복잡한 게 전혀 아니다. 그런데 안타깝게도, 뚜렷하게 존재하는 사회적 압박감에 짓눌려 회사를 제대로 조직함으로써 얻을 장기적인 이점을 놓치고 마는 경우가 많다. 누가 책임질 것인지 결정할 용기가 없는 창업자들은 모든 직원에게 이중 승인의 불편함을 겪게 한다.

더 중요한 점은 회사가 성장할수록 의사결정이 점점 더 겁나는 일이 돼간다는 것이다. 우리가 수익이 겨우 200만 달러인 라우드클라우드를 상장하기로 했던 것은 논리적으로 어려운 결정이 아니었다. 다른 대안이 파산이었기 때문이다. 그럼에도 대부분의 직원과 모든 언론, 많은 투자자가 미친 짓이라고 여기는 일을 단행하기는 몹시 두려웠다.

선택에는 용기가 필요하다

때로는 결정 그 자체가 다소 복잡해서 용기를 내기가 훨씬 더 힘들어지기도 한다. CEO는 사내의 누구도 갖지 못한 종류의 데이터와 지식, 관점을 소유하고 있다. 일부 직원과 임원들이 CEO보다 더 경험이 많고 머리도 좋은 경우는 흔히 있을 수 있다. 그럼에도 CEO가 더 나은 결정을 내릴 수 있는 유일한 이유는 더 나은 정보와 지식을 갖고 있기 때문이다.

CEO가 특히 힘든 결정에 직면했을 때, 설상가상으로 두 선택사항 사이의 선호도 차이가 그리 크지 않을 수도 있다. 가령 제품라인을 없애고 싶은 생각이 54퍼센트, 유지하고 싶은 생각이 46퍼센트인 경우를 생각해보자. 만약 정말 똑똑한 이사와 직원들이 해당 제품라인을 유지하자는 의견이라면 CEO의 용기는 큰 시험에 드는 것이다. 자신의 결정이 올바른지 확신도 서지 않는 데다 모든 사람이 반대하는데, 어떻게 제품 생산을 중단시킨단 말인가? 만일 CEO의 판단이 틀리다면 그는 뛰어난 조언자들을 곁에 두고도 잘못된 결정을 한 게 될 것이다. 설령 그의 판단이 옳다 할지라도 그런 사실을 누가 알아주기나 할까?

최근 한 대기업이 우리가 투자하는 회사에 인수를 제안했다. 그 회사의 현재까지의 진척 상황과 수익 수준으로 볼 때, 이 제안은 수익성이 높아 제법 끌리는 거래였다. 창업자이자 CEO인 회사의 수장('햄릿'이라고 부르자. 물론 실명은 아니다)은 매각이 말이 되지 않는다고 생각했다. 그가 모색하고 있는 시장기회가 대단히 컸기 때문이다. 하지만 투자자들과 직원들을 위해 자신이 최선의 선택을 하고 있는지 확인하고 싶었다. 햄릿은 인수 제안을 거부하고 싶었지만 아주 큰 확신에서 비롯된 것은 아니었다. 문제를 더 복잡하게 만드는 것은 경영진 대부분과 이사회가 그의 의견에 반대한다는 점이었다. 이사회와 경영진이 햄릿보다 훨씬 경험이 많은 이들이라는 점 또한 도움이 되지 않았다. 결국 햄릿은 자신의 선택이 과연 옳은지 고민하며 허구한 날 잠을 설쳤다. 그러고는 깨달았다. 자신의 선택이 올바른지 알 방법은 없다는 것을. 그러자 더욱 잠이 안 왔다. 결국 햄릿은 그가 할 수 있는 최선의, 그리고 가장 용기 있는 결정을 했다. 회사를 팔지 않은 것이다. 이것은 필경 그의 사업 경력에서 가장 결정적인 순간으로 남을 것이다.

흥미롭게도 햄릿이 회사를 매각하지 않기로 결정하자마자 전체 이사회와 경영진이 즉각 그 선택을 수용했다. 왜 그랬을까? 그들이 CEO에게 그의 꿈인 회사를 포기하라고 조언할 만큼 회사 매각을 강하게 원했다면, 어떻게 그렇게 빨리 입장을 바꿀 수 있었을까? 알고 보니, 처음에 그들이 매각 쪽으로 마음이 기울게 된 가장 중요한 요인은 햄릿이 초반에 드러낸 양가감정이었다. 그들은 CEO가 회사 매각을 원한다고 '생각했기' 때문에 매각을 지지한 것이었다. 햄릿은 이런 사실을 모르고 그들이 철저한 분석 결과를 토대로 매각을 원한다고 해석했다. 관련된 모든 이에게 다행스럽게도 햄릿은 올바른 결정을 내릴 용기가 있었다.

다음에 나오는 표를 보면 일반적으로 나타나는 문제를 알 수 있다. 다수에게 영향을 받아 결정을 내림으로써 기대할 수 있는 사회적인 보상이, 당신 혼자서 옳다고 생각해 결정을 내리고 기대할 수 있는 보상보다 더 나은 것처럼 보인다.

	당신의 결정이 옳았다	당신의 결정이 잘못됐다
다수와 반하는 결정을 내릴 경우	당신이 최종적으로 결정했다는 사실을 기억하는 이는 거의 없겠지만 회사는 성공한다.	당신이 잘못된 결정을 한 사실을 모두가 기억하며, 당신은 강등되거나 배척당하거나 아니면 해고된다.
다수의 생각과 같은 결정을 내릴 경우	당신에게 조언했던 모든 이가 당신의 결정에 대해 기억하고 회사는 성공한다.	당신이 잘못된 결정을 내린 것에 대해 비난은 최소한으로 받겠지만 회사는 고통을 겪는다.

얼핏 보면, 긴박한 상황에서 결정을 내려야 할 경우 다수의 뜻에 따르는 것이 훨씬 안전해 보인다. 하지만 현실에서 이 덫에 빠져들면 다수의 무리가 당신의 사고에 영향을 줄 것이고, 70 : 30이던 결정이 51 : 49의 결정으로 느껴질 것이다. 이래서 용기가 결정적으로 중요한 것이다.

성격처럼 용기도 계발할 수 있다

라우드클라우드와 옵스웨어를 이끌면서 온갖 힘든 결정을 내렸지만, 그때마다 나는 단 한 번도 내가 용감하다고 느낀 적이 없다. 사실 겁이 나서 죽을 지경일 때가 많았다. 그 느낌을 잊을 수가 없다. 그렇지만 많은 연습을 하고 난 뒤 그 두려움의 감정을 무시하는 법을 터득했다. 이 배움의 과정을 '용기 발달 과정'이라 부를 수 있지 않을까 한다.

인생을 살아가면서 누구나 흔하고, 쉽고, 잘못된 것과 외롭고, 어렵고, 올바른 것 사이에서 선택해야 하는 순간과 조우한다. 이런 결정은 회사를 운영하는 사람에게 더 강렬하게 다가온다. 선택의 결과가 천 배는 확대되기 때문이다. 인생에서와 마찬가지로 잘못된 선택을 한 CEO에게는 언제나 무궁무진한 변명거리가 있다.

인생의 변명	CEO의 변명
다른 똑똑한 사람들도 똑같은 실수를 했다.	위기일발의 상황이었다.
내 친구들도 다 그것을 하고 싶어 했다.	팀원들이 모두 나와 반대 의견이라 팀의 의사에 반하는 결정을 할 수 없었다.
인기 있는 애들은 다 그것을 한다.	업계에서 베스트 프랙티스로 통해서 따라 한 것이다. 불법인지 몰랐다.
완벽한 상태가 아니라서 경쟁하지 않기로 했다.	우리는 제품-시장 적합성을 제대로 달성하지 못했다. 그래서 공격적인 판매를 시도하지 않았다.

누구나 힘들고 올바른 결정을 할 때마다 조금씩 더 용감해지고, 쉽고 잘못된 결정을 할 때마다 조금씩 더 겁쟁이가 되는 법이다. 지난 10년 간 기술의 진보 덕분에 창업에 드는 비용 수준은 크게 낮아졌다. 그러나 훌륭한 기업을 만드는 데 필요한 용기는 그 어느 때보다 높은 수준을 유지하고 있다. CEO가 어떤 선택을 하느냐에 따라 조직은 용감한 회사가 될 수도, 겁쟁이 회사가 될 수도 있다.

짐 콜린스는 베스트셀러 《좋은 기업을 넘어… 위대한 기업으로》에서 방대한 자료조사와 포괄적인 분석을 통해, CEO 승계 시 기업 내부의 후보자가 외부 후보자보다 월등히 기량이 뛰어남을 밝혀냈다. 그 핵심적인 이유는 지식이다. 한 기업의 기술, 과거에 내려진 결정, 문화, 직원 등과 관련된 지식은 대개 조직관리에 필요한 기술보다 훨씬 더 습득하기 어렵다. 하지만 콜린스는 내부 인물로서 CEO가 된 이가 왜 때로 실패하는지 그 이유에 대해서는 설명하지 않았다.

나는 이제 그걸 설명하려 한다. 나는 조직 운영에 필요한 두 가지 핵심 기술에 초점을 맞춰 논의를 전개할 것이다. 첫 번째 기술은 CEO가 무엇을 해야 하는지 아는 것이다. 두 번째 기술은 CEO가 알고 있는 것을 회사가 해내게 하는 것이다. 위대한 CEO가 되려면 두 가지 모두 필요하지만, 대부분의 CEO는 둘 중 한 가지 기술만 가지고 있는 데 더 만족하는 것 같다.

회사의 방향을 설정하는 일을 더 즐기는 관리자를 ‘원 타입’, 회사가 최고 수준으로 성과를 올리게 만드는 것을 더 즐기는 관리자를 ‘투 타입’이라 정의하고 각각의 특성을 살펴보자.

원 타입이 좋아하는 것과 싫어하는 것

원 타입은 직원, 고객, 경쟁사에 이르기까지 다양한 출처에서 나오는 정보를 모으는 데 많은 시간을 쏟길 좋아한다. 그리고 결정을 내리길 좋아한다. 포괄적인 정보를 손에 쥔 상태에서 결정을 내리는 것을 선호하지만, 필요한 경우 아주 적은 정보로도 기꺼이 결정을 내린다. 원 타입은 전략적인 사고가 뛰어나, 강력한 경쟁자와 8차원 체스를 한바탕 두는 것만큼 그들을 흥분시키는 것은 없다.

원 타입은 때로 회사 운영에 필요한 많은 중요 세부사항을 다루는 것을 지루해한다. 프로세스 설계, 목표 설정, 구조화된 책임, 훈련, 실적 관리 등과 같은 세부사항에 싫증을 낸다.

대부분의 창업 CEO들은 원 타입 부류에 속하는 경향이 있다. 창업 CEO가 실패했을 때 그 주요 원인은 투 타입이 즐겨 하는 일을 등한시해서다. 투 타입의 과업과 관련된 활동을 효과적으로 지휘할 충분한 능력을 갖추기 위해 시간을 투자하지 않았기 때문이다. 그 결과 회사는 큰 혼란에 빠져 잠재력을 제대로 발휘하지 못하고 결국 CEO가 교체된다.

투 타입이 좋아하는 것과 싫어하는 것

반면 투 타입은 회사가 잘 돌아가도록 만드는 프로세스를 대단히 즐긴다. 아주 뚜렷한 목표를 고집하고 꼭 필요한 경우가 아니면 목표나 방향을 전환하려 하지 않는다.

투 타입은 전략 회의에 참여하길 좋아하지만 종종 전략적 사고 과정 자체를 힘들어한다. 원 타입이 일주일에 하루를 독서나 연구, 생각을 하며 보내는 것에 아무런 거리낌이 없다면, 투 타입은 그런 것들을 하며 매우 초조함을 느낀다. 일처럼 느껴지지 않기 때문이다. 투 타입은 책상머리에 앉아서 전략에 대해 생각하며 시간을 허비하는 동안 개선할 수도 있는 프로세스, 목표 달성에 책임을 물을 수도 있는 사람들, 잠재고객에게 걸 수 있는 영업 전화 등을 생각하며 안절부절못한다.

중차대한 결정과 마주하면 원 타입보다 투 타입이 훨씬 더 많은 걱정을 한다. 원 타입과 투 타입 둘 다 종종 불충분한 데이터를 가지고 중요한 결정을 내릴 수밖에 없는 상황을 마주친다. 원 타입은 일반적으로 이런 상황을 그리 특별하게 생각하지 않고 그 결과에 대해서도 지나치게 불안해하지 않는다. 대조적으로 투 타입은 이런 상황에서 상당히 동요할 수 있고, 때때로 철저한 분석에 따른 선택이었다는 허위 감정을 느끼기 위해 의사결정 과정을 지나치게 복잡하게 만들기도 한다.

투 타입의 CEO는 행동하기를 좋아함에도 불구하고 때로 회사 내 의사결정을 표류하게 만들 수도 있다.

훌륭한 CEO에겐 두 특성이 모두 존재한다

사람들은 흔히 원 타입이나 투 타입, 둘 중 한쪽에 가깝다. 하지만 자기 단련과 노력을 통해 타고난 투 타입도 원 타입에 잘 맞는 임무를 능숙하게 해낼 수 있고, 원 타입도 투 타입이 즐겨 하는 일을 유능하게 해낼 수 있다. CEO가 경영에서 자신이 좋아하지 않는 측면의 업무를 등한시한다면 대체로 실패할 가능성이 높다. 원 타입은 회사를 혼란에 빠뜨릴 수 있고 투 타입은 필요할 때 중요한 방향 전환을 하지 못할 수 있다.

기능성 원 타입

투 타입인 관리자가 종종 기능적인 면에서 원 타입처럼 행동하는 경우가 있다. 투 타입이 임원진 중 한 사람일 때 특히 그렇다. 예를 들면, 세일즈 책임자가 세일즈 부서에 해당하는 모든 결정은 쉽게 내리면서 전반적인 회사 계획과 관련해서는 방향을 제시하는 쪽을 선호하는 경우다. 이는 다층적인 리더십에서 가능한 최상의 종류로 볼 수 있다. 방향이 분명히 잡히는 가운데 결정은 신속하고 정확히 내려지기 때문이다.

조직이 구성되는 경향

회사에 조직적인 위계를 세우는 주된 목적은 의사결정의 효율성을 위해서다. 이는 대부분의 CEO가 원 타입이라는 사실과 무관하지 않다. 의사결정 단계의 최상위에 있는 사람이 극도로 복잡한 결정을 내리기를 싫어하면 회사의 프로세스가 느려지고 다루기 힘들어진다.

만약 CEO가 원 타입에 속하는데, 임원진 중에 원 타입이 또 있으면 역효과를 낳을 수 있다. 해당 임원이 CEO가 제시하는 방향을 따르기보다는 자기 스스로 방향을 설정하고 싶어 할 것이기 때문이다. 이런 상황에서 전략과 관련한 논쟁이 발생하면 조직을 혼란에 빠뜨리고 직원들을 대립되는 방향으로 이끌 수 있다. 때문에 많은 훌륭한 원 타입 CEO는 주로 투 타입이나 기능성 원 타입을 경영진에 영입한다.

내부 승진의 딜레마

CEO 승계 문제로 돌아가보자. 대부분의 조직이 원 타입에 의해 운영되고, 투 타입 또는 기능성 원 타입으로 이루어진 임원진이 CEO의 지시를 받는다. 이때 CEO 교체가 극히 까다로운 문제가 될 수 있다. 최고 임원진 중의 한 사람을 승진시켜 CEO로 앉혀야 할까? 투 타입일 가능성이 큰데도? 마이크로소프트는 2000년에 이렇게 했다. 전형적인 원 타입인 빌 게이츠를 대신해 조직 내의 이인자였던 스티브 발머(Steve Ballmer)를 CEO 자리에 앉힌 것이다.

아니면 조직을 샅샅이 뒤져 고위 직급보다는 좀 더 낮은 지위에 있는 원 타입을 찾아내 CEO로 임명해야 할까? 제너럴일렉트릭(General Electric, GE)이 1981년에 잭 웰치(Jack Welch)를 CEO 자리에 올린 것이 이런 유형의 대표적 사례다. 이는 믿기 힘들 정도로 과감한 조치였다. 조직도상에서 2단계나 아래에 있는 관리자를 모든 상사를 뛰어넘어 승진시켰을 뿐 아니라, 그럼으로써 GE 역사상 최연소 CEO를 배출했기 때문이다. 대부분의 이사진은 회사 경영을 위해 임원진보다 더 자격을 갖춘 원 타입 인물이 조직 깊숙이 존재할 수 있다는 사실을 상상하기 어려워한다.

하지만 두 방법 모두 문제가 있다. 첫 번째 접근법에서는 회사를 투 타입의 손에 맡기게 된다. 이 경우 조직이 중요한 갈림길에 섰을 때 의사결정이 늦어질 수 있고 회사는 특유의 위력을 잃을 수 있다. 게다가 마이크로소프트의 경우 폴 마리츠(Paul Maritz)와 브래드 실버버그(Brad Silverberg) 같은 천부적인 원 타입이 결국 회사를 떠날 것이다.

두 번째 접근법의 경우처럼 모든 임원진을 제쳐놓고 누군가를 승진시켜 CEO로 만들면 GE에서 그랬던 것처럼 대대적인 임원진 사직을 초래할 수 있다. 실제로 GE의 기존 임원들 거의 대부분이 웰치 아래에서 떠나갔다. GE처럼 다각적인 복합 기업에서는 이런 종류의 매끄럽지 못한 경영 구도 변화가 추진돼도 기업 자체가 흔들리지는 않는다. 하지만 고도로 역동적인 기술업계 회사의 경우 임원들의 높은 이직률을 초래하는 접근법을 택하는 것은 다소 위험하다.

아쉽게도, 정도는 없다

그렇다면 어떤 방법이 최선의 답이 될 수 있을까? CEO 승계 방법과 관련된 정답은 "쉬운 방법이 없다"는 것이다. CEO 교체는 어렵다. 외부 인물을 영입하면 성공적인 케이스가 될 가능성이 적다. 내부에서 승진시키면, 원 타입 및 투 타입과 관련된 문제를 해결해야 한다. 이상적인 시나리오는 원 타입을 승진시키고 나머지 임원들이 이를 환영하는 것이다. 일 돌아가는 게 대개 이상적인 것과는 거리가 먼 게 안타까울 뿐이다.

리더를 따르라

완벽한 CEO의 전형은 없다. 근본적으로 전혀 다른 스타일의 CEO들이 모두 각자 나름대로 훌륭하게 기업을 이끌어간다. 스티브 잡스, 빌 캠벨, 앤디 그로브를 생각해보라. 아마도 성공적인 CEO가 되는 데 필요한 가장 중요한 자질은 리더십일 것이다. 그렇다면 리더십이란 무엇이며, CEO의 임무라는 맥락에서는 리더십을 어떻게 생각해야 할까? 위대한 리더는 태어나는 것일까, 만들어지는 것일까?

대부분의 사람들이 리더십을 포터 스튜어트(Potter Stewart) 대법관이 포르노를 정의한 유명한 말과 같은 방식으로 정의한다. 바로 "보면 알아"다. 논의의 목적을 위해 이 정의를 리더 자질의 척도로 일반화할 수 있다. 즉 리더를 따르길 원하는 사람들의 수와 우수성, 그리고 다양성을 보면 알 수 있다는 얘기다.

그렇다면 리더의 어떤 면 때문에 사람들이 따르고 싶어 하는 것일까? 대개 우리는 리더에게 다음의 세 가지 주요 특성을 기대한다.

- 비전을 설득력 있게 제시하는 능력
- 올바른 야망
- 비전을 성취하는 능력

이것들을 순서대로 살펴보자.

비전을 설득력 있게 제시하는 능력: 스티브 잡스형 특성

리더가 흥미롭고 역동적이며 강렬한 비전을 분명하게 제시할 수 있는가? 심지어 모든 것이 무너질 듯한 위기 상황에서도 그렇게 할 수 있는가? 좀 더 구체적으로 말해보겠다. 회사의 어떤 직원도 일을 계속하는 것이 재정적으로 의미가 없는 지경에까지 갔을 때, 리더는 직원들이 회사를 떠나지 않기에 충분할 만큼 설득력 있는 비전을 제시할 수 있을 것인가?

나는 확실한 비전을 품은 리더의 가장 빛나는 모습을 넥스트(NeXT)와 애플에서 잡스가 보여줬다고 믿는다. 넥스트에서는 회사가 그 빛을 잃은 지 오랜 뒤에도 뛰어난 재능을 가진 많은 이들이 계속해서 그를 따르게 했고, 애플에서는 파산 위기에 직면한 상태에서도 직원들이 그의 비전을 믿고 따르게 했다. 이런 목표를 잇달아 성취할 만큼 그렇게 설득력 있는 리더는 좀처럼 흔치 않다. 그래서 이것을 '스티브 잡스형 특성'이라 부르는 것이다.

올바른 야망: 빌 캠벨형 특성

CEO에 관해 매우 잘못된 사회적 통념 하나가 있다. 바로 CEO가 되기 위해서는 이기적이고 무자비하며 냉담해야 한다는 생각이다. 사실은 그 반대가 진실이며 그 이유는 누구라도 알 수 있다. 어떤 CEO든 가장 먼저 해야 하는 일은 자신을 위해 일할 탁월한 인재를 확보하는 것이다. 똑똑한 사람들은 진심으로 그들에게 신경 쓰지 않거나 그들의 이익을 염두에 두지 않는 사람의 밑에서 일하고 싶어 하지 않는다. 조직 생활을 하다 보면 이런 경우를 흔히 볼 수 있다. 영리하고 야심차며 열심히 일하는 임원이 함께 일할 재능 있는 직원을 확보하지 못해 결과적으로 기대에 훨씬 못 미치는 성과를 내는 경우 말이다.

진정으로 훌륭한 리더는 직원들이 CEO가 자기 자신보다 직원을 더 신경 쓰고 있다고 느끼는 환경을 만들어낸다. 이런 조직에서는 놀라운 일이 벌어진다. 엄청나게 많은 직원이 '내 회사'라고 믿고 행동하는 것이다. 회사가 성장하면 이런 주인의식을 가진 직원들이 마치 전체 조직의 품질관리자처럼 행동한다. 그들은 장래에 입사하는 모든 직원이 부응해야 하는 업무 기준을 설정한다. 이런 식으로 말이다. "이봐요, 데이터 시트에 좀 더 신경 써야겠어요. 당신이 업무를 소홀히 해서 내 회사가 엉망이 되고 있잖아요."

나는 이런 특징을 '빌 캠벨형 특성'이라 부른다. 내가 여태껏 보아온 사람들 중에 이런 자질을 가장 잘 보여준 사람이 빌 캠벨이기 때문이다. 빌이 경영했던 그 많은 조직 중 어디에 다녔던 사람들과 이야기를 나눠봐도, 그들은 자기가 다녔던 일터를 '내 조직' 또는 '내 회사'라고 부른다. 빌이 이런 차원의 리더십에서 현격히 두각을 나타내는 가장 큰 이유는 그가 진심을 보여주기 때문이다.

그는 직원들을 위해 자신의 경제적인 측면, 명성, 영예, 보상 등을 기꺼이 희생하곤 했다. 빌과 대화를 나눠보면 그가 상대방에게, 또 상대방이 하는 말에 깊은 관심을 보이고 있음이 느껴진다. 진심으로 관심이 있기 때문이다. 그리고 이런 관심과 배려는 그의 행동과 태도에 고스란히 나타난다.

비전을 성취하는 능력: 앤디 그로브형 특성

리더십을 완성하는 마지막 부분은 다름 아닌 역량이다. 당신이 리더의 비전을 믿고 있고 그가 당신에게 진심으로 마음을 쓰고 있음을 안다고 하자. 그렇다면 당신은 그가 실제로 비전을 이룰 수 있을 거라고 생각하는가? 당신은 지도 한 장 없는 상태에서 기꺼이 리더를 따라 정글로 뛰어들 수 있는가? 그가 그곳에서 당신을 빼내주리라 믿는가?

나는 이런 유능함을 '앤디 그로브형 특성'이라 부르겠다. 앤디 그로브는 나에게 언제까지나 역량 있는 CEO의 본보기가 될 것이다. 그는 전기공학 박사 학위를 받았으며, 내가 지금까지 읽어본 것 중 최고의 경영서인 《하이 아웃풋 매니지먼트》를 썼고, 리더로서의 기량을 끊임없이 다듬어왔다. 그는 경영에 관한 뛰어난 책을 여러 권 썼을 뿐 아니라 인텔 재임 기간 내내 많은 이들을 대상으로 경영 수업을 했다.

그로브는 명저 《승자의 법칙》에서 인텔의 주된 사업을 메모리에서 마이크로프로세서로 전환하면서 이를 어떻게 극적으로 이끌었는지 설명했다. 이 과정에서 그는 기존 수익의 거의 전부를 포기했다. 그로브는 겸손하게도 자신보다 먼저 전략적인 결론에 도달한 사내의 다른 사람들에게 그 공을 돌렸지만, 신속하고 성공적인 회사 방향 전환을 이끈 공로는 마땅히 그로브에게 있다. 16년 된 거대 상장기업의 근간이 되는 사업을 전환하려면 수많은 의혹을 불러일으킬 수밖에 없다.

그로브는 당시 한 직원과 나눴던 대화를 언급하며 다음과 같이 말했다. "직원 한 사람이 저를 공격적으로 몰아세우며 이렇게 물었습니다. '인텔을 메모리 사업과 상관없는 기업으로 상상할 수 있다는 의미인가요?' 나는 마음을 단단히 먹고 대답했죠. '그래, 그렇다네.' 회사에는 순식간에 큰 혼란이 일어났죠."

이런 급진적인 전략으로 최고 재능을 지닌 많은 직원을 충격에 빠뜨렸음에도 회사는 궁극적으로 그로브를 신뢰했다. 완전히 새로운 사업으로 회사를 힘차게 일으켜 세울 그의 능력을 믿었다. 그리고 그 신뢰는 결코 헛되지 않았다.

위대한 리더는 타고나는가, 만들어지는가?

지금까지 언급한 특성과 관련해 다음의 내용을 하나씩 살펴보자.

- **설득력 있게 비전 제시하기** 어떤 사람들이 다른 사람들보다 훨씬 더 뛰어난 스토리텔러임은 분명하다. 하지만 누구나 집중하고 노력하면 비전 제시 능력을 크게 향상시킬 수 있다는 것 또한 사실이다. 모든 CEO는 비전을 제시하는 능력을 연마하는 노력을 아끼지 말아야 한다.
- **타인에 대한 관심과 배려** 빌 캠벨형 특성이 학습 불가능한 것인지는 잘 모르겠다. 하지만 그런 자질을 '가르치는' 것이 불가능함은 확실하다. 세 가지 중에서 가장 '타고나는' 특성에 속한다고 할 수 있다.

- **비전을 성취하는 능력** 이것은 분명히 학습이 가능하다. 아마 그래서 앤디 그로브가 무능함을 그렇게도 못 참아했던 것 같다. 역량을 키우는 데 때로 장애물로 작용하는 것은 자신감이다. CEO는 결코 지나치게 자신만만해서는 안 된다. 자만에 빠지면 더 이상 기량을 향상시키려 하지 않기 때문이다.

결국 리더십의 어떤 한 특성이 다른 특성보다 더 강해질 수 있지만, CEO라면 마땅히 세 가지 특성 모두를 갖추려고 노력해야 한다. 게다가 한 가지 특성은 다른 두 가지 특성을 보완해줄 수 있다.

만약 사람들이 당신을 신뢰한다면, 설사 당신의 스토리텔링 능력이 조금 부족하다 할지라도 당신의 비전에 귀를 기울일 것이다. 만약 당신이 아주 유능하면, 사람들은 당신을 믿고 당신 말에 귀 기울일 것이다. 만약 당신이 눈부신 비전을 그려낼 수 있다면, 사람들은 당신이 CEO 기량을 닦는 동안 참을성 있게 기다려줄 것이고, 그들의 이해관계와 관련해서도 당신에게 더 많은 재량권을 부여할 것이다.

평시의 CEO vs 전시의 CEO

빌 캠벨은 언제나 내게 말했다. "벤, 자네는 내가 함께 일한 CEO 중에 최고일세." 이 말을 들을 때마다 나는 내 귀를 의심했다. 우리 회사가 파산을 향해 곧장 달려가고 있을 당시 빌 캠벨은 스티브 잡스, 제프 베조스, 에릭 슈미트 등과 함께 일하고 있었기 때문이다. 하루는 그에게 이유를 물었다. "빌, 왜 그렇게 말씀하시는 건가요? 성과가 중요하지 않다는 의미인가요?" 그는 말했다. "평시(平時)에 CEO 역할을 훌륭하게 해내는 사람과 전시(戰時)에 CEO 역할을 훌륭하게 해내는 사람은 많지만, 평시와 전시 둘 다의 상황에서 제대로 기능할 수 있는 CEO는 여간해선 찾기 힘들지. 자네는 평시 겸 전시 CEO라네."

내 계산으로 나는 겨우 3일 동안만 평시 CEO였고, 8년 동안 전시 CEO였다. 나는 아직도 전쟁을 겪던 시절의 장면들이 머릿속에 되살아나 떨쳐버리기 힘들다. 이런 경험을 한 사람은 나뿐만이 아니다. 포스퀘어의 창업자 데니스 크로울리(Dennis Crowley)는 전시와 평시 사이의 긴장감에 대해 날마다 생각한다고 나에게 말했다. 이는 기술업계 회사 CEO들에게 밥 먹듯이 일어나는 일이다.

예를 들어 에릭 슈미트가 구글 CEO 자리에서 물러나고 창업자 래리 페이지(Larry Page)가 인계받았을 때, 뉴스 보도의 대부분이 페이지가 '구글의 얼굴'이 될 만한 능력을 갖췄는지에 집중돼 있었다. 사교적이고 달변인 슈미트에 비해 페이지는 수줍음이 많고 내성적이었기 때문이다.

흥미로운 사안이긴 하지만 이런 분석은 중요한 점을 놓치고 있다. 슈미트는 단순히 구글의 간판 얼굴이 아니었다. 그는 구글의 평시 CEO로서 10년간 기술 사업을 최고로 확장하며 구글을 이끌었다. 이와 대조적으로 래리 페이지는 구글이 전쟁에 돌입하고 있음을 확신하고 전시 CEO로서 구글을 이끌 각오가 서 있음이 분명해 보였다. 이것은 구글과 기술첨단 산업계 전체에 엄청난 변화를 가져왔다.

평시와 전시는 무엇이 다른가

비즈니스 세계에서 평시는 회사가 핵심 시장에서 경쟁사들보다 큰 폭으로 우세한 위치에 있으면서 시장이 커지고 있는 시기를 말한다. 평시에 회사는 시장을 확대하고 조직의 강점을 강화하는 데 주력할 수 있다.

한편 전시에는 임박한 존립 위기를 모면하는 데 집중한다. 이런 위기를 몰고 오는 원인은 다양하다. 시장의 경쟁, 거시 경제의 극적인 변화, 시장 변화, 공급망 변화 등등. 위대한 전시 CEO 앤디 그로브는 저서 《승자의 법칙》에서 회사를 평시에서 전시로 돌변하게 만드는 힘에 관해 기막히게 묘사했다.

전형적인 평시 임무의 한 예로는 인터넷 속도를 높이려고 한 구글의 노력을 들 수 있다. 검색엔진 시장에서 구글은 지배적인 위치에 있었기 때문에 인터넷 속도를 높이는 것은 무엇이든 그들에게 득이 된다고 판단했다. 인터넷 속도가 빠를수록 사용자들이 더 많은 검색을 할 수 있기 때문이다. 확실한 시장 리더로서 구글은 검색엔진 시장의 경쟁자들을 상대하는 것보다 시장을 확대해나가는 데 더 주력한다. 이와 대조적으로 전형적인 전시 임무로는 앤디 그로브가 1980년대 중반에 인텔을 이끈 사례를 들 수 있다. 인텔은 밀어닥친 일본 반도체 회사들의 위협을 감당할 수 없어 메모리 사업에서 손을 떼야 했다. 경쟁자의 위협이 너무도 막강해 인텔은 파산 위기에 내몰릴 수도 있었다. 결국 자사 직원의 80퍼센트가 종사하고 있던 핵심 사업을 포기해야 했다.

과도기를 겪으면서 내가 터득한 최고의 경영 기법은 평시와 전시에는 근본적으로 다른 경영스타일이 필요하다는 것이다. 흥미롭게도 대부분의 경영서는 평시의 CEO 테크닉에 대해 설명하고 있으며, 전시를 다룬 책은 별로 없다. 예를 들어, 대부분의 경영서에서는 절대로 직원을 공개적으로 무안하게 만들어서는 안 된다고 말한다. 반면 앤디 그로브는 직원들로 가득 찬 회의실에서 회의에 늦게 들어온 직원을 향해 이렇게 말했다. "내가 가진 거라고는 시간뿐인데 자네가 지금 내 시간을 허비하고 있네." 왜 이렇게 경영에 대한 접근법이 다른 걸까?

평시에 리더는 현재의 기회를 넓히고 극대화해야 한다. 결과적으로 평시의 리더는 달성 가능한 다양한 목적에 기여할 수 있는 광범위한 창의성을 장려하는 테크닉을 사용한다. 이와 대조적으로 전시에는 총에 탄약이 단 하나밖에 남아 있지 않은 경우가 많다. 그러니 무슨 수를 써서라도 목표 과녁을 명중시켜야 한다. 전시에 회사의 생존은 사활을 건 목표를 철저히 고수하고 긴밀히 협력하는 데 달려 있다.

스티브 잡스가 애플에 복귀했을 때 회사는 거의 파산 위기에 놓여 있었다. 전형적인 전시 시나리오 상황이었다. 그는 직원 모두가 그의 빈틈없는 계획에 따라 일사분란하게 움직이길 원했다. 핵심 임무 외에 개인적인 창의성이 끼어들 여지가 없었다. 이런 상황과 극명한 대조를 이루는 예가 구글에 있다. 구글은 검색엔진 시장에서 우위를 차지하면서, 모든 직원에게 업무 시간의 20퍼센트를 자신만의 새로운 프로젝트에 할애하도록 허용하고 또 요구했다. 그러면서 평시의 혁신을 촉진하는 경영을 구사했다.

평시와 전시의 경영 테크닉은 적절한 상황에 적용되기만 한다면 둘 다 상당한 효과를 볼 수 있다. 하지만 이 두 테크닉은 아주 상이하다. 평시의 CEO와 전시의 CEO는 서로 닮지 않았다.

평시 CEO와 전시 CEO

평시 CEO는 규약을 적절히 지킴으로써 승리에 이를 수 있음을 안다. 전시 CEO는 승리하기 위해 규약을 위반한다.

평시 CEO는 큰 그림에 역점을 두고 세부적인 결정은 직원들이 할 수 있게 권한을 위임한다. 전시 CEO는 가고자 하는 주된 방향에 방해가 된다면 깨알만 한 사항까지도 신경 쓴다.

평시 CEO는 대규모 직원 모집을 단행한다. 전시 CEO도 대규모로 직원을 모집할 때도 있지만, 정리해고를 단행할 인사관리 부서도 구성한다.

평시 CEO는 기업문화 조성에 시간을 할애한다. 전시 CEO는 위기 상황이 문화를 규정하게 한다.

평시 CEO는 항상 비상 대책이 있다. 전시 CEO는 때로 무리수를 둬야만 한다.

평시 CEO는 남보다 크게 우세한 상황에서 무엇을 해야 하는지 안다. 전시 CEO는 편집증 환자와 비슷한 면이 있다.

평시 CEO는 비속어를 쓰지 않으려고 노력한다. 전시 CEO는 경우에 따라 의도적으로 비속어를 쓴다.

평시 CEO는 경쟁을 대양에 떠 있는, 서로 교전을 벌일 가능성이 없는 배들과의 경주로 여긴다. 전시 CEO는 경쟁을 남의 집에 몰래 들어가 아이를 유괴하려는 것과 같은 행위로 여긴다.

평시 CEO는 시장 확대를 목표로 한다. 전시 CEO는 시장 쟁취를 목표로 한다.

평시 CEO는 노력과 창의성이 수반된 경우라면 회사의 계획에서 벗어나더라도 용인하려 한다. 전시 CEO는 절대 용인하지 않는다.

평시 CEO는 언성을 높이지 않는다. 전시 CEO는 보통 수준의 목소리로 말하는 경우가 거의 없다.

평시 CEO는 갈등을 최소화하려 노력한다. 전시 CEO는 논쟁을 부추긴다.

평시 CEO는 폭넓은 동의를 얻으려 노력한다. 전시 CEO는 합의 형성도 좋아하지 않고 의견 차이도 용납하지 않는다.

평시 CEO는 크고 위험하고 대담한 목표를 세운다. 전시 CEO는 적과 싸우느라 너무 바빠서, 일상이 전투인 노점 상인으로 살아본 적이 없는 컨설턴트가 쓴 경영서 따위는 읽을 시간이 없다.

평시 CEO는 구성원들의 업무 만족도를 높이고 경력 개발을 돕기 위해 직원 교육을 실시한다. 전시 CEO는 직원들이 전쟁에서 전사하지 않게 하기 위해 교육을 실시한다.

평시 CEO는 '우리 회사는 업계 1위나 2위가 아닌 사업 부문은 모두 철수한다' 같은 규칙이 있다. 전시 CEO에게는 대개 업계 1위나 2위를 점하는 사업이 없기 때문에 그런 사치스러운 규칙을 지킬 여유가 없다.

평시 CEO와 전시 CEO, 둘 다 될 수 있을까?

CEO가 평시와 전시, 두 시기를 모두 이끌 일련의 기량을 연마할 수 있을까? 혹자는 내가 평시 CEO로서는 실패했지만 전시 CEO로는 성공했다고 말할지도 모른다. 존 챔버스(John Chambers)는 평시 CEO로서 시스코를 훌륭하게 경영했지만, 시스코가 주니퍼(Juniper), HP 등 일련의 새로운 경쟁업체들과 전쟁에 돌입했을 때는 악전고투했다. 대표적인 전시 경영 스타일을 구사했던 스티브 잡스는 1980년대에 애플이 최장기의 평화로운 시기를 보내는 동안 애플 CEO 자리에서 물러났다가 10년도 더 지난 뒤에 화려하게 복귀해 애플 역사상 가장 치열한 전시를 극적으로 이끌었다.

나는 한 CEO가 평시 CEO와 전시 CEO 둘 다 될 수 있다고 생각한다. 그러나 말처럼 쉬운 일은 결코 아니다. 전시와 평시에 쓰이는 기량을 모두 통달한다는 것은 경영상의 수많은 규칙을 이해한다는 뜻이다. 그리고 언제 그 규칙을 따를지, 또 언제 그 규칙을 과감하게 위반할지 판단할 줄 안다는 의미다.

대개의 경영서들은 평화로운 시기에 있는 성공적인 기업들을 연구한 경영 컨설턴트가 쓴다는 점을 기억하라. 따라서 거기에는 평시 CEO가 사용하는 테크닉만 나와 있다. 사실 나는 스티브 잡스나 앤디 그로브처럼 전시에 탁월하게 경영하는 법을 가르쳐주는 경영서를 본 적이 없다. 앤디 그로브 자신이 쓴 책들 외에는 말이다.

다시 처음으로

짧으나마 존재했던 전시가 구글에게는 꼭 필요했던 것으로 드러났다. 래리 페이지는 정확하고 까다로운 리더십을 발휘했다. 안드로이드의 부상에서부터 멋진 신제품 구글 글래스까지 이어지는 광범위한 제품 라인을 꿰뚫는 구글의 정체성을 통합하며 회사를 아주 성공적으로 이끌었다. 때로는 전쟁에 돌입할 필요가 있어 보인다.

CEO는 만들어지는 것이다

일전에 친구 하나가 나에게 CEO는 타고나는 것인지 아니면 만들어지는 것인지 물었다. 나는 대답했다. "그건 마치 사탕이 땅에서 자라는 것인지 만들어지는 것인지 묻는 거나 같아. CEO는 타고나는 것과는 거리가 먼 직업이야." 이 말에 친구가 놀라는 것을 보고 나는 이 사실이 내가 원래 생각했던 것만큼 그렇게 누가 봐도 당연한 게 아니라는 것을 깨달았다.

대부분의 사람은 사실 이와 반대로 추정한다. 즉 CEO는 타고나는 것이지 만들어지는 게 아니라고 말이다. 나는 다른 벤처캐피털리스트들과 이사진이 어떤 창업자를 보고 순식간에 판단해 'CEO 재목'이 아니라고 결론짓는 광경을 종종 봐왔다. 그들이 이런 점을 어떻게 그렇게 빨리 알아내는지 나는 잘 모르겠다. 일반적으로 창업자가 CEO 기량을 발달시키려면 수년이 걸리고, 나로서는 어떤 창업자가 이를 해낼 수 있을지 판단하는 일이 극히 어려운데 말이다.

운동을 예로 들면, 단거리 주자는 상대적으로 빨리 동작을 익힐 수 있다. 이미 자연스러운 동작들로 이루어져 있어 이를 다듬어나가기만 하면 되기 때문이다. 반면 권투와 같은 경우는 많은 부자연스러운 동작과 특유의 테크닉을 필요로 하기 때문에 완전히 익히는 데 훨씬 더 오랜 시간이 걸린다. 앞에서도 언급했듯이 권투에서는 뒤로 물러설

때 뒤에 있는 발을 먼저 들어 올리는 것이 매우 중요하다. 만약 자연스러운 방법으로 앞에 있는 발을 먼저 들어 뒤로 물러서다가 맞으면 기절 수준의 KO로 이어질 수 있다. 이런 움직임을 배우는 게 처음에는 부자연스럽지만 수많은 연습을 하고 난 뒤에는 자연스럽게 느껴진다. 만약 당신이 CEO로서 가장 자연스럽게 느껴지는 일을 한다면, 당신도 기절 수준의 KO를 당할 수 있다.

CEO는 이렇게 부자연스럽고 비정상적으로 보이는 움직임을 많이 가져야 한다. 진화론적인 관점에서 보면 사람들이 당신을 좋아하도록 만드는 일을 해야 자연스럽다. 생존할 가능성이 높아지기 때문이다. 하지만 훌륭한 CEO가 되기 위해서는, 그리고 장기적으로 사랑받는 CEO가 되기 위해서는 단기적으로 사람들의 마음을 상하게 하는 일을 많이 해야 한다. 부자연스러워 보이는 일들을 말이다.

CEO로서 수행해야 하는 기본적인 직무조차도 처음에는 이상하게 느껴질 것이다. 가령 친구가 웃긴 얘기를 했는데 그걸 얼마나 웃기게 이야기했는지 평가한다면 꽤 기이한 상황이 연출될 것이다. 만약 이렇게 한다면 말이다. "야, 그게 뭐가 웃기냐. 들어보니 충분히 웃길 수 있는 얘기였는데, 네가 이야기를 전개해나가면서 흥을 다 깼고 펀치라인까지 완전히 망쳐놓았잖아. 집에 가서 연습한 뒤, 내일 다시 내 앞에서 한 번 더 해보는 게 좋겠어."

꽤 이상하게 느껴질 수 있지만 사람들의 수행을 평가하고 끊임없이 피드백을 주는 것이 정확히 CEO가 해야 할 일이다. CEO가 이런 일을 하지 못하면 더 복잡한 행동, 즉 검토서를 쓴다거나, 관리 범위를 축소한다거나, 사내정치를 처리한다거나, 보수를 책정한다거나, 직원을 해고하는 것과 같은 행동은 아예 불가능해지든지 아니면 다소 서툴게 처리될 것이다.

CEO가 제공해야 하는 피드백은 기본적으로 부자연스러운 동작 위에 부자연스러운 경영 기술을 더해 완성해가는 것이다. 그렇다면 이런 부자연스러움을 어떻게 통달해야 할까?

샌드위치 기법

피드백 초보자들에게 인기 있고 때론 효과적이기까지 한 피드백 테크닉 중에 경험 많은 관리자가 샌드위치 기법(Shit Sandwich)이라 부르는 것이 있다. 이 테크닉은 고적적인 경영 교과서 《1분 경영》에 훌륭하게 묘사돼 있다. 기본적인 아이디어는 이렇다. 피드백을 할 때 칭찬(첫 번째 빵 조각)으로 시작해서 마음을 열게 만들고, 그러고 나서 껄끄러운 메시지(shit, 불쾌한 것)를 전한 다음, 그 사람의 강점을 얼마나 가치 있게 생각하는지 상기시켜주는 것(두 번째 빵 조각)으로 마무리한다.

샌드위치 기법은 또한 피드백의 초점을 사람 자체가 아닌 그 사람의 행동 방식에 맞추는 긍정적인 부수 효과를 낳는다. 그 사람을 정말 가치 있게 생각한다고 처음부터 밝히기 때문이다. 이것이 피드백의 핵심 개념이다.

샌드위치 기법은 특히 하급 직원들에게 효과가 있지만 다음과 같은 문제점도 있다.

■ 지나치게 형식적인 경향이 있다. 미리 계획을 세워야 하고 제대

로 전달하기 위해 대본을 준비해야 하기 때문에 피드백을 받는 직원에게는 이 과정이 형식적이고 비판적인 것으로 느껴질 수 있다.

- 이 테크닉을 몇 차례 사용하고 나면, 독창성의 빛이 바랜다. 직원들은 이렇게 생각할 것이다. "뭐야, 또 날 칭찬하고 있잖아. 뒤에 뭐가 나올지 뻔하군."
- 고참 임원들은 말을 꺼내기가 무섭게 샌드위치 기법임을 알아차릴 것이고, 즉시 부정적인 효과가 나타날 것이다.

CEO 경력 초기에 나는 세심하게 공들여 만든 샌드위치 기법을 고참 직원에게 적용하려 했다. 그러자 그가 나를 마치 어린애라도 되는 듯 바라보며 말했다. "칭찬은 관두세요, 벤. 내가 뭘 잘못했는지나 빨리 말씀하세요." 그 순간 나는 내가 분명 CEO감으로 태어나진 않았다는 생각이 들었다.

성공적인 피드백의 비결

피드백의 달인이 되기 위해서는 자신이 샌드위치 기법과 같은 기본적인 테크닉 이상을 구사할 수 있는지 평가해봐야 한다. 그리고 자신의 개성과 가치관에 어울리는 피드백 스타일을 개발해야 한다. 여기 효과적인 피드백의 비결이 있다.

- **진심을 담아라** 당신이 주는 피드백의 진정성을 스스로 믿고, 상

대방의 감정을 조종하기 위한 어떤 말도 하지 않는 것이 중요하다. 가짜로 꾸미는 건 표가 나기 마련이다.

- **올바른 의도를 담아라** 피드백은 상대방의 성공을 위한 것이지 실패를 위한 것이 아니다. 상대방이 정말로 성공하길 원한다면 그가 그렇게 느낄 수 있게 해줘야 한다. 만약 상대방이 당신의 그러한 의도를 느끼고 당신이 자신의 입장을 이해하고 있다고 생각하면 당신의 말에 귀를 기울일 것이다.

- **개인적인 감정을 개입시키지 마라** 만약 누군가를 해고하기로 마음먹었다면 그냥 해고하라. 상대방에게 해고당할 준비를 하게 하지 마라. 피드백은 상대방이 성공할 수 있도록 준비시키는 것이다. 만약 그런 피드백을 받아들이지 않는다면, 그땐 이야기가 달라진다.

- **동료들 앞에서 직원을 웃음거리로 만들지 마라** 어떤 피드백은 여러 명이 모인 자리에서 할 수 있지만, 절대 동료들 앞에서 누군가를 난처하게 만드는 식이 돼서는 안 된다. 당신이 의도치 않았다 할지라도 그 직원은 끔찍한 수치심을 느끼며 당신을 증오하게 될 것이다. 그리고 당신의 피드백은 그 외에 아무런 영향도 발휘하지 못할 것이다.

- **모든 사람에게 맞는 피드백은 없다** 사람은 다 다르다. 피드백에 대단히 민감한 직원이 있는가 하면 좀처럼 둔감한 직원도 있다. 어떤 직원의 경우 피드백의 의미를 이해시키기 힘들 수도 있다. 한편 피드백의 어조는 직원의 성격을 고려해 그것에 맞춰야 한다. 당신의 기분에 맞춰서는 안 된다.

■ **단도직입적으로, 그러나 매정하지 않게 전하라** 알면서 모르는 척하지 마라. 직원의 프레젠테이션이 마음에 안 드는데도 이렇게 말할 필요는 없다. "아주 좋아요. 그런데 결론을 보강하기 위해 한 번 더 살펴볼 필요가 있겠어요." 가혹하게 들릴 수 있지만 이렇게 말하는 것이 훨씬 더 낫다. "나는 잘 모르겠어요. 당신이 말하고자 하는 바가 이해가 안 돼요. 이런 이유에서 말이에요." 물을 탄 피드백은 피드백을 아예 주지 않는 것보다 더 나쁠 수 있다. 기만적이고 혼란스럽게 하기 때문이다. 그렇다고 해서 모질게 대하거나 당신의 우월함을 과시하려 해서는 안 된다. 그렇게 하면 당신이 피드백을 주려고 했던 애초의 목적이 무색해질 것이다. 제대로 된 피드백은 대화지 독백이 아니다.

피드백은 일종의 대화다

당신은 CEO의 위치에서 누군가에게 당신이 좋아하지 않거나 동의하지 않는 것에 대해 말할 수 있다. 그러나 그렇다고 해서 당신 생각이 모두 옳다는 뜻은 아니다. 직원은 자신의 역할에 대해서 당신보다 더 잘 알고 있을 것이다. 직원이 당신보다 더 많은 데이터를 가지고 있을 것이다. 당신이 틀릴 수도 있다.

결과적으로 피드백은 논의의 물꼬를 막는 게 아니라 물꼬를 트는 게 목표가 돼야 한다. 상대방이 당신의 판단에 도전하고 결론에 이르는 요점을 논할 수 있도록 분위기를 이끌어라. 모든 것이 철저히 논의될 수 있는 높은 수준의 기업문화가 바람직하다. CEO는 양질의 의견을 끌어내기 위해 엄청난 압력을 가하면서도 자신의 생각이 잘못됐을 때 그것을 알아낼 수 있을 만큼 충분히 개방적이어야 한다.

고빈도 피드백

일단 피드백의 비결을 마스터했으면 항상 이를 연습해야 한다. CEO 로서 당신은 모든 일에 자기 의견을 가지고 있어야 한다. 예측, 제품 계획, 프레젠테이션, 심지어 논평에 대해서도 의견이 있어야 한다. 당 신이 어떤 생각을 하고 있는지 사람들이 알게 하라. 누군가의 발언이 마음에 들면, 그 사람이 당신의 생각을 알 수 있게 피드백을 전하라. 동의할 수 없는 의견을 들으면, 동의하지 않는다고 피드백을 제공하 라. 당신의 생각을 이야기하라. 당신이 느끼는 바를 표현하라. 이렇게 하면 대단히 중요한 두 가지 긍정적인 효과를 얻을 수 있다.

- **피드백이 더 이상 사사로운 게 아닐 것이다** CEO가 거듭 피드백 을 제공하면 상호작용하는 사람들 모두 피드백에 익숙해질 것이 다. 아무도 이렇게 생각하지 않을 것이다. "뭐야, 대체 저렇게 말 한 저의가 뭘까? 내가 마음에 안 드나?" 모두가 자연스럽게 임의 의 암시적인 수행평가가 아닌 쟁점에 집중하게 될 것이다.
- **나쁜 소식도 편하게 논의하게 될 것이다** '서로'가 잘못하고 있는 일에 대해 편하게 이야기하게 되면, '회사'가 잘못하고 있는 일 에 대해서도 아주 쉽게 이야기할 수 있을 것이다. 고급 기업문화 는 데이터 네트워크 라우팅 프로토콜의 방식을 따른다. 나쁜 소

식은 빨리 퍼지고 좋은 소식은 서서히 전달되는 방식 말이다. 저급 기업문화는 오즈의 마법사에 나오는 사악한 서쪽 마녀의 성격을 띤다. "아무도 감히 나에게 나쁜 소식을 전할 순 없어."

그렇게 CEO가 된다

CEO가 되려면 지금까지 언급한 것 외에도 일련의 광범위한 고급 기술을 습득해야 한다. 고급 단계에 이르러 마치 CEO 자질을 타고난 것처럼 느낄 수 있는 비결이 있다면 그것은 부자연스러움을 통달하는 것이다.

당신이 만약 창업자 겸 CEO이고, 자신의 역할에 해당하는 일을 할 때 어색하거나 무능하게 느껴진다면, 그리고 회사의 직원이 100명이 되고 1,000명이 되면 이런 CEO 역할을 결코 잘 해낼 수 없을 것만 같이 느껴진다면, 이 말이 위안이 될 것이다. 당신만 그렇게 느끼는 게 아니다. 나 또한 정확히 그렇게 느꼈다. 내가 만난 모든 CEO도 마찬가지다. 이것은 과정일 뿐이다. 그렇게 CEO가 되어가는 것이다.

나는 몇 점짜리 CEO인가

회사에서 CEO 위치만큼 중요한 자리는 없다. 그래서인지 CEO의 직무만큼 사람들의 주목을 받는 것도 없다. CEO의 직무가 제대로 정의돼 있지 않아 온갖 종류의 이상한 일까지 죄다 하게 될 수도 있다. 특히 "CEO는 최고의 영업사원이어야 해"와 같은 종류의 말을 하는 사람들에게 귀 기울였다간 말이다.

안타깝게도 CEO 직무 분석의 대부분은 CEO에게 전혀 유익하지 않다. 대개 그런 논의는 CEO의 뒷전에서 이루어지기 때문이다. 그래서 나는 이와 정반대로 논의를 전면에 내세우려 한다. CEO를 평가하는 방법을 기술하는 동시에 내가 생각하는 CEO의 직무에 대해 설명할 것이다. 먼저 이를 위해 던져야 할 주요한 질문이 있다.

- 무엇을 해야 하는지 아는가?
- 자신이 아는 것을 회사가 하게 할 수 있는가?
- 일련의 적절한 목표와 대비해 원하는 결과를 얻었는가?

무엇을 해야 하는지 아는가?

이 질문은 아주 광범위하게 해석될 수 있다. CEO는 언제나 모든 문제에 있어서 무엇을 해야 하는지 알고 있는가? 이는 인사, 재정, 제품전략, 목표의 규모 설정, 마케팅 등과 관련된 모든 문제를 포함한다. 거시적인 수준에서는 이렇게 물을 수 있다. CEO가 회사를 위해 올바른 전략을 세우고 이것이 회사의 모든 세부적인 사항에까지 미칠 영향을 알고 있는가?

나는 CEO가 무엇을 해야 하는지 아는가의 여부를 두 가지 뚜렷이 구별되는 측면에서 평가한다.

- **전략** 훌륭한 회사에서는 '이야기'와 '전략'이 동의어나 다름없다. 결과적으로 모든 전략적인 노력의 적절한 성과물이 '이야기'가 되는 것이다.
- **의사결정** 세부적인 수준에서 '무엇을 해야 하는지 아는 것'의 성과는 'CEO가 내리는 결정의 속도와 질'로 나타난다.

1. 전략과 이야기

CEO는 모든 직원이 그 안에서 일하는 맥락을 설정해야 한다. 맥락은 직원들이 하는 특정 업무에 의미를 제공하고, 관심사를 일치시키며, 의사결정을 가능하게 하고, 동기를 부여한다. 잘 설계된 목표와 목적은 맥락에 기여하지만 전체적인 이야기를 제공하지는 않는다. 무엇보다 목표와 목적은 '이야기'가 아니다. 회사의 이야기는 분기별 목표나 연간 목표를 넘어 '왜'라는 핵심 질문에까지 영향을 미쳐야 한다. 왜 내가 이 회사에 입사했는가? 왜 이 회사에서 일하는 게 신이 나는가? 왜 이 회사 제품을 사야 하는가? 왜 이 회사에 투자해야 하는가? 왜

이 회사로 인해 세상이 더 살기 좋은 곳이 되는가?

회사의 이야기가 명료해질 때 직원, 사업파트너, 고객, 투자자, 언론 등 모두를 위한 맥락이 분명해진다. 회사의 이야기가 부실하면 CEO의 귀에 이런 말이 들려온다.

- 기자들이 뭘 모르고 있어요.
- 이 회사 전략 담당이 대체 누구죠?
- 우리 회사는 기술력은 뛰어나지만 마케팅에 문제가 있어요.

CEO가 비전을 창출해야 하는 것은 아니다. 회사의 이야기를 만들어 내야 하는 것도 아니다. 그러나 비전과 이야기를 지켜나가는 사람이어야 한다. 그렇기 때문에 CEO는 회사의 이야기를 명료하게 그리고 주목해야만 하게 유지해야 한다.

회사의 이야기는 사명 선언이 아니다. 이야기는 간결할 필요가 없다. 이야기니까 필요한 만큼 얼마든지 길게 이야기할 수 있다. 하지만 분명한 내용이 있어야 하고 흥미로워야 한다. 이야기가 없는 회사는 대개 전략이 없는 회사다.

훌륭한 회사 이야기를 듣고 싶은가? 제프 베이조스가 1997년 주주들에게 쓴 3쪽짜리 편지를 읽어보라. 제프는 사명 선언도 아니고 표어도 아닌 장문을 통해 아마존이 어떤 회사인지 이야기하면서 관련된 모든 중요한 사람을 이야기의 맥락 안에서 합심하도록 만들었다.

2. 의사결정

어떤 직원은 제품을 생산하고, 어떤 직원은 판매를 하는가 하면, CEO 는 결정을 내린다. 그러므로 CEO는 얼마나 빨리, 얼마나 양질의 의사 결정을 하느냐를 기준으로 가장 정확하게 평가할 수 있다. 훌륭한 결 정은 뛰어난 지능과 논리, 용기가 통합된 모습을 보여주는 CEO들에 게서 나온다.

이미 언급했듯이 CEO에게 용기는 특히 중요하다. CEO가 내리는 모든 결정이 불완전한 정보를 바탕으로 하기 때문이다. 하버드경영대 학원 사후 사례연구에 따르면, CEO는 대개 존재하는 정보의 10퍼센 트도 안 되는 양을 가지고 결정을 내린다고 한다. 따라서 CEO는 자신 도 올바른 방향인지 알지 못하는 쪽으로 회사를 이끄는 도박을 감행 할 용기가 있어야 한다. CEO에게 가장 힘들고 중요한 결정이 그토록 어려운 이유는 그것이 직원, 투자자, 고객 등 그의 가장 중요한 지지기 반이 결코 반기지 않을 결정이기 때문이다. 사업을 하면서 내가 내린 최고의 결정은 라우드클라우드 사업을 EDS에 매각하고 옵스웨어로 전환한 것이다. 만약 이 결정을 직원이나 투자자, 고객이 참여하는 표 결에 붙였다면 혼란의 와중에서 물거품이 돼버렸을 것이다.

CEO에게는 결정에 필요한 모든 정보를 모을 시간적인 여유가 없 다. CEO는 보통 일주일 동안 크든 작든 수백 건의 결정을 내려야 한 다. 단 하나의 결정을 내리기 위해 그저 다른 모든 일을 멈추고 포괄적 인 데이터를 수집해 철저히 분석할 수는 없는 것이다. 이 사실을 염두 에 두고 회사의 일상 활동을 통해 지속적으로 그리고 체계적으로 지 식을 모아야 한다. 그래야 결정을 내려야 할 순간이 왔을 때 가능한 한 많은 정보를 보유하고 있을 수 있다.

거듭 강조하건대 어떤 결정이라도 내릴 준비가 돼 있기 위해서는, 당신이 내릴 어떤 결정에라도 영향을 미칠 수 있는 모든 것에 관한 지식을 체계적으로 확보해야 한다. 아래 질문에 대한 답이 될 수 있는 지식들 말이다.

- 경쟁자들이 추진할 가능성이 있는 일은 무엇인가?
- 기술적으로 가능한 것은 무엇이며 기간은 얼마나 소요될 것인가?
- 조직의 실제 역량은 어느 정도며 이것을 극대화할 수 있는 방법은 무엇인가?
- 이것은 얼마나 큰 재정적 리스크를 내포하는가?
- 현 제품의 아키텍처를 고려할 때 무엇이 문제가 될 수 있는가?
- 이번 승진이 직원들에게 활력을 불어넣을 것인가, 직원들을 낙담하게 할 것인가?

훌륭한 CEO들은 필요한 정보를 끊임없이 수집하기 위해 특별한 전략을 세운다. 그들은 직원회의에서부터 고객 회의, 일대일 면담에 이르기까지 모든 일상적인 활동에서 정보 탐색을 병행한다. 승리 전략은 CEO가 직원, 고객, 사업파트너, 투자자와 상호작용하며 수집한 포괄적인 지식 위에 세워진다.

자신이 아는 것을 회사가 하게 할 수 있는가?

CEO가 눈부신 비전을 그려내고 신속하게 양질의 결정을 할 수 있다면, 자신의 비전을 회사가 실현하게도 만들 수 있을까? 이것이 가능하려면 앞서 말했듯이 우선 리더십이 필요하다. 더불어 훌륭하게 실행하기 위해서는 광범위한 일련의 운영 기술이 필요하다. 그리고 조직이 클수록 그 기술은 더욱 정교해져야 한다.

회사가 광범위한 일련의 결정과 계획을 실행하게 하려면 다음과 같은 사항이 필수적이다.

- **회사가 실행 능력이 있어야 한다** 다시 말해 회사가 전략 실행에 필요한 인재를 올바른 위치에 갖추고 있어야 한다는 뜻이다.
- **회사가 모든 직원이 업무를 완수할 수 있는 여건을 갖춰야 한다** 직원들은 동기부여가 돼 있어야 하고, 의사소통은 원활해야 하며, 공유하는 정보가 풍부해야 하고, 맥락은 분명해야 한다.

1. CEO는 세계 최고 수준의 경영진을 구축하고 있는가?

CEO는 경영진 구성에는 물론, 모든 직원과 관련된 기본적인 면접과 고용 프로세스에 대해서도 책임이 있다. CEO는 회사가 최고의 인재를 공급받고 있는지, 또 심사 과정이 재능과 기량을 제대로 겸비한 후보자를 걸러내는 데 적합한지 확인해야 한다. 수준 높은 팀을 갖추는 것은 회사 운영의 핵심적인 부분이다. 훌륭한 CEO는 자신이 최고의 팀을 조직하고 있는지 끊임없이 평가한다.

이런 노력의 결과는 경영진의 우수성으로 나타난다. 경영진의 우수성은 회사가 도전에 직면하는 시점에 필요로 하는 특정한 요구와 밀접하게 관련된다는 점에 주목해야 한다. 따라서 경영진의 수준을 계속 높게 유지하며 이탈 문제만 생기지 않게 할 수 있다면 몇 차례 교체해도 무방하다.

2. 직원들이 수월하게 임무에 기여할 수 있는가?

평가의 두 번째 부분은 CEO가 효과적으로 회사를 운영할 수 있는지를 결정한다. 이를 시험하기 위해 나는 이런 질문을 하고 싶다. "각각의 직원이 얼마나 용이하게 업무를 완수할 수 있는가?"

운영이 잘되는 조직에서는 직원들이 사내정치나 관료적인 절차가 아니라 자신의 업무에 집중할 수 있다. 그리고 업무를 완수하면 회사는 물론 자기 자신에게도 좋은 일이 생길 거라고 확신한다. 이와 대조적으로 형편없이 운영되는 조직에서는 직원들이 업무의 범위와 망가진 프로세스를 두고 싸우면서 대부분의 시간을 보낸다.

말은 쉬울지 몰라도 운영이 잘되는 조직을 구축한다는 것은 높은 수준의 기술을 요하는 일이다. 조직 설계에서부터 실적 관리까지 광범위한 부분에 걸쳐 높은 수준의 기술이 필요하다. 여기에는 모든 직원이 의욕적으로 업무를 수행하게 하는 인센티브 구조와 소통 구조를 구축하는 것도 포함된다. CEO가 조직의 규모를 확대하는 데 실패했다면, 대개는 이 부분과 관련이 있다. 실제로 이 부분에서 A를 받는 CEO는 매우 드물다.

넷플릭스(Netflix)의 CEO 리드 헤이스팅스(Reed Hastings)는 직원들이 최대한 효과적으로 일할 수 있는 시스템을 설계하기 위해 대단히 많은 노력을 기울였다. 그는 이 시스템을 발표하며 "우리의 자유롭고 책임감 있는 문화를 위한 지침"이라고 이름 붙였다. 여기에는 넷플릭스가 직원들에게서 높이 평가하는 것과 면접 과정에서 그러한 가치를 가려내는 방법, 이 가치를 강화하는 방법, 그리고 직원 수의 증가에 따라 이 시스템의 규모를 확대하는 방법 등이 담겨 있다.

일련의 적절한 목표와 대비해 원하는 결과를 얻었는가?

목표 대비 성과를 평가할 때는 목표가 적절한지부터 확인해야 한다. 이사회 관리에 뛰어난 CEO는 목표를 인위적으로 낮게 설정해서 '성공'에 이를 수 있다. 이사회 관리에 주의를 기울이지 않는 훌륭한 CEO는 목표를 너무 높게 설정해 '실패'할 수 있다. 특히 회사의 성장 초기에 잘못된 목표를 설정할 가능성이 크다. 아무도 기회의 정확한 규모를 알 수 없기 때문이다. 그러므로 성과를 정확히 측정하기 위한 첫걸음은 목표를 정확히 설정하는 것이다.

　나는 또한 기회의 규모와 성격이 회사에 따라 상당히 다를 수 있음을 잊지 않으려고 한다. 하드웨어 회사가 소비자 인터넷 회사의 행보를 밟길 바란다든지, 옐프(Yelp, 크라우드 소싱을 이용한 지역 기반 소셜네트워크로, 회원들은 특정 지역의 비즈니스, 서비스 명소 등에 대한 추천과 리뷰를 공유할 수 있다－옮긴이)를 트위터처럼 빠르게 성장시키려 한다면 이치에 맞지도 않을뿐더러 상당히 부정적인 결과를 초래할 수 있다. CEO의 능력은 그 회사의 기회와 대비해 평가해야지 다른 회사와 비교해서는 안 된다.

실제로 CEO가 목표에 따른 성과를 이끌어내는 일에 얼마나 큰 책임의식을 느끼는지를 보여주는 재미있는 사례가 있다. 중국의 최대 검색엔진 회사 바이두(Baidu)의 CEO 로빈 리(Robin Li)의 이야기다. 2009년 스탠퍼드대학의 강연 자리에서 로빈은 바이두의 기업공개 당일에 겁에 질린 채 책상에 앉아 있었던 자신을 회상했다. 보통 기업공개 당일은 기업가에게 생애 최고로 신나는 날이라 할 수 있다. 그런데 그는 왜 그랬을까? 로빈이 어떤 일을 겪었는지 직접 들어보자.

2004년 우리는 마지막 라운드의 벤처 자금을 모집했습니다. 이 자금 모집은 드레이퍼피셔저비슨(Draper Fisher Jurvetson)이라는 벤처 캐피털 회사가 이끌었고, 우리의 좋은 파트너라 할 수 있는 구글도 도움을 줬죠. 그러고 나서 1년 뒤인 2005년 기업공개에 들어갔습니다. 이상적인 가격은 최초 공모가인 27달러였죠. 그런데 첫날 122달러로 마감했습니다. 바이두 직원 대부분과 투자자 모두에게는 희소식이 아닐 수 없었죠. 하지만 저에게는 괴롭기 그지없는 소식이었어요. 왜냐하면 회사를 상장하기로 결심했을 때, 저는 단지 27달러의 주가에 맞는 재정적 성과만을 올릴 준비가 돼 있었기 때문이었죠. 뭐 그보다 조금 높은 30달러나 40달러 정도는 감당할 수 있다고 생각했습니다. 주가가 첫날 122달러까지 치솟는 것을 보고 저는 정말 충격에 휩싸였어요. 그것은 제가 예상하던 것보다 엄청나게 더 높은 기대에 부응하는 실제적 성과를 올려야만 한다는 뜻이었으니까요. 하지만 어쨌든 그렇게 하는 수밖에 다른 방법이 없었어요. 그래서 책상에 머리를 묻은 채 사업과 기술, 사용자 경험에만 집중했습니다. 그리고 성과를 냈죠.

이 모든 것을 고려해보면, 목표 대비 성과, 즉 '블랙박스' 성과는 지행 지표(lagging indicator, 경기 동향을 나타내는 각종 경제지표 중에서 전반적인 경기 변동보다 뒤늦게 변화하는 경제지표 – 옮긴이) 성격을 띤다는 것을 알 수 있다. 뮤추얼펀드 투자 설명서에 나온 표현을 가져다 쓰자면 "과거의 실적은 미래의 성과를 보장하지 않는다"라고도 할 수 있다. 따라서 '화이트박스' CEO 평가 기준, 즉 'CEO는 무엇을 해야 하는지 아는가?'와 'CEO는 그것을 회사가 하게 할 수 있는가?'와 같은 평가 기준이 미래를 예측하는 데 훨씬 더 유용하다.

CEO를 평가하는 방법이 복잡 미묘하고 비논리적인 기술일 필요는 없다. CEO를 포함해 모든 사람이 시험 전에 질문을 알면 더 좋은 결과를 내기 마련이다. 내가 제시한 세 질문이 CEO의 역할에 대한 답을 찾는 데 도움이 됐으면 한다.

THE HARD THING

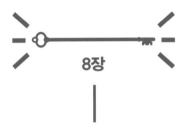

8장

비즈니스 세계,
무규칙이 규칙이다

ABOUT
HARD THINGS

세상에는 두 종류의 기업문화가 있다.
실제 행동으로 무엇을 보여주느냐를 중요하게 여기는 기업문화와
그저 어떤 사람으로 통하느냐 하는 것만을 중요하게 여기는 기업문화.
마땅히 전자를 추구해야 하며, 후자는 퇴보로 가는 지름길이다.

그것 때문에 난 죽지 않아.

더 강해질 뿐.

네가 서둘렀으면 좋겠어.

난 더 이상 기다릴 수 없으니

이제 바로 잡아야 해.

더 이상 나빠질 순 없으니까.

난 밤새 기다렸어.

너와의 시간을 떠올리며.

카니예 웨스트의 〈스트롱거(Stronger)〉

옵스웨어 매각 추진 당시 HP의 최초 입찰가는 주당 14달러였다. BMC 측에서는 14.05달러를 제안했다. 그러자 HP에서 14.25달러를 들고 나왔다. 존 오파렐과 나는 입찰 프로세스를 마무리하기 위한 전략을 세웠다. 잘만 하면 최종 낙찰가가 주당 15달러 또는 그 이상으로 확정될 수도 있을 것 같았다. 우리는 잔뜩 기대에 부풀었다.

그런데 생각지도 못했던 골치 아픈 상황이 터졌다. 구체적으로 말하자면, 우리 회사의 회계감사를 맡고 있던 언스트앤영(Ernst & Young, E&Y)이 이 거래를 거의 망칠 뻔했다.

BMC는 우리에 대한 기업 실사를 진행하던 도중, 고객 세 곳과의 거래에 대해 우리가 그들의 방식과는 다르게 해석했다는 사실을 발견했다. 우리는 그 세 고객과의 거래 계약 모두에 이른바 'CA 조항'을 포함시킨 상태였다. CA 조항은 악명 높은 소프트웨어 회사 컴퓨터 어소시에이츠(Computer Associates, CA)의 이름을 딴 조항으로서 CA의 사업 관행 때문에 생겨난 것이었다.

CA는 교묘한 잔꾀를 부려 사실상 고객들을 속이는 행태를 벌였다. 그들은 고객이 'X'라는 제품에 대해 영구적으로 무료 업그레이드를 받을 수 있는 권리를 명시하며 유지보수 계약을 맺었다. 그런 다음 나중에 제품 'X'의 이름을 'Y'로 바꿔 출시한 후 고객에게 업그레이드 비용을 부과했다. 무료 업그레이드를 받을 수 있다고 믿고 있던 고객은 황당할 수밖에 없었다. 그것은 굉장히 교묘하고 더러운 행태였다. 그러자 이후 똑똑한 고객들이 모든 소프트웨어 업체에게 계약 체결 시 'CA 조항'을 넣자고 요구하기 시작했다. 즉, 기존 소프트웨어 버전의 모든 기능을 포함한 상태에서 새 기능을 추가하고 이름을 변경해 새로운 버전을 출시하는 경우, 해당 소프트웨어 제품과 관련해서도 추가 비용 지불 없이 기존 계약이 적용된다는 조항을 넣기 시작한 것이다.

CA 조항은 두 가지 관점으로 해석할 수 있었다. 즉 그 조항이 원래 생겨난 의도대로 CA의 고약한 관행에 대한 대체 해결책 또는 미래에 소프트웨어의 새로운 기능을 추가 비용 부과 없이 제공하겠다는 약속으로 해석할 수 있다. 전자는 모든 수익을 선불로 인식해야 하고, 후자는 계약 기간 내내 일정한 비율씩 나뉘어 발생하는 것으로 인식하게 된다. 어느 경우든 현금 지불액은 동일하다.

우리는 고객 세 곳과 CA 조항이 포함된 계약을 맺을 때 이렇게 두 가지 해석이 가능하다는 사실을 알고 있었다. 그래서 우리를 담당하는 E&Y 파트너인 데이브 프라이스(Dave Price)에게 그 계약들에 대한 감사를 실시한 후 우리가 그것들을 어떻게 해석해야 옳은지 알려달라고 했다. 데이브는 우리의 의도를 충분히 이해했고 세 계약 모두에 대해 수익을 선불로 인식하라고 권유했다. 반면 E&Y의 BMC 담당 파트너는 그것과 반대로 결론을 내렸고, 그에 따라 BMC에서는 유사한 계약들에 대해 비율제로 해석했다. 이렇게 입장 차이가 존재하자 그 BMC 파트너는 이 문제를 E&Y 본사에 문의했다.

그러자 E&Y 본사 파트너가 내게 연락해서는, 자신은 데이브 프라이스의 감사 의견에 동의하지 않는다면서 우리에게 48시간 내에 수익 가이던스를 재설정해야 한다고 말했다. 나는 내 귀를 의심했다. 수익 가이던스를 재설정하면 주가가 떨어지고 논의 중인 계약 건들도 결렬될 터였다. 해석에 따라 회계가 달라지긴 하겠지만 그로 인해 현금흐름에 실질적인 영향이 생기진 않았고, 우리의 처리는 애초에 E&Y가 내린 판단에 근거하고 있었다. 만일 E&Y가 처음부터 다른 방식으로 해석했다면 우리의 주가가 영향을 받을 일은 아예 없었을 것이다. 수익 가이던스 재설정은 우리가 파멸하는 길이었다. 대체 우리더러 어쩌란 말인가? 나는 마음을 가라앉히고 조심스럽게 답했다.

나	회계 방식은 계약에 참여하는 우리와 고객 양측 모두의 의사를 반영해야 합니다. 그렇지요?
E&Y	네, 그렇습니다.

나	그렇다면 세 고객에게 연락해 그들의 의사를 물어보는 게 어떨까요? 만일 고객의 의사가 데이브 프라이스가 우리의 계약에 반영한 것과 동일하다면, 우리는 현재의 가이던스 그대로 갈 겁니다. 만일 그렇지 않다면 수익을 재설정하겠습니다.
E&Y	그건 좋은 생각이 아닙니다. 세 고객으로 하여금 계약 내용을 수정하게 하셔야 합니다. E&Y에서 상황을 정리하기 위해 제시한 새로운 표현으로 계약서를 수정해야 한다는 얘깁니다.
나	하지만 그들은 모두 대형 은행입니다. 다들 리스크관리 부서를 두고 있어요. 단 시간 내에 계약을 수정하려 하지는 않을 겁니다. 게다가 우리는 16억 달러짜리 거래를 추진 중이라고요. 당신 말대로 하면 우리 거래를 망치게 될 겁니다.
E&Y	그건 우리가 신경 쓸 바가 아닙니다. 아무튼 제 말대로 하셔야 합니다.
나	우리는 8년간이나 당신네 고객이었고, 그동안 수백만 달러를 지불했어요. 당신네 담당자가 애초에 이 판단을 내렸잖습니까. 우리와 고객들이 현재의 해석에 구두로 합의한 마당에 왜 당신이 우리 거래를 망치려는 겁니까?
E&Y	계약을 수정하든지 아니면 수익 가이던스를 재설정하십시오. 48시간 내에.

데이브 프라이스는 당장이라도 울음을 터뜨릴 것 같은 표정을 지었다.

E&Y 본사에서는 법 정신은 안중에도 없었고 오로지 표현에만 신경 썼다. 그들은 회계 관점이나 사업적 관점에서 적절하게 움직이길 거부했다. 순전히 자기들한테 편리한 쪽으로만 움직이겠다는 생각이었다.

우리 회사의 CFO인 데이브 콘트(Dave Conte)는 얼굴이 거의 사색이 됐다. 여기까지 오는 8년 동안 수많은 직원이 땀 흘리며 고생했는데, 자신이 선정한 회계법인 때문에 그 모든 노력이 허사가 될 판이었으니까. 데이브는 E&Y에서 15년간 일하다가 옵스웨어에 합류한 인물이었다. 평소 사교적이고 활발하던 데이브도 지금 이 상황에선 할 말을 잃은 모습이었다. 나는 화가 치밀어올랐지만 내가 무슨 말을 한다 해도 문제해결에는 별 도움이 안 된다는 것을, 데이브가 이미 느끼고 있는 절망감을 배가시킬 뿐이라는 사실을 잘 알았다. 나는 우리 회사의 법무자문위원인 조던 브레슬로(Jordan Breslow)를 찾아가 물었다. "인수 희망 기업들한테 지금 이 상황을 알려야 할까요?" 그의 입에서는 내가 듣고 싶지 않은 대답이 나왔다. "네, 그렇습니다."

우리는 HP와 BMC 측에 상위 사항에 대해 알리고, 24시간 내에 계약 문안을 수정함으로써 문제를 해결할 수 있을 것이라고 설명했다. 두 기업 모두 우리 말을 믿지 않는 분위기였다. 나조차도 그 말을 지킬 수 있을지 확신이 없었다. 어떻게 대형 은행 세 곳 모두에 계약을 24시간 내에 수정하게 만들 수 있단 말인가? HP와 BMC에서는 상황 변화에 대응해 그들의 입장과 입찰 가격을 수정할 계획을 세웠다.

한편 데이브 콘트와 마크 크래니, 그리고 나는 계약이 수정되도록 만들 방안을 궁리했다. 우리는 회의실에 앉아서 우리가 아는 모든 사람 이름을 종이에 적어놓고 이 난국을 타개하기 위해 연락해봐야 할 사람이 누구일지 머리를 쥐어짰다. 나는 이사회 임원 모두에게 전화를 걸어 어느 은행과 주로 거래하는지, 또 해당 은행에 대해 영향력을 갖고 있는지, 영향력을 가진 누군가를 알고 있는지 물었다. 마크는 세일즈 직원들이나 거래처 관계자들과 계속 통화를 했다. 조던과 데이브는 계약서 수정 문구의 열 가지 다른 버전을 구상했다. 우리는 철야로 작업에 매달리며 해결책을 구상했다. 특히 CFO인 데이브는 금방이라도 쓰러질 것처럼 보였다. 결국 오전 11시경에 기적적으로 세 은행의 계약 모두가 수정됐다. 24시간도 지나지 않은 상태였다. 이제 수익 가이던스를 재설정할 필요가 없었다.

상황이 이런 식으로 전개되자 BMC에서는 당혹감을 드러내면서 인수를 위한 입찰 참여를 철회했다. 그들은 문제가 해결됐다는 것을 믿지 못했다. HP는 당혹해하진 않았지만, 거래에 '흠'이 있다는 이유로 인수 제안 가격을 주당 13.75달러로 낮췄다.

그날 저녁 이사회 임원들이 모여 HP의 새로운 제안 가격에 대해 논의했다. 이사회에서는 13.75달러를 받아들여야 한다는 데 만장일치로 뜻이 모아졌다. 하지만 내 의견은 달랐다. 나는 HP가 원래 제안했던 14.25달러에서 5센트라도 내려간 가격은 받아들일 수 없다고 말했다. 빌 캠벨이 전장에서 녹초가 된 장군을 바라보는 듯한 눈빛으로 나를 쳐다봤다. 그때 나는 밤새 한숨도 못 잔 상태였고 그가 옳은지 틀린지 잘 판단이 서지 않았다. 나는 옳은 길을 가기 위해 밤새 기다렸고 더 이상 나빠질 수 없는 상태였다.

나는 다시 한번 기운을 내 내 입장을 다시 확실히 설명했다. "HP에서 14.25달러를 제안했습니다. 그 가격이면 우리 회사 직전 12개월 수익의 16배나 되는 금액입니다. 그들이 그 가격을 제시한 것은 우리가 최고의 회사기 때문입니다. 중요한 시장에 진출하려는 기업 입장에서는 황금 표준과 같은 회사인 겁니다. 그것이 이번 거래의 전제입니다. 우리가 그보다 낮은 가격을 받아들이거나 또는 어떤 방식으로든 우리가 황금 표준이 아니라는 분위기를 풍기면, 이 거래는 물 건너갑니다." 존 오파렐이 고개를 끄덕였다. 이사회도 어쩔 수 없이 내 의견에 동의를 표했다.

나는 HP에 연락해 14.25달러가 아니면 매각은 없던 일로 하겠다고 못 박았다. 사색이 된 데이브 콘트의 낯빛은 아직 돌아오지 않고 있었다. 2시간쯤 흐른 후 그쪽에서 그 가격에 인수 계약을 맺자는 회신이 왔다. 그렇게 우리는 힘겨운 매각 과정에 마침표를 찍을 수 있었다. 소위 파트너라는 회사에서 우리 뒤통수를 치지 않았더라면 1억 달러는 더 받을 수 있었지만, 어쨌거나 거래는 성사됐다. 나는 지금도 E&Y를 혐오한다.

내가 오늘 이 이야기를 들려주는 이유는, 비즈니스 세계에서 누군가를 믿을 수 있다고 생각하는 순간 하늘이 자줏빛으로 변한다는 사실을 일깨워주고 싶어서다. 그런 상황에서는 하늘이 파란색이라고 우겨봐야 아무 소용이 없다. 당신은 그저 당분간은 하늘이 자줏빛으로 보일 거라는 사실과 더불어 살아야 한다.

책임감과 창의성의
패러독스

이런 상황을 가정해보자. 당신 회사의 소프트웨어 엔지니어가 제품 아키텍처에서 앞으로 더 발전된 제품으로 진화하는 데 심각한 걸림돌이 될 문제점을 발견한다. 엔지니어 판단으로는 그 문제점을 해결하려면 제품 출시 일정이 3개월 늦어지는 차질이 빚어진다. 다른 팀원들이 문제해결을 위해 3개월이 지연되는 것은 용인할 수 있는 수준이라고 입을 모은다. 그런데 엔지니어가 막상 작업을 시작한 후 실제로는 9개월이 지연됐다. 하지만 그가 발견한 것은 꼭 해결해야만 했던 정말로 중요한 문제였다. 당신이라면 창의성과 용기를 발휘한 그 엔지니어를 포상하겠는가, 아니면 그에게 일정 차질에 대한 책임을 묻겠는가?

만일 당신이 엄격한 검찰관이 돼 원리원칙대로 그에게 스케줄에 차질을 초래한 것에 대해 책임을 묻는다면, 앞으로 해당 엔지니어뿐 아니라 다른 직원들도 중요한 리스크를 감수하려 들지 않을 것이다. 당신이 계속해서 그런 태도를 유지한다면, 당신 직원들은 징계를 당하지 않으려고 몸을 사리게 될 것이다. 또 책임을 피하려 애쓰느라 중요하고 어려운 문제를 해결할 시간이 없을 것이다.

반면 만일 직원에게 스케줄에 문제를 일으킨 것에 책임을 묻지 않는다면, 업무 일정을 맞추기 위해 노력하는 직원들은 바보가 된 기분을 느낄지도 모른다. 그들은 '사장님이 스케줄을 6개월이나 지연시킨 직원한테 상을 주는데, 내가 뭣 하러 마감일 맞추느라 밤까지 새워가며 일한 거지?' 하는 생각이 든다. 가장 열심히 일하고 생산성도 높은 직원들이 스스로 바보가 된 기분을 느끼게 만든 장본인이 바로 당신이 되는 것이다. 직원의 행동에 대해 책임을 묻지 않는 사장이니까.

이것이 바로 책임감과 창의성의 패러독스다. 이 패러독스를 풀기 위해, 먼저 가장 기본적인 가정부터 점검해보자. 당신은 직원들이 대체로 창의적이고 똑똑하며 업무 의욕이 높다고 가정하는가? 아니면 직원들이 게으르고 잔꾀를 부리며 종일 퇴근시간만 기다린다고 가정하는가? 만일 후자라면, 당신 조직에서 창의성과 혁신이 꽃피길 바라는 기대는 아예 접어야 할 것이다. 당신은 후자보다는 전자의 가정을 믿는 편이, 직원들이 훌륭한 의도를 갖고 있다고 가정하는 편이 낫다. 그럼에도 일 잘하는 직원들이 바보가 된 기분에 휩싸이는 일을 막으려면 때론 사람들에게 책임을 물어야 한다. 당신의 생각은 어떤가?

어떤 상황에서 어떤 식으로 책임을 물어야 하는지 노력, 약속, 결과의 관점에서 살펴보자.

노력에 대한 책임

비교적 묻기 쉬운 책임이다. 최고의 기업이 되려면 응당 최고 수준의 노력이 필요하다. 노력하지 않는 직원은 질책해야 마땅하다.

약속에 대한 책임

훌륭한 조직이라면 "약속을 했으면 지켜라"라는 모토를 중시한다. 당신이 무언가를 하겠다고 공언해놓고 실행하지 않으면 조직 구성원 모두를 실망시키게 된다. 이런 종류의 실망은 전염될 수 있다. 자신이 약속한 것을 지키지 않는 직원에게 책임을 묻는 것은 일을 제대로 완료하게 만들기 위해 대단히 중요하다.

하지만 이것도 그 약속을 이행하는 것이 얼마나 어려우냐에 따라 다소 달라진다. 마케팅 자료 책자를 완성하거나 이메일을 보내겠다는 약속과 근본적으로 어려운 컴퓨터공학 문제점을 해결하면서 엔지니어링 완료 일정을 맞추겠다는 약속은 차원이 다르다. 전자의 약속을 지키지 못한 직원은 질책해야 마땅하지만, 후자의 경우는 좀 더 상황이 복잡하며 결과에 따라 판단해야 한다.

결과에 대한 책임

이 부분에서는 얘기가 다소 복잡해진다. 앞서 언급한 엔지니어의 경우처럼 직원이 스스로 약속한 결과물을 내놓지 못했다면 그에게 책임을 묻고 질책해야 할까? 답은 상황에 따라 달라진다. 다음과 같은 점을 고려해야 한다.

- **직원의 근무 연수** 오래 일한 고참일수록 신입 직원에 비해 결과를 더 정확하게 예측할 수 있어야 한다.

- **업무 난이도** 어떤 일들은 정말로 어렵다. 경쟁사에 비해 제품 질이 떨어지고 분기 중반에 경기침체까지 닥친 상황에서 세일즈 목표치를 달성하기는 어렵다. 자동적이고 효율적으로 직렬 프로그램을 취해 병렬화하는 플랫폼을 구축해서 전체 성능을 올리는 작업은 어렵다. 정확한 예측을 하고 그 예측치를 달성하는 것 역시 어렵다. 결과물을 내놓지 못한 상황을 판단할 때는 반드시 어려움의 정도를 고려해야 한다.

- **리스크의 종류** 당신은 적절한 리스크를 감수한 직원을 징계하고 싶지 않겠지만 모든 리스크가 다 적절한 것은 아니다. 리스크 감수가 없으면 보상도 없는 법이지만, 상응하는 보상을 얻을 가능성이 거의 또는 전혀 없는 리스크는 분명히 존재한다. 위스키 한 병을 마시고 자동차를 운전하는 것은 상당한 리스크를 수반하지만, 이 경우 아무런 사고 없이 집에 도착한다고 해도 별다른 보상은 없다. 만일 직원이 제때 결과물을 내놓지 못했다면 이 점을 살펴보라. 그가 자신의 부주의 때문에 제대로 고려하지 못하고 어리석은 리스크를 감수했는가, 아니면 충분히 감수할 가치가 있는 리스크를 감수했는가?

앞에서 언급한 소프트웨어 엔지니어 얘기로 돌아가보자. 이 경우 다음과 같은 점을 고려해야 한다.

- **근무 연수가 얼마나 됐는가?** 만일 그가 당신 회사의 수석 아키텍트라면 업무 계획을 짜는 데 더 능숙할 필요가 있다. 그렇지 않

으면 그는 조직 전체를 망칠 것이다. 그가 비교적 신참이라면 질책하기보다는 이번 기회에 제대로 가르쳐라.

- **얼마나 어려운 업무였는가?** 그 문제를 해결해낸 것이 기적이라고 불러도 좋을 만큼 어려운 일이었다면 엔지니어를 나무라서는 안 된다. 오히려 그에게 고마워해야 한다. 만일 비교적 사소한 프로젝트인데 그렇게 오래 시간을 끈 것이라면, 적절한 징계가 필요하다.

- **정말 감수할 가치가 있는 리스크였는가?** 문제해결에 돌입한 시기가 적절했는가? 정말 그대로 놔뒀다면 단기 또는 중기적으로 볼 때 해당 제품이 발전된 버전으로 진화할 길이 요원해졌을까? 그렇다는 답이 나온다면 3개월이 걸렸든 9개월이 걸렸든 그것은 올바른 리스크 감수로 판단해야 한다. 그리고 앞으로 유사한 상황에 직면하는 경우에도 당신은 동일한 행동을 취해야 한다. 초조해할 필요가 없는 일이다.

IT업계에서는 CEO가 사내의 모든 측면을 알기가 힘들다. 직원들에게 창의적 리스크를 감수하게 할 것인가, 매우 엄격하게 책임을 물을 것인가. 이것이 그저 그런 성과에 머무는 기업과 탁월한 성과를 내는 기업을 구분 지을 때가 많다. 물론 책임은 중요하지만, 그것이 기업에 중요한 유일한 요소는 아니다.

오래 전에 몹시 까다로운 상황에 직면한 적이 있다. 사내의 두 뛰어난 팀인 고객지원팀과 세일즈 엔지니어링(Sales Engineering, 판매 기술뿐 아니라 상당 수준의 전문적 제품지식과 기술도 보유해 고객에게 기술적 지도까지 할 수 있는 판매 조직 개념 - 옮긴이)팀이 서로 으르렁대며 싸움에 돌입한 것이다.

세일즈 엔지니어들은 고객지원팀이 긴급한 사안인데도 신속하게 대응하지 않고 제품 관련 문제를 제대로 개선하지 않으며 전반적으로 세일즈와 고객만족도 달성에 방해가 된다면서 연일 강하게 불만을 제기했다. 한편 고객지원팀에서는 세일즈 엔지니어들이 무슨 문제만 생기면 무조건 버그라고 들이밀 뿐만 아니라 타당한 해결책을 제안해도 귀를 기울이지 않는다고, 또 기우가 심해서 모든 안건이 다 제일 중요하다며 요란을 떤다고 주장했다.

이런 업무적인 불만사항에서 그치는 게 아니라 두 팀은 서로를 지독히도 싫어했다. 회사가 제대로 돌아가기 위해서는 두 팀이 긴밀하게 손발을 맞춰야 했는데, 이런 상황에서 효과적인 협력은 생각조차 할 수 없었다. 두 팀의 직원과 관리자는 전부 뛰어난 인재라 회사 입장에서는 그중 누구 하나 해고하거나 강등시킬 수가 없었다. 정말이지 답이 안 나오는 상황이었다.

그 무렵 우연찮게 나는 저평가된 배우 바버라 해리스(Barbara Harris)

와 역시 멋진 배우 조디 포스터(Jodie Foster)가 주연한 영화 〈프리키 프라이데이〉를 보게 됐다. 영화 속에서 엄마와 딸은 서로를 이해하지 못하고 눈만 뜨면 티격태격하며 차라리 서로 역할을 바꿔서 살면 좋겠다는 생각까지 한다. 그런데 마법처럼 정말로 그런 일이 일어난다. 어느 날 두 사람의 몸이 뒤바뀌는 것이다.

엄마와 딸은 뒤바뀐 몸으로 살아가면서 서로의 고민을 차츰 이해하기 시작한다. 그 결과 나중에 자신의 원래 몸을 되찾아 정상으로 돌아왔을 때는 둘도 없이 친한 모녀지간이 된다. 영화의 오리지널 버전 그리고 제이미 리 커티스(Jamie Lee Curtis)와 린제이 로한(Lindsay Lohan)이 열연한 리메이크 버전을 둘 다 본 다음, 나는 내가 찾던 해결책을 발견했음을 깨달았다. 회사에 '프리키 프라이데이' 관리 기법을 적용하기로 한 것이다.

이튿날 나는 세일즈 엔지니어링 책임자와 고객지원 책임자를 불러 앞으로 두 사람의 역할을 바꿔서 일하라고 지시했다. 조디 포스터와 바버라 해리스처럼 각자의 정신은 유지하면서 몸은 뒤바뀌었다 치고 서로의 역할을 해보라고 했다. 그것도 영원히. 두 사람은, 뒤바뀐 몸을 깨닫고 비명을 지르던 영화 속 린제이 로한과 제이미 리 커티스 못지않게 충격을 받은 표정이었다.

하지만 일주일이 지난 후, 두 사람은 두 팀의 갈등을 일으키는 핵심 이슈들을 재빨리 간파해냈다. 그리고 다툼을 끝내고 두 팀이 조화롭게 협력하게 만들 일련의 간단한 프로세스를 신속하게 구상해 실행했다. 그날부터 회사를 매각하는 날에 이르기까지, 세일즈 엔지니어링

팀과 고객지원팀은 사내의 그 어떤 부서들보다도 좋은 관계를 유지했다. 이 모두가 〈프리키 프라이데이〉 덕분이었다. 아마도 역대 최고의 경영 훈련 영화가 아닐까.

잭팟의 환상을
현실로 만드는 비결

CEO인 당신은 최고 수준의 팀을 유지하지 않으면 최고 수준의 회사가 될 수 없다는 사실을 누구보다 잘 안다. 그런데 임원이 최고 수준인지 어떻게 알 수 있을까? 영입 당시에 최고급 인재였던 임원이라면 앞으로도 최고 수준을 유지할까? 만일 그렇지 못하다면, 그 임원은 다시 최고 인재가 될 수 있을까?

어려운 질문이 아닐 수 없다. 그리고 이 문제는 인재 영입 과정 때문에 더 복잡해진다. CEO라면 누구나 세계 최고의 인재를 물색하고 확보하기 위해 공격적으로 움직인다. 그리고 최고 인재로 보이는 후보자가 합류를 수락하면 CEO는 잭팟이라도 터뜨린 기분에 휩싸인다. 만일 내가 '업계 최고의 임원'을 영입했다고 주장하는 CEO의 말을 들을 때마다 문신을 하나씩 했다면, 지금쯤 온몸이 문신투성이인 래퍼 릴 웨인(Lil Wayne)이랑 비슷해졌을 것이다.

대개 CEO들은 자신이 데려온 인물이 최고 인재임에 틀림없다는 강한 선입견을 갖고 있다. 그가 실제로 출근해 일해보기도 전에 말이다. 게다가 조직에 합류할 때는 탁월한 인재였던 임원이 시간이 지날수록 수준이 떨어지는 경우도 많다. 스포츠 세계를 떠올려보라. 세계 최고의 운동선수라고 해서 언제까지나 세계 최고 수준에 머물지는 않는다. 오늘의 터렐 오웬스가 내일도 터렐 오웬스일 수는 없다.

기업 임원은 운동선수만큼 빨리 노쇠하지는 않지만, 기업과 시장과 기술은 미식축구 세계보다 1,000배는 빠르게 변화한다. 올해에 직원 100명인 스타트업에서 돋보이는 기량을 보인 임원이 내년에 직원 400명을 거느린 매출 1억 달러의 기업으로 성장한 상황에서는 형편없는 임원이 될 수도 있다.

기준

먼저 이 점을 명심하라. 면접을 높은 점수로 통과했고 평판 조회 결과도 훌륭하다고 해서 그 인물이 회사 합류 이후에도 뛰어난 성과를 낸다는 보장은 없다. 세상에는 두 종류의 기업문화가 있다. 실제 행동으로 무엇을 보여주느냐를 중요하게 여기는 기업문화와 그저 어떤 사람으로 통하느냐 하는 것만을 중요하게 여기는 기업문화. 마땅히 전자를 추구해야 하며, 후자는 퇴보로 가는 지름길이다.

CEO인 당신은 조직 구성원들에게 높은 기준을 적용해야 한다. 그렇다면 그 기준이란 무엇인가? 이에 대해서는 6장에서 설명했는데, 다음의 사항도 함께 기억해두면 좋다.

- **해당 인물을 영입하는 시점에 CEO가 모든 것을 알지는 못하는 상태다** 조금 불편하게 느껴질지 몰라도, 달성해야 하는 목표와 업계에서의 경쟁력 유지를 위해 필요한 것을 더 많이 알아갈수록 성과 기준을 수정하고 높이는 것은 지극히 합당한 일이다.
- **레버리지 효과를 얻어야 한다** 당연히 초반에는 임원을 조직에 통

합하고 적절한 방향을 잡아주는 데 많은 시간이 든다. 그러나 만일 해당 임원을 영입하거나 승진시킨 후에도 당신이 그 전과 마찬가지로 그런 일에 계속 분주하게 신경 써야 한다면, 이는 곧 그 임원이 기준 미달이라는 의미다.

- **CEO가 직원의 능력 개발까지 챙기기는 힘들다** 내가 CEO가 되고 나서 깨달은 안타까운 교훈 하나는, 내가 직속 부하들의 능력 개발까지 챙길 수는 없다는 사실이었다. 내게 보고하는 사람들은 이미 99퍼센트는 업무수행 준비가 된 상태여만 했다. 특정 업무 부서를 이끄는 책임자이거나 중간 관리자일 때와 달리 CEO가 되자 다듬어지지 않은 원석을 직접 가르치고 이끌 시간이 없어졌다. 그 일은 경영자가 맡을 게 아니라 조직 내의 다른 사람이 맡을 수 있고 또 그래야만 한다. 만일 많은 교육이 필요한 사람이라면 그는 기준 미달이다.

기준을 설정할 때는 너무 멀리 내다봐서는 안 된다. 6장에서 설명했듯, 앞으로 2년 후에 어떤 임무를 맡게 될지를 기준으로 임원을 판단하는 것은 불필요한 일이며 좋은 아이디어도 아니다. 그건 그때 가서 생각할 문제다. 지금 있는 자리에서 어떤 성과를 내고 있는가를 토대로 임원을 평가하라.

기대치와 의리

당신에게 일도 잘하고 충성도도 높은 임원이 있다면 그에게 이 모든 것을 어떻게 알려야 할까? 그가 현재 열심히 노력하며 좋은 성과를 내고 있기는 하지만 만약 내년에 업계나 사업 운영상의 변화 속도를 따라오지 못하고 뒤처진다면 해고할 가능성도 배제할 수 없다는 사실을, 그에게 어떻게 말할 것인가?

나는 임원들의 실적을 검토할 때면 이렇게 말하곤 했다. "당신은 현재 그 자리에서 훌륭한 역할을 하고 있습니다. 그런데 지금 우리 계획에 따르면 내년에는 회사 직원 수가 2배로 늘어날 겁니다. 따라서 당신도 지금과는 다른 새로운 임무를 맡게 될 겁니다. 그때는 그 새로운 역할을 얼마나 훌륭하게 완수하느냐를 기준으로 당신을 다시 평가할 겁니다. 이건 저를 포함해 모든 팀원들에게 똑같이 해당되는 얘깁니다."

이때 회사 규모가 2배로 커지면 그가 새로운 임무를 맡게 될 거라는 사실을 확실히 인지시키는 것이 중요하다. 이는 곧 과거에 그에게 훌륭한 성과를 안겨주던 방식이 새로운 자리에서도 반드시 통하리라는 보장은 없음을 의미한다. 임원이 실패하는 지름길은 새로운 역할에 빨리 적응하지 못하고 과거에 하던 방식과 습관을 계속 고수하는 것이다.

그렇다면 회사가 탄탄하게 성장하기까지 함께 땀 흘려온 임원들한테 의리를 지키는 문제는 어떨까? 회사가 10배로 성장하는 데 지금 당신 옆에 있는 임원들이 중요한 역할을 했다고 하자. 그런데 그들이 이제 거대 기업이 된 회사의 운영에 필요한 역량 수준을 제대로 키우지 못하고 뒤처진다면, 당신은 그들을 해고할 수 있을까?

답은 "당신의 의리는 직원들을 향해야 한다"는 것이다. 즉 임원진 밑에서 일하는 직원들, 엔지니어링, 마케팅, 세일즈, 재무, 인사 등을 맡고 있는 직원들 말이다. 당신에게는 그들이 최고 수준의 경영진 밑에서 일하도록 해줄 의무가 있다. 그것이 먼저다.

CEO가 내려야 하는 가장 힘든 결정 가운데 하나는 바로 회사를 팔아
야 하는가다. 이론적으로 볼 때, 회사를 계속 독자적으로 운영하는 것
보다 매각하는 것이 장기적으로 더 현명한 일일지 판단하려면 수많은
요인을 고려해야 한다. 그 요인들은 대개 확실치 않거나 알 수 없는 것
일 때가 많다. 게다가 당신이 회사의 창립자라면, 이런 이성적이고 논
리적인 부분은 오히려 쉬운 축에 속한다. 더 힘든 것은 감정적인 부분
이다.

  감정을 완전히 배제할 수만 있다면 문제는 훨씬 간단해질 것이다.
그러나 회사를 팔아 처분하는 문제에서는 감정이 절대 돌처럼 굳어질
수가 없는 법이다.

인수의 종류

먼저, 기술 회사의 인수는 다음 세 종류로 나눌 수 있다.

- **인재 그리고/또는 기술** 보유한 기술 그리고/또는 직원들만 인수
  되는 경우. 이 유형의 거래는 대개 500만 달러에서 5,000만 달
  러 사이에 이뤄진다.

- **제품** 회사의 사업이 아니라 제품이 인수되는 경우. 인수 기업은 인수 대상 기업의 제품을 거의 그대로 판매할 계획을 세우며 이 때 자사의 세일즈 및 마케팅 역량을 동원한다. 이 유형의 거래는 대개 2,500만 달러에서 2억 5,000만 달러 사이에 이뤄진다.
- **사업** 수익과 순수익을 포함한 실제적인 사업 전체가 인수되는 경우. 인수 기업이 인수 대상 기업의 직원이나 기술, 제품만 사는 것이 아니라 운영 부문 전체를 사들인다. 일반적으로 이런 거래에서는 적어도 부분적으로는 재무지표에 따라 대상 기업의 가치를 평가하며, 거래 금액이 대단히 커질 수 있다. 마이크로소프트는 야후를 인수하려고 300억 달러 이상을 제안한 적이 있다.

지금부터 설명하는 내용은 '사업' 인수에 가장 많이 적용되며 '제품' 인수에도 어느 정도 해당된다. 그러나 '인재 그리고/또는 기술'을 파는 경우에는 거의 해당되지 않는다.

이성적 부분

당신이 회사 매각 여부를 고민하고 있다면, 내가 권하고 싶은 유용한 기본적인 경험칙은 이것이다. 만일 창업 초기이며 상당히 큰 시장에 속해 있고 동시에 그 시장에서 일인자가 될 가능성이 충분히 있다면, 매각하지 말고 독자적 기업으로 남아야 한다. 왜냐하면 당신 회사의 진가에 상응하는 금액을 기꺼이 낼 인수자가 없을 것이기 때문이다.

쉬운 예로 구글을 생각해보라. 구글은 초창기에 10억 달러 이상의 인수 제안을 여러 차례 받은 것으로 알려져 있다. 당시로서는 상당히 큰 금액이었고, 나중에는 제안 가격이 그 몇 배로 뛰기도 했다. 하지만 궁극적인 시장규모를 감안할 때 구글의 매각은 합당하지 않았다. 사실 구글이 그 어떤 기업에 얼마만큼의 금액을 받고 회사를 넘긴다고 해도 합당하지 않은 일이었다. 어째서일까? 구글이 목표로 삼고 있던 시장이 모든 잠재 인수자가 소유한 시장의 합보다 더 컸으며, 구글은 제품 선도력 면에서 누구도 넘볼 수 없는 수준에 이르러 일인자가 될 가능성이 충분했기 때문이다.

구글 사례를 포인트캐스트(Pointcast)의 사례와 비교해보자. 포인트캐스트는 유망한 초창기 인터넷 애플리케이션 중 하나였다. 포인트캐스트는 실리콘밸리와 기술업계 전반에서 뜨겁게 주목받았다. 이 회사는 10억 달러 규모의 인수 제안을 몇 차례 받았으나 모두 무시했다. 그리고 얼마 후 제품 아키텍처의 결함 때문에 고객들이 포인트캐스트 애플리케이션에서 등을 돌리기 시작했다. 말 그대로 하루아침에 포인트캐스트 시장은 무너졌고 다시 회복하지 못했다. 결국 포인트캐스트는 비교적 시시한 금액에 매각되고 말았다.

결국 당신은 이 판단을 내려야 한다. 당신이 목표로 삼는 시장이 지금까지 개척된 것보다 몇 배는 더 큰가? 시장의 일인자가 될 수 있을 것인가? 만일 둘 중 하나라도 '아니다'라는 대답이 나오면 매각을 고려해야 한다. 두 질문 모두에 '그렇다'라고 답할 수 있는데 회사를 매각한다면, 당신 자신과 직원들을 과소평가하는 셈이다.

물론 이 질문에 대답하기는 쉽지 않다. 정확한 판단을 내리기 위해서는 다음 질문도 생각해봐야 한다. "우리가 생각하는 시장은 정확히 무엇이며 어떤 업체들이 경쟁자가 될 것인가?" 구글은 검색엔진 시장에 속했을까, 포털사이트 시장에 속했을까? 지금 와서 생각해보면 구글은 검색엔진 시장에 속했다. 하지만 당시 대부분의 사람들은 구글이 포털사이트 시장에 속한다고 생각했다. 야후는 포털사이트 시장에서 강력한 경쟁자였지만 검색엔진 시장에서는 별로 강력한 주자가 아니었다. 만일 구글이 포털사이트 시장에 속했다면 매각하는 것이 좋았을지도 모른다. 한편 포인트캐스트는 자신의 시장규모를 과대평가했다. 흥미롭게도 포인트캐스트는 자사 제품의 품질이 시장규모의 축소를 초래한 경우였다.

이제, 옵스웨어의 경우를 살펴보자. 나는 왜 옵스웨어를 매각했을까? 그리고 어째서 나는 그 전까지는 옵스웨어를 매각하지 않았을까?

옵스웨어는 서버 자동화 시장을 타깃으로 출발했다. 서버 자동화 회사로서 초반에 몇 차례 인수 제안을 받았을 때 우리 고객은 50곳도 안 됐다. 나는 최소한 1만 곳의 타깃 고객이 존재하므로 우리가 시장의 일인자 자리를 충분히 노려볼 만하다고 생각했다. 또 시장이 재정의될 것이라는 생각은 들었지만, 경쟁자들보다 더 빨리 네트워크 자동화와 데이터센터 자동화 시장에 진출해 성공할 자신이 있었다. 그러므로 인수를 희망하는 기업이 있었다면 우리의 시장점유율을 30퍼센트로 가정하고 당시 우리 회사 가치의 60배가 되는 금액을 지불해야 했을 것이다. 당연히 그만큼의 액수를 내겠다는 사람은 아무도 없었다.

고객이 수백 곳으로 늘어나고 데이터센터 자동화 시장까지 진출한 이후에도 우리는 여전히 일인자였으며, 과거에 인수가로 제안받았던 그 어떤 금액보다 높은 가치를 창출하고 있었다. 그 무렵 옵스웨어와 주요 경쟁사인 블레이드로직 모두 충분히 성장한 기업으로 자리를 잡은 상태였다. 세일즈 인력이 세계 곳곳에서 뛰었고 전문 서비스도 확립돼 있었다. 이는 퍽 중요한 사실이었다. 어떤 대기업이 두 회사 중 한 곳을 인수해 성공적으로 운영할 가능성이 있다는 의미였기 때문이다. 대기업은 일반적으로 소규모 인수에서는 성공하기 힘들다. 중요한 지적재산의 상당 부분이 특유의 세일즈 방법론인데, 대기업은 특화된 방법론을 따로 개발하기가 쉽지 않기 때문이다.

이 시점에서 BMC가 옵스웨어나 블레이드로직 둘 중 한 회사를 인수할 의사가 있음이 분명해졌다. 따라서 우리는 옵스웨어가 시장의 일인자가 될 수 있을 것인가를 타진해보는 과정에서 다음과 같은 판단이 들었다.

- 우리는 데이터센터 자동화 시장이 아니라 시스템 및 네트워크 관리 시장에서 일인자가 돼야 한다. 왜냐하면 워드프로세서 시장과 마찬가지로, 데이터센터 자동화 시장도 더 커다란 시장에 흡수될 것이기 때문이다.
- 우리가 일인자가 되려면 BMC와 블레이드로직을 모두 물리쳐야 한다. 두 회사가 합쳐진다면 각각 별도로 존재하는 경우보다 훨씬 더 상대하기 힘든 적수가 된다.

마지막으로, 가상화라는 근본적인 기술 트렌드 변화 때문에 시장이 변화하고 있었다. 가상화가 부각된다는 것은 곧 시장 전체가 재편돼야 한다는 의미였다. 그래서 우리는 가상화 환경을 위한 최적의 관리 체제를 구축하고자 새로운 연구개발(R&D) 경쟁에 돌입하고 있었다. 따라서 순익 발생 시점이 장기간 미뤄질 수밖에 없었다.

이 모든 요인을 감안할 때 우리로서는 매각 가능성을 고려해보고 M&A 시장의 이해관계를 파악하기 위한 프로세스를 가동하는 것이 합당했다.

모두 11개 기업에서 우리에게 인수 희망 의사를 밝혀왔다. 이는 옵스웨어의 시장 가격이 최고치로 형성돼 있다고 볼 수 있는 신호였다. 다시 말해 잠재 인수자들은 우리의 시장이 매우 중요하다고 확신하며, 우리가 보다 나은 인식을 받고 추가로 확보할 수 있는 프리미엄은 없다는 의미였다. 많은 분석과 숙고 끝에 결국 나는 향후 3~5년 안에는 현재의 최대치만큼 높은 거래 가격에 도달하기는 힘들 거라고 판단했고, 회사를 16억 5,000만 달러에 HP에 매각했다. 나는 지금도 그것이 현명한 결정이었다고 믿는다.

감정적 부분

회사 매각이라는 이슈에 부딪히면 감정이 이쪽저쪽으로 오가면서 쉽사리 갈피를 잡지 못하기 마련이다. 직접 신중하게 인재들을 고르고, 성공한 기업으로 우뚝 서는 멋진 비전을 그들에게 납득시키며 여기까지 왔는데, 어떻게 회사를 팔아버린단 말인가? 그토록 소중히 여겼던 꿈을 어떻게 팔아버린단 말인가?

나와 가족, 그리고 친지들까지 챙길 수 있는 완전한 재정적 독립의 기회를 어떻게 포기한단 말인가? 돈을 벌려고 사업을 시작한 것 아니었던가? 한 사람의 인생에는 얼마만큼의 돈이 필요한가?

내면에서 들려오는 '힘들어도 끝까지 버티라'는 목소리와 '팔아버리라'는 목소리 사이에서 어떻게 타협 지점을 찾을 것인가? 분명 두 목소리는 양립할 수 없다. 하지만 핵심 열쇠는 그 두 목소리를 모두 잠재우는 것이다. 감정을 식히기 위한 조언을 아래에 제시한다.

1. 연봉을 받아라

대부분의 벤처캐피털리스트는 '모든 것을 거는' 사업가를 좋아한다. 즉 가진 모든 것을 회사에 쏟아부어서 만일 회사가 망하면 빈털터리가 되는 사업가 말이다. 또 비슷한 맥락에서, 벤처캐피털리스트는 창립자인 CEO가 매우 낮은 연봉을 받는 것을 선호한다. 일반적으로 볼 때 이것은 좋은 아이디어다. 회사가 기울기 시작하면 그만두려는 유혹이 강해지는 법이므로, CEO가 재정적으로 절박하면 뭐라도 노력을 기울일 수밖에 없기 때문이다.

그러나 제대로 된 회사로 자리 잡기 시작하면 CEO에게 시세와 맞는 연봉을 책정하는 것이 합당하다. 즉 회사가 안정적인 사업체가 돼 매력적인 인수 타깃이 되면, CEO가 적절한 연봉을 받는 것이 옳다. CEO의 개인적인 재정 상황이 회사의 매각 여부 결정에 직접적 영향을 미치게 만들지 않으려면 말이다. 만일 CEO가 '회사를 팔지 않는 게 옳아. 하지만 나는 아내와 아이 둘과 함께 50평짜리 아파트에 살아야 해. 그렇게 못 하면 이혼당할 테니까'라고 생각하면 상황이 복잡해진다.

2. 회사 상황을 투명하게 밝혀라

모든 스타트업 CEO는 직원들한테 "회사를 매각하실 건가요?"라는 질문을 받기 마련이다. 대답하기 몹시 어려운 질문임에 틀림없다. CEO가 가타부타 말이 없으면 직원들은 그것을 회사가 팔릴 것이라는 의미로 해석할 가능성이 높다. CEO가 "적절한 가격에"라고 대답한다면, 직원들은 그 가격이 얼마일지 궁금할 것이고 때로는 직접적으로 물을 수도 있다. 회사 가치가 그 가격 수준에 도달하면 직원들은 회사가 곧 팔릴 것이라고 추측한다.

CEO가 "회사를 파는 일은 없을 거다"라는 뻔한 말로 질문에 대한 답을 회피했는데 얼마 후 매각이 추진되면 직원들은 배신감을 느낄지도 모른다. 더 중요한 것은, CEO 자신이 직원들을 배신하고 있다는 기분을 느끼면 그런 감정이 결정에 영향을 미칠 수 있다는 사실이다.

이런 함정을 피하는 한 가지 방법은 앞에서 설명한 판단 기준을 직원들한테 설명하는 것이다. 즉 회사가 큰 시장에서 제품/시장 적합성을 달성하고 일인자가 될 잠재성이 충분히 있다면 매각 없이 그대로 죽 운영될 것이고, 그렇지 못하면 매각할 가능성이 높다고 설명하는 것이다. 이것은 직원들의 이해관계와 충돌을 야기하지 않으면서 투자자들의 이해관계를 설명하는 좋은 방법이다.

회사를 파느냐 마느냐 하는 것은 절대 쉽게 결정할 수 있는 문제가 아니다. 하지만 CEO 스스로 이론적으로나 감정적으로나 충분히 대비하고 있으면 선택의 기로에서 든든한 나침반이 되어줄 것이다.

THE HARD THING
THING

9장

—

시작의 끝

ABOUT
HARD THINGS

남들과 다른 당신의 기이함, 배경, 직감을 껴안아라.
거기서 열쇠를 찾을 수 없다면 다른 곳에서도 영영 찾을 수 없다.

우리는 같은 길을 걷지만 다른 신발을 신었지.

같은 건물에 살지만 다른 풍경을 바라보지.

드레이크(Drake)의 〈라이트 어보브 잇(Right Above It)〉

옵스웨어 매각 후 나는 1년 동안 HP에서 소프트웨어 사업 부문을 관리했다. 그리고 다음으로 무엇을 해야 할지 깊은 고민에 빠졌다. 또 다른 회사를 창업할까? 다른 누군가가 창업한 회사의 CEO로 일해볼까? 은퇴해야 하나? 전혀 다른 분야의 일을 시도해볼까?

미래를 고민할수록 지금껏 지나온 길을 자꾸 돌이켜보게 됐다. 만약에 내가 빌 캠벨을 만나지 못했다면 어떻게 됐을까? 그 온갖 도전들을 감당해낼 수 있었을까? 회사를 창업하고 꾸려가는 일은 왜 그토록 마술처럼 오묘할까? 다른 사람들도 나와 똑같은 문제들을 겪었을까? 만일 그렇다면 다른 사람들은 왜 책을 쓰지 않았을까? 어째서 스타트업 고문과 벤처캐피털리스트 중에는 창업 경험을 가진 사람이 그렇게 적은 걸까?

나는 장고 끝에 마크 앤드리슨에게 인스턴트 메시지를 보냈다. "우리 함께 벤처캐피털 회사를 만듭시다. 무한책임 투자자(general partner)들의 조건으로 '창업 관련 경험이 있어야 한다'고 명시하고요. 회사를 창업해 운영하는 사람들한테 조언을 제공하려면 그런 경험이 있어야 하니까 말입니다." 뜻밖에도 마크는 이렇게 대답했다. "나도 바로 그런 생각을 하고 있었어요."

경험, 경험, 경험

벤처캐피털 회사 설립에 관해 이런저런 생각을 하다 보니 오래 전에 벤처캐피털 회사 관계자와 만났던 중요한 미팅이 떠올랐다.

때는 1999년, 라우드클라우드를 위한 첫 번째 자금조달을 진행한 직후였다. 공동창업자들과 나는 우리를 지원해줄 새로운 벤처캐피털 회사를 방문했다. 창립 CEO인 나는 우리의 재정적 후원자들을 직접 만나 앞으로 함께 위대한 회사를 만들어나갈 협력 방안을 논의한다는 생각에 상당히 들떠 있었다. 그들과 대화를 나누던 중, 선임 파트너인 데이비드 번(David Beirne)이 나의 동업자들 앞에서 내게 던진 질문 한 마디가 방안 분위기를 급격하게 냉각시켰다. "진짜 CEO는 언제쯤 영입할 생각입니까?"

그 말을 듣는 순간 '헉' 하고 숨이 막히는 기분이었다. 우리의 최대 투자자가 동업자들 앞에서 나를 가짜 CEO로 취급하고 있는 셈이었으니까. 나는 되물었다. "그게 무슨 말씀인지요?" 나는 그가 표현을 바꿔 질문을 다시 해서 내 체면을 세워주길 내심 기대했다. 하지만 그의 대답은 나를 더 민망하게 만들었다. "대규모 조직을 설계해본 경험이 있는 CEO, 뛰어난 임원급 인재들과 인맥이 있고 이미 형성된 확고한 고객층을 확보할 수 있는 CEO, 경영 기술에 해박한 CEO 말입니다."

나는 또다시 숨이 막혔다. 그것은 CEO로서의 내 지위를 무시하는 발언이었다. 하지만 더 비참한 사실은 그의 말이 어느 정도 맞는다는 것을 나도 인정할 수밖에 없다는 것이었다. 나는 고도의 전문경영 기술을 갖추지도 못했고, 그런 영역의 경험이 없었으며, 그가 원하는 종류의 인맥을 갖고 있지도 않았으니까. 나는 창업 CEO였지 전문 CEO가 아니었다.

방 안의 째깍거리는 시계 소리가 내가 회사를 운영할 수 있는 시간이 빠르게 줄어든다고 말하고 있는 것만 같았다. 내가 빠른 시간 내에 능력 있는 CEO의 기술을 익히고 인맥을 쌓을 수 있을까? 그러지 못하면 회사를 망치게 될까? 이런 질문이 수개월 동안 나를 괴롭혔다.

어쨌거나 그 후 수년간 나는 CEO로서 살았다. 모든 이들의 기대에 어긋나지 않는 CEO가 되기 위해 엄청나게 노력했다. 그렇게 기울인 노력과 여러 지인 및 멘토, 특히 빌 캠벨의 도움 덕분에 회사는 시장에서 살아남았고 적지 않은 성공도 거뒀다. 하지만 그날 데이비드 번과 나눈 대화를 하루도 잊은 적이 없었다. 나는 언제쯤이면 높은 수준의 CEO가 될 수 있을지, CEO 역량을 키우고 필요한 인맥을 쌓기 위한 도움을 어디서 얻을 수 있을지 항상 고민했다.

마크와 나는 이런 패러독스에 관해 종종 얘기를 나눴다. 어째서 투자자들은 창업자가 스스로 설립한 회사를 당연히 훌륭하게 운영할 것이라고 믿지 못할까? 창업자는 왜 항상 자신이 경영 능력을 갖췄다는 사실을 투자자들한테 명명백백 입증해야 할까? 이런 대화는 궁극적으로 앤드리슨호로위츠를 설립하는 데 영감을 제공했다.

먼저 마크와 나는 벤처캐피털업계를 면밀히 조사했고, 그 과정에서 우리의 접근법이 지닌 잠재적 문제를 깨달았다. 전통적으로 벤처 투자금에 수반되는 모든 수익은 소수의 몇몇 회사들에 집중돼 있었다. 당시 800개가 넘는 벤처캐피털 회사 중에 불과 약 6개 회사만이 투자자들에게 커다란 수익을 안겨줬다.

우리는 곰곰이 분석해본 결과 그 이유를 알 수 있었다. 즉 최고의 사업가들이 최고의 벤처캐피털 회사들하고만 손을 잡기 때문이었다. 벤처캐피털 회사들은 비즈니스 방식을 비밀스럽게 유지하기로 악명 높았다. 대부분 기업홍보도 거의 하지 않았고 실적도 거의 발표하지 않았다. 투자 수익 실적을 놓고 경쟁이 벌어진 건 당연한 결과였다. 따라서 최고 실적을 가진 회사가 계속해서 최고 실적을 냈으며, 과거 실적이 없는 새로운 회사가 그 틈을 비집고 들어가 일류 대열에 올라서기는 좀처럼 힘들었다. 우리가 최고의 사업가들이 손잡고 싶은 벤처캐피털 회사가 되기 위해서는 뭔가 획기적인 접근법이 필요했다. 하지만 그 방법을 어떻게 찾을 것인가?

사업가들이 벤처캐피털 회사를 판단하고 평가할 때 적용하는 룰 자체를 변화시킬 필요가 있다는 생각이 들었다. 당시는 그런 변화를 꾀할 좋은 시기이기도 했다. 시대가 많이 변했기 때문이었다. 마크와 내가 1990년대 중반에 처음 비즈니스 세계에 뛰어들었을 때는 다른 사업가들을 별로 많이 알지 못했다. 그저 우리 사업에만 몰두했지, 우리가 더 커다란 어떤 흐름이나 공동체의 일부라는 생각은 별로 하지 못했다. 우리는 인터넷 초창기에, 다시 말해 페이스북이나 트위터 같은 소셜 네트워킹 플랫폼이 확립되지 않았던 시절에 사업을 하고 있었다. 창업가 커뮤니티 같은 것이 없던 시절이라 다른 창업가들과 거의 교류가 없었다. 그저 사업 자체에만 죽어라 몰두했다.

하지만 지난 10년 사이에 그 모든 것이 변화했다. 이제 사업가들은 서로 활발하게 교류하고 소통하며 직접 만나 대화도 나눈다. 커뮤니티, 즉 공동체가 조성된 것이다. 그렇다면 만일 우리가 창업가를 위한 보다 나은 제안을 하는 경우, 과거에는 입소문 마케팅을 상상할 수 없었던 이 영역에서도 입소문 마케팅이 힘을 발휘할 것이라는 생각이 들었다.

우리는 더 나은 벤처캐피털 회사가 돼야 했지만, 동시에 기존 업체들과 다른 회사가 돼야 했다. 그 두 마리 토끼를 모두 잡을 접근법을 궁리하던 와중에, 두 가지 핵심적인 아이디어가 방향을 정하는 데 큰 영향을 미쳤다. 첫 번째, 기술 전문가인 창업자는 기술 회사를 운영할 최적의 인물이다. HP, 인텔, 아마존, 애플, 구글, 페이스북 등 탄탄한 생명력을 가진 기술 회사는 대부분 창업자가 운영해왔다. 즉 혁신가가 회사를 운영했다. 두 번째, 기술 전문가인 창업자가 뛰어난 CEO가 되는 법을 습득하기는 굉장히 어려웠다. 내가 바로 그 살아 있는 증거였다. 하지만 대부분의 벤처캐피털 회사는 그런 창업자를 다른 인물로 갈아치우는 것만 선호했지 창업자가 성장하고 발전하게 돕는 데는 관심이 없었다.

마크와 내 생각은 이랬다. 우리가 기술 전문가인 창업자가 회사를 훌륭하게 운영하도록 돕는 데 초점을 맞춘 벤처캐피털 회사를 설립한다면, 그래서 업계에서 차츰 평판을 쌓아 하나의 브랜드로 자리매김한다면, 과거 실적이 없어도 일류 벤처캐피털 회사 대열에 순조롭게 올라설 수 있지 않을까? 우리는 전문 CEO와 비교할 때 창업자 CEO에게 부족한 중요한 두 가지를 다음과 같이 정리했다.

- **기법** 임원진 관리, 조직 설계, 세일즈 부서 운영 등과 관련한 기법은 사업 운영에 매우 중요하지만, 기술업계 창업자에겐 부족한 부분이다.
- **인맥** 전문 CEO는 기업 임원, 잠재 고객이나 파트너, 언론 관계자, 투자자, 그밖에 중요한 사업적 인맥을 많이 알고 있다. 반면 기술 전문가 창업자가 아는 것은 몇몇 뛰어난 엔지니어와 프로그래밍 방법뿐일 때가 많다.

다음으로, 우리는 이런 질문을 던졌다. "창업자 CEO가 이 약점을 극복하도록 벤처캐피털 회사가 어떻게 하면 도울 수 있을까?"

기법 측면의 문제를 해결하는 것은 쉽지 않은 일이었다. CEO가 되는 법을 터득하는 유일한 길은 CEO가 되는 것뿐이기 때문이다. 물론 어떤 기법들은 가르칠 수도 있다. 하지만 강의실 교육으로 CEO 되는 법을 배우는 것은 마치 강의실에서 미식축구 쿼터백이 되는 법을 배우는 것과 매한가지다. 페이튼 매닝(Peyton Manning)이나 톰 브래디(Tom Brady) 같은 미식축구 선수가 말로 가르쳐주는 내용을 아무리 잘 숙지한다 할지라도, 직접 시합을 뛰어본 경험이 없다면 경기장에 나가는 순간 형편없이 패배하고 말 것이다.

우리는 창업자에게 필요한 모든 기법을 가르칠 수는 없더라도 그런 기법을 터득하는 과정을 가속화할 수 있는 조언은 제공할 수 있으리라 생각했다. 그러자면 우리의 무한책임 투자자들이 CEO가 되려는 창업자에게 효과적인 멘토 역할을 해줄 필요가 있었다.

물론 모든 창업자가 CEO가 되길 원하는 것은 아니었다. 어떤 회사에서는 전문 CEO를 영입하는 것이 적절했다. 이런 경우에 우리는 창업자가 CEO로 적임인 인물을 찾도록, 또 그 CEO가 조직에 성공적으로 통합되고 창업자와 효과적으로 협력하면서 창업자 고유의 강점을 유지하도록 돕는 데 주력하기로 했다. 그리고 창업 CEO에게는 멘토가 필요했다. 그 때문에 우리가 선택한 무한책임 투자자 가운데 대다수가 창업자나 CEO로서의 경험, 또는 둘 모두의 경험을 가진 인물인 것이다. 이들은 창업하는 사람이 훌륭한 CEO가 될 수 있게 힘껏 지원한다. 우리는 이런 접근법이 단순하지만 분명 효과를 발휘할 것이라 믿었다.

그다음에는 창업자의 인맥이 체계성과 전문성을 갖추게 만드는 문제를 해결해야 했다. 이 문제와 관련해서는 나의 절친한 지인이자 옵스웨어 이사였던 마이클 오비츠에게서 영감과 방법론을 얻었다. 마이클은 34년 전에 할리우드의 연예기획사인 CAA를 설립한 인물이었다. 마이클이 CAA를 시작했을 때 그것은 사람들이 보기에 이해가 잘 안 되는 일이었다. 연예기획 사업은 보드빌(vaudeville, 1890년대 중반부터 1930년대 초까지 미국에서 유행했던 버라이어티쇼의 일종 – 옮긴이)이 유행하던 시절부터 존재해왔고 그 후 75년간 거의 변한 게 없었다.

마이클은 당시 업계에서 가장 영향력 있는 연예기획사였던 윌리엄모리스에이전시(William Morris Agency)에서 한창 잘나가는 직원이었다. 그런 직장을 그만두고 성공한다는 보장이 전혀 없는 일에 뛰어든다는 것은 누가 봐도 이해가 안 됐다. 그러나 마이클은 나름의 명확한 비전을 품고 있었다. 만일 뛰어난 연예기획사를 만들어 세상의 모든 인재를 끌어모을 수 있다면, 연예기획사들이 보유하던 경제력을 원래 소유자가 돼야 마땅한 연예인에게 돌려줄 수 있으리라고 생각했다.

당시 연예기획사들은 기본적으로 느슨하게 소속된 연예인 에이전트들의 집합체였다. 에이전트는 커다란 하나의 우산 아래에 속해 일하기는 했지만 대개 독자적으로 움직이면서 각 에이전트가 자신의 고객을 위해 자기만의 인맥을 활용했다. 예컨대 A라는 에이전트가 더스틴 호프먼(Dustin Hoffman)이라는 배우를 워너브라더스(Warner Bros.) 책임자에게 소개해주는 경우, 더스틴 호프먼과의 관계와 워너브라더스와의 관계를 모두 전적으로 A가 관리했다. 그리고 같은 회사의 다른 에이전트와 고객들은 더스틴 호프먼이나 워너브라더스와 접촉할 수 없었다. 이러한 모델은 전통적인 벤처캐피털 사업과 상당히 유사했다. 벤처캐피털리스트들도 같은 회사에 속해 일하면서도 각자 자신의 인맥 네트워크와 포트폴리오를 관리했기 때문이다.

마이클이 구상한 획기적인 아이디어는, 통합된 네트워크를 구축함으로써 연예기획사 내의 에이전트 누구라도 자신의 고객을 사내의 다른 에이전트들이 보유한 연예인들과 연결할 수 있게 하는 것이었다. 이런 시스템을 만들면 해당 기획사는 그 어떤 기획사의 최고 에이전트보다 100배는 막강한 힘을 가질 수 있다.

이런 아이디어를 실행하기 위해 마이클과 창업 파트너들은 몇 년간 연봉을 받지 않고 자신들의 수수료 수익을 투자해 이른바 '더 프랜차이즈'(The Franchise)를 구축하기로 했다. 더 프랜차이즈는 출판, 해외 사업, 음악 등 각 분야의 인맥 네트워크와 포트폴리오를 담당하고 관리하는 전문가들로 구성됐다. 마이클의 아이디어는 적중했다. CAA는 설립 15년도 안 돼 할리우드 최고 연예인의 90퍼센트를 보유한 거대 기획사로 성장하면서 게임의 룰을 바꿔놓았다. 즉 연예인들이 계약에서 자신의 권리를 더 확실하게 찾고 경제적 파이의 더 큰 부분을 가져갈 수 있게 해준 것이다.

우리는 CAA의 운영 모델을 거의 그대로 차용하기로 했다. 실제로 앤드리슨호로위츠의 직원들은 예전 CAA의 직원들과 동일한 이름, 즉 '파트너'로 불린다. 마이클 오비츠는 우리의 아이디어가 훌륭하다고 생각했다. 하지만 다른 이들은 그렇지 않았다. 다들 "정신 차려. 여긴 할리우드가 아니라 실리콘밸리라고. 당신들은 사업이란 게 뭔지 도통 모르는군." 하는 식의 회의적인 반응을 보였다. 그럼에도 마이클의 전폭적인 지지와 열정적 지원에 힘입어 우리는 그 아이디어를 밀어붙였다. 그리고 그것을 벤처캐피털 사업에 적용하면서, 다음과 같은 네트워크를 구축하기로 했다.

- **대기업** 모든 신생 회사는 대기업에 무언가를 팔거나 대기업과 협력 관계를 맺어야 한다.
- **임원** 사업이 순조롭게 성장하면 어느 시점에는 임원진을 영입해야 한다.
- **엔지니어** IT 기업에서는 뛰어난 엔지니어가 늘 필요하다.
- **언론 관계자와 애널리스트** 우리 업계에서는 흔히 이런 말을 한다. "보여주고 팔아라, 숨기고 지켜라."

■ **투자자와 인수자** 벤처캐피털리스트에게 자본 확보 루트의 중요
성은 두말하면 잔소리다.

회사 모양새에 대한 구상이 끝나자, 우리가 기존의 벤처캐피털 회사
와 어떻게 다른지 사업가들에게 인식시킬 필요가 있었다. 꽤 쉽지 않
은 문제처럼 보였다. 주요 벤처캐피털 회사들은 대부분 마케팅을 전
혀 하지 않았기 때문이다. 우리는 거기에 분명히 이유가 있을 것이라
추측하고 그 이유를 알아봤다.

마침내 마크가 이런 사실을 발견했다. 1940년대 후반과 1950년대
초반의 초기 벤처캐피털 회사들은 JP모건이나 로스차일드 같은 투자
은행을 모델로 삼았다. 그런데 당시 이들 은행은 아주 특별한 이유 때
문에 기업홍보를 하지 않았다. 은행들이 전쟁에 자금을 댔기 때문에
홍보라는 것이 별로 좋은 아이디어가 아니었던 것이다. 이런 사실을
알게 되었기에, 그리고 기존 대형 주자들의 방식에 대한 대항마가 되
고 싶은 생각도 있었기에, 우리는 요란한 팡파르와 함께 앤드리슨호
로위츠를 출범시키기로 했다.

회사 이름을 정하면서 마주친 가장 큰 문제는 우리가 업계에서 명
함도 못 내밀 무명회사라는 점이었다. 과거 실적도 없고, 포트폴리오
도 없고, 말 그대로 아무것도 없었다. 하지만 사람들은 우리 창업자들
의 이름은 알았다. 특히 마크의 이름이야 말할 것도 없었다. 그래서 내
가 제안했다. "완전히 새로운 이름을 생각해내려고 애쓰지 말고 차라
리 당신이라는 브랜드를 활용하면 어때요?" 마크도 고개를 끄덕였다.

하지만 인터넷 주소창에 'Andreessen Horowitz'를 제대로 입력하

는 사람이 과연 몇이나 될지 의문이었다. 프로그래밍 언어가 국제화를 지원하기 이전 시절의 컴퓨터 프로그래밍에서는, 코드를 '국제화'하는 게 관행이었다. 우리는 이런 국제화 프로세스를 줄임말로 'I18N'이라고 불렀다. 'internationalization'(국제화)라는 단어에서 맨 앞의 I 다음에 알파벳 철자가 18개고 그다음에 N이 온다는 의미였다. 참고로 로컬리제이션(localization)의 줄임말은 'L10N'이다. 여기서 착안해 우리는 회사의 별칭을 'a16z'로 정하고 홈페이지 주소에도 사용하기로 했다. 즉 'Andreessen Horowitz'에서 A 다음에 알파벳이 16개고 마지막이 Z로 끝난다는 의미였다.

우리는 언론의 관심을 끌고 홍보를 진행하기 위해 마케팅 에이전시, 아웃캐스트(Outcast)를 고용했다. 아웃캐스트는 뛰어난 능력의 소유자이자 이 회사의 창업자인 마르깃 벤마커스(Margit Wennmachers)가 이끌고 있었다. 홍보를 하지 않는다는 벤처캐피털업계의 전통적인 방식을 깨트리기로 마음먹은 우리는 앤드리슨호로위츠가 어떤 회사인지 세상에 알려야 했다. 마르깃은 독일 양돈업자의 딸로 태어나 자랐지만 그런 성장 배경을 절대로 상상할 수 없는 타입이었다. 지성미와 세련미가 넘치는 여성으로, 가히 홍보업계의 베이브 루스(Babe Ruth, 미국의 야구선수이자 전설적인 홈런왕 – 옮긴이)라 할 만했다. 그녀는 자신의 인맥을 활용해 2009년 〈포춘〉에 표지 기사를 싣는 데 성공했다. 표지 사진 속에서 마크는 '엉클 샘'(Uncle Sam)처럼 포즈를 취하고 있었다. 앤드리슨호로위츠는 하루아침에 업계에 돌풍을 일으켰다. 하지만 회사의 구성원은 여전히 마크와 나, 단 둘뿐이었다.

라우드클라우드와 옵스웨어를 운영하며 8년을 보내는 동안 고생하며 깨달은 교훈이 많았기에 회사를 이끌어갈 팀을 구성하는 일은 비교적 수월했다. 나는 약점이 없는 사람보다는 강점이 많은 사람을 택하는 것의 중요성도, 그리고 조직문화 적합도의 의미도 잘 알았다. 세상에는 똑똑한 사람이 널리고 널렸지만 똑똑함은 인재를 뽑는 기준의 전부가 아니다. 내게는 내가 원하는 측면에서 뛰어난 능력을 발휘할 수 있는 인재가 필요했다. 자신에게 주어진 일을 진정으로 즐길 수 있는 인재가 필요했다. 그리고 우리 회사가 지향하는 비전을 믿고 따라와 줄 사람들이 필요했다. 실리콘밸리를 창업하려는 이들에게 더욱 좋은 공간으로 만든다는 비전 말이다.

우리가 처음 영입한 인물은 옵스웨어의 재무 책임자였던 스콧 쿠퍼였다. 스콧은 거의 8년 내내 내 곁에서 일한 인물이었다. 그가 그동안 진정으로 즐겁게 일했는지는 잘 모르겠지만, 일 하나는 끝내주게 잘하는 친구였다. 그는 8년간 고객지원 부서를 이끌고 이런저런 기획에 참여하고 기술 현장 운영 업무를 맡았지만 이런 것들은 그가 진짜로 원하는 일이 아니었다. 스콧이 좋아하는 일은 세 가지였다. 뭔가를 주도적으로 운영하고, 전략을 세우고, 거래를 추진하는 것. 이런 일을 맡긴다면 잠자는 것도 마다하며 몰두할 사람이었다. 하지만 옵스웨어에서는 이 셋 중에 두 가지밖에 경험해보지 못했다. 거래를 추진할 기회를 얻지 못하는 것은 그에게 고문이나 마찬가지였다. 그는 우리 속에 갇힌 짐승과도 같았다. 내가 8년 동안이나 그를 우리에 가둔 셈이었다. 그래서 벤처캐피털 회사 설립을 구상하면서 내 머릿속에 가장 먼저 떠오른 생각은 '드디어 쿠퍼를 위한 가장 완벽한 임무를 발견했다'

는 것이었다. 스콧은 우리 회사의 COO가 됐다.

그리고 나머지 팀원들도 하나씩 채워나갔다. 우리는 옵스웨어의 세일즈 책임자였던 마크 크래니를 합류시켜 대기업 네트워크를 운영하는 일을 맡겼다. 과거에 채용 및 인사 책임자였던 섀넌 캘러핸(Shannon Callahan)에게는 엔지니어링 네트워크를 운영하게 했다. 홈런왕 마르 깃 벤마커스는 마케팅 네트워크를 관리하기로 했다. 우리가 아는 최고의 임원급 헤드헌터인 제프 스텀프(Jeff Stump)는 임원급 인재 네트워크를 관리하기로 했다. 그리고 예전에 우리 회사에서 제품관리 책임자로 일했던 프랭크 첸에게는 중앙집중형 리서치 그룹의 관리를 맡겼다.

다행스럽게도 우리가 지향한 벤처캐피털 회사의 비전은 뛰어난 창업가들에게 큰 호응을 얻었다. 별달리 내세울 것도 없는 상태에서 출발했지만 불과 4년 만에 세계에서 손꼽히는 벤처캐피털 회사가 됐다.

온전히 스스로를 껴안으라

너는 다이아몬드 때문에 내 삶이 멋지다고 생각하지.
하지만 내 삶은 평화를 찾기 시작한 뒤부터 계속 멋졌어.
나스의 〈로코 모티브(Loco-Motive)〉

나는 종종 농담 삼아 말한다. 내가 예전에 실제로 CEO였을 때보다 지금 훨씬 더 훌륭한 CEO로 여겨진다고. 요즘 사람들은 나를 경영 구루라고 부르기도 한다. 하지만 옵스웨어를 경영할 당시에 나는 그보다 훨씬 못한 표현으로 불렸다. 아내 펠리샤는 이따금 이렇게 말한다. "그땐 사람들이 당신한테 온갖 표현을 다 갖다 붙였지. '착한 사람'만 빼고."

어떻게 된 일일까? 내가 변한 것일까, 아니면 사람들의 인식이 변한 것일까?

분명히 나는 지난 세월 동안 굉장히 많은 것을 배웠다. 사업 초창기에 내가 했던 행동과 처신을 떠올리면 쥐구멍에 들어가고 싶을 만큼 창피해진다. 하지만 결국 나는 회사를 훌륭하게 운영하는 데 능숙한 경영자가 됐다. 그것을 증명해줄 만한 증거는 많다. 나는 상장기업의 사업 방향을 완전히 변화시켰고, 5년 만에 회사 가치를 2,900만 달러에서 16억 5,000달러로 끌어올렸다. 옵스웨어에 있던 직원들 상당수는 현재 앤드리슨호로위츠나 우리의 포트폴리오 회사 중 한 곳에서 일하고 있다. 그들은 함께 일하는 것의 매력을 알고 있음에 틀림없다. 옵스웨어가 HP에 인수된 일은 해당 부문 최대의 성과였다.

그럼에도 내가 옵스웨어를 무난하게 운영하고 있던 시기에(2003~2007년) 나에 대해 좋게 평가하는 기사나 블로그 포스트, 인터넷 게시판 글은 눈 씻고 찾아봐도 없었다. 당시 언론에서는 우리 회사에 대해 사망 선고나 다름없는 견해를 내보냈고 주주들은 나의 사임을 요구했다. 그렇다, 나는 전혀 훌륭한 CEO로 여겨지지 않고 있었다.

지금 와서 생각해보면 HP에 매각된 일과 그 이후로 내가 썼던 글들 덕분에 사람들의 인식이 변한 것 같다. 일단 CEO라는 이름표를 떼고 나자 나에게는 전에는 경험하지 못했던 자유가 주어졌다. 벤처캐피털리스트인 나는 내가 원하는 것과 생각하는 것을 자유롭게 말할 수 있었다. 남들이 어떻게 생각할지 신경 쓰거나 걱정하지 않고서 말이다. CEO는 그런 호사를 누릴 수가 없다. CEO였을 때 나는 남들이 어떻게 생각하는지 늘 신경 써야 했다. 특히 사람들 앞에서 나약한 모습이나 단점을 드러내서는 안 됐다. 직원들, 임원들, 주주들을 생각한다면 그래서는 안 됐다. 언제나 자신감 넘치는 모습, CEO에겐 그것이 필요했다.

앤드리슨호로위츠를 설립하고 나자 그 모든 걸 내려놓을 수 있었다. 물론 지금도 우리에겐 직원들이 있지만, 상장기업이 아니라서 언론 보도 한마디에 천국과 지옥을 오가는 주주들은 없다. 무엇보다도 앤드리슨호로위츠에서 나는 CEO가 아니다. 우리는 CEO가 있는 회사들에 투자를 하고 있다. 언제나 자신감 넘치는 모습을 보여야 한다는 부담은 그 CEO들의 어깨에 놓인 짐이다. 이제 나는 약한 모습과 두려움과 결점도 편안하게 드러낼 수 있다. 권력 구조상의 특정한 사람들의 심기를 건드리면 어쩌나 하는 걱정을 하지 않고 내 의견을 자유롭게 밝힐 수 있다. 그리고 힘든 부분에 대처하는 법에 대한 실마리를 제공하는 것은 바로 그런 두려움과 쟁점을 일으키는 의견이다. 힘든 일이 힘든 이유는 쉬운 해결책이나 공식이 없기 때문이다. 감정과 이성이 부딪히기 때문이다. 해결책을 모르는 상황에서 도움을 청하려면 약한 모습을 드러내야 하기 때문이다.

처음 CEO가 됐을 때는 나만 악전고투하고 있다고 생각했다. 다른 회사의 CEO들을 만나보면 다들 모든 걸 지혜롭게 통제하고 있는 듯이 보였다. 그들의 사업은 언제나 '기막히게' 잘 풀리고 있었고 그들의 경험은 '놀라운' 수준이었다. 버클리에 있는 공산주의자 집안에서 성장했다는 사실이 성공적인 사업가가 되기에는 부적절한 배경이었나 하는 생각마저 들었다. 그러나 주변 CEO들의 기막히게 놀라운 회사가 파산에 이르고 헐값에 매각되는 것을 지켜보면서, 나는 차츰 나만 악전고투하고 있는 게 아니라는 것을 깨달았다.

또한 나는 깨달았다. 내가 지닌 배경의 특이한 점을 인정하고 기꺼이 받아들이는 것이 그것을 극복하고 원하는 목표를 이루는 열쇠라는 사실을 말이다. 그것은 결국 나에게 사업에 대한 독특한 관점과 접근법을 제공해준다. 나 아닌 다른 어느 누구도 갖지 못할 관점과 접근법 말이다.

나는 미식축구 코치인 치코 멘도사의 강렬하면서도 시적인 스타일에서 아이디어를 얻어 우리 직원들에게 동기를 부여하고 방향을 제시했다. 나는 외면적 페르소나와 피부색을 뛰어넘어 사람들을 이해했기에, 회사가 위기에 직면했을 때 전혀 다른 스타일의 두 직원인 제이슨 로젠탈과 앤서니 라이트가 손발을 맞춰 일하게끔 팀을 꾸릴 수 있었다. 심지어 나는 다분히 자본주의적인 내용의 책에 칼 마르크스의 혜안을 인용하기도 했다. 우리 할아버지 묘비에는 본인이 좋아했던 마르크스의 "삶은 악전고투다"라는 말이 적혀 있다. 내 생각엔 이 말에 기업가정신에 관한 가장 중요한 교훈이 담겨 있는 것 같다. 악전고투를 껴안으라는 교훈 말이다.

나는 우리 회사와 손잡는 사업가들한테도 늘 이 메지시를 전해주려 애쓴다. 남들과 다른 당신의 기이함, 배경, 직감을 껴안아라. 거기서 열쇠를 찾을 수 없다면 다른 곳에서도 영영 찾을 수 없다. 나는 그들이 앞으로 어떤 일을 겪을지에 대해서는 말해줄 수 있지만 그것을 헤쳐 나갈 정확한 방법은 가르쳐줄 수 없다. 나는 그들이 스스로 그 방법을 찾도록 도와줄 뿐이다. 그리고 때때로 그들은 나는 생각지도 못한 곳에서 평화를 발견하기도 한다.

물론, 세상의 모든 조언과 경험자의 깨달음을 길잡이로 삼는다 해도 힘든 문제는 언제나 힘든 법이다. 그러니 마지막으로 이 말만 남기겠다. 꿈을 이루기 위해 악전고투 중인 모든 이들이 조만간 평화를 찾기를!

THE HARD

THING

ABOUT

HARD THINGS

세일즈팀 책임자를 영입할 때 고려할 사항과 던져야 할 질문

세일즈팀을 이끌 만큼 충분히 똑똑한가?

- 현재 몸담고 있거나 직전에 재직한 회사를 효과적으로 홍보할 수 있는가?
- 당신의 회사와 시장기회에 대해 얼마나 잘 설명하는가?
- 당신 회사의 전략적인 방향에 의미 있는 기여를 할 수 있는가?

세일즈 직원을 선발할 줄 아는가?

- 프로필은 어떠한가?
- 최근의 고용 실패 사례에 대해 말해보게 하라.
- 최고의 인재는 어떻게 물색하는가?
- 직원 모집에 업무 시간의 몇 퍼센트를 할애하는가?
- 자신이 직원에게서 원하는 특징을 면접 프로세스에서 어떻게 확인하는가?
- 현재 데리고 일하거나 직전까지 거느렸던 직원 가운데 몇 명이나 그를 따라 직장을 옮기길 원하는가? 당신이 그들에게 그 사실을 확인해도 무방한가?
- 당신이라면 그의 세일즈팀 면접 테스트를 통과할 수 있겠는가?
- 세일즈 매니저를 고용할 줄 아는가?
- 세일즈 매니저의 직무를 정의할 수 있는가?
- 세일즈 매니저에게 필요한 기술을 검증할 수 있는가?

세일즈 프로세스에 대해 체계적이고 포괄적으로 사고하는가?

- 해당 사업의 전문적인 세일즈 프로세스를 이해하고 있는가?

- 벤치마킹, 개념 증명, 실연 판매 등에 대해 이해하고 있는가?
- 세일즈 직원들이 세일즈 프로세스에 능숙해지도록 교육시킬 수 있는 가?
- 세일즈 프로세스를 강화할 수 있는가?
- 세일즈팀이 CRM(customer relationship management, 고객 관계 관리) 도구를 어느 정도까지 사용하길 기대하는가?
- 직전 직장에서 세일즈 프로세스를 운영했는가 아니면 설계했는가? 전략을 짤 수 있는 사람과 따를 수 있는 사람 사이에는 큰 차이가 있다.

___

얼마나 훌륭한 세일즈팀 교육 프로그램을 갖추고 있는가?
- 세일즈 프로세스 교육 대비 제품 관련 교육의 비중은 어느 정도로 두는가? 그 이유를 상세하게 설명할 수 있는가?
- 교육 자료를 갖추고 있는가?
- 세일즈팀 평가 모델은 얼마나 효과적인가?
- 세일즈팀에서 기본 실적 이상을 이끌어낼 수 있는가?
- 거래 중심 세일즈와 관계 기반 세일즈의 차이를, 당신이 뭔가 배울 게 있는 방식으로 설명할 수 있는가?

___

보상 계획 설계와 관련된 자세한 내용을 이해하고 있는가?
- 판매 가속 수단이나 판매촉진 보너스 등을 어떻게 활용하는가?

___

대규모 거래를 성사시키는 법을 아는가?
- 기존의 거래를 더 크게 키운 적이 있는가? 그와 함께 일한 직원들이 그 상황에 대해 설명할 수 있을 것인가? 대규모 거래의 성사를 앞당긴 적이 있는가?
- 그 사실을 확인해줄 고객이 있는가?
- 마케팅에 대해서 이해하고 있는가?

- 브랜드 마케팅과 리드 제너레이션(lead generation, 잠재고객 발굴), 세일즈팀의 재량권 등에 대해 분명히 설명할 수 있는가?

채널을 이해하고 있는가?

- 채널 갈등과 인센티브에 대해서 확실하게 이해하고 있는가?
- 치열하게 경쟁할 수 있는가?
- 시차가 나는 지역의 세일즈 직원은 새벽 5시에 일어나 업무 전화를 하게 하는가, 아니면 정오에나 일어나 여유롭게 점심부터 먹게 하는가?

국제 세일즈를 할 수 있는가?

업계에 대해 속속들이 알고 있고 인적 네트워크가 긴밀한가?

얼마나 신속하게 진단하고 판단하는가?

- 당신 회사의 경쟁사들을 알고 있는가?
- 당신 회사가 현재 추진하고 있는 거래에 대해 알고 있는가?
- 당신 조직의 구조를 파악하고 있는가?

CEO 스스로 생각해봐야 할 경영의 탁월성에 관한 질문

직원 관리

- 직원들을 평가할 때 어떤 점을 가치 있게 보는가?
- 이런 가치를 면접 프로세스에서 어떻게 파악하는가?

- 직원들은 어떻게 교육시키는가?
- 직원을 평가하는 프로세스는 무엇인가?

의사결정

- 의사결정에 필요한 정보를 얻기 위해 어떤 방법을 사용하는가?
- 어떻게 의사결정을 내리는가? 나름의 의사결정 프로세스가 있는가?
- 임직원회의는 어떻게 운영하는가? 의제는 어떻게 설정하는가?
- 행동과 약속은 어떻게 관리하는가?
- 다음의 지식은 어떻게 체계적으로 획득하는가?
    - 조직 관련 지식
    - 고객 관련 지식
    - 시장 관련 지식

핵심적인 관리 프로세스

다음의 프로세스는 어떻게 설계했고 그 이유는 무엇인지 설명해보라.

- 면접
- 실적 관리
- 직원 통합
- 전략 계획

지표 설계

- 조직의 주요 선행지표와 지행지표를 설명해보라.
- 이것들이 적절히 균형을 이루었는가? 예컨대 품질보다는 시간을 더 가치 있게 생각하고 있는 것은 아닌가?
- 부작용의 가능성은 없는가?
- 지표를 설계할 때 사용한 프로세스는 무엇인가?

조직 설계

- 현재의 조직 구조를 설명해보라.
- 조직의 강점과 약점은 무엇인가?
- 강점과 약점의 이유는 무엇인가?
- 그러한 강점과 약점을 선택한 이유는 무엇인가? 강점으로 선택한 부분이 더 중요한 이유는 무엇인가?
- 갈등이 있는 부분은 어디인가? 어떻게 해결할 수 있는가?

대립

- 가장 우수한 임원이 더 많은 권한을 요구하면, 어떻게 처리할 것인가?
- 조직의 승진과 해고 프로세스를 설명해보라.
- 실적은 최고 수준인데 만성적으로 불량한 행동 방식을 보이는 직원을 어떻게 다룰 것인가?

임원 평가

- 체계적으로 사고하는가 아니면 단편적이고 근시안적으로 사고하는가?
- 나라면 해당 임원 밑에서 일하고 싶은가?
- 완전히 정직한가, 신뢰할 수 없는가?
- 즉흥적으로 예리한 질문을 하는가, 준비된 질문만을 하는가?
- 다양한 소통 스타일을 다룰 수 있는가?
- 놀라울 정도로 달변가인가?
- 조직에 대해 제대로 파악하고 있는가?

감사의 말

가장 먼저 25년째 내 곁을 지켜주고 있는 아름다운 아내 펠리샤 호로 위츠에게 고마움을 전하고 싶다. 사실 이 자리에서 아내에게 감사하는 것이 다소 적절치 않다는 느낌이다. 이 책의 집필과 관련해 중심적인 역할을 했기에 오히려 공저자라고 하는 편이 더 타당할 것이다. 아내는 최고의 지원자였다. 나와 이 책에 대한 아내의 믿음은 작업 기간 내내 큰 힘이 됐다. 그녀가 없었다면 이 책은 물론 나라는 존재도 없었을 것이다. 아내는 내 삶의 영원한 동반자이자 내 일생일대의 사랑이다. 내 자신과 내가 가진 모든 것은 모두 그녀 덕분이다. 아내를 향한 이루 헤아릴 수 없는 고마움은 말로 표현할 길이 없다. 펠리샤, 사랑해, 고마워.

내가 겪은 그 모든 힘든 시간을 견딜 수 있게 도와준 수없이 많은 사람과 그 시간이 어떠했는지 정확하게 이야기할 수 있게 도와준 사람들에게 심심한 감사를 표한다. 이 책이 그에 대한 약간의 답례가 되길 바란다.

다음으로 어머니 엘리사 호로위츠에게 감사한다. 어머니는 언제나 내가 원하는 것은 무엇이든 밀고 나가라고 용기를 주셨다. 미식축구에서부터 이 책의 집필에 이르기까지 말이다. 아무도 나를 믿어주지 않을 때 어머니는 나를 믿어주셨고, 이해해주셨다. 고맙습니다, 어머니!

또한 아버지 데이빗 호로위츠에게도 감사를 드린다. 이 책의 집필에 확신을 주셨고 많은 시간을 할애해 원고 편집을 도와주셨다.

내 오랜 비즈니스 파트너 마크 앤드리슨이 없었다면 이 모든 것이 불가능했을 것이다. 그는 나에게서 다른 사람들이 보지 못하는 것을 보고 인정해준 인물이다. 그와 함께한 지난 18년은 정말 놀라운 나날이었다. 마크는 내가 하는 모든 일에 대단한 영감을 줬다. 그는 내가 블로그에 처음 게시한 10여 편의 글을 다듬어줬고 이 책의 편집에도 큰 도움을 줬다. 마크처럼 뛰어난 인물과 일상을 함께할 수 있다는 것은 크나큰 영광이다.

힘든 시기에 살아남을 수 있는 방법에 대해 많은 것을 가르쳐준 소중한 친구 빌 캠벨에게 고마움을 전한다. 그가 경험한 것을 겪은 사람도 거의 없을 뿐더러 아무도 그런 경험에 대해 말하려 하지 않는다. 빌, 당신의 솔직함과 용기에 깊이 감사드립니다.

마이클 오비츠는 이 책의 결말을 다시 쓸 수 있게 도와줬고 그 덕분에 그 부분이 10배나 더 좋아졌다. 이전에도 그는 내가 불가능해 보이는 모험을 전개하는 동안 상상할 수 있는 모든 방법을 동원해 나를 도와줬다. 아무도 사려 하지 않던 옵스웨어의 주식을 사준 것까지 포함해서 말이다. 내 진정한 친구 마이클에게 감사한다.

라우드클라우드와 옵스웨어에서 일한 적이 있는 모든 직원들에게 진심으로 감사의 마음을 전한다. 내가 여러분을 신뢰했던 만큼 여러분도 나를 믿고 따라줬다는 사실이 나에게는 여전히 믿기 힘들 정도로 고마울 따름이다. 우리의 팀원 가운데 이 책의 한 부분이 돼준 제이슨 로젠탈, 마크 크래니, 샤밀라 멀리건, 데이브 콘테, 존 오파렐, 조던 브레슬로우, 스캇 쿠퍼, 테드 크로스만, 앤서니 라이트 등에게 특히 감사를 전한다. 나의 이야기가 사실과 많이 다르지 않기를 바랄 뿐이다. 어떤 일이 있었는지 내가 기억해낼 수 있게 도와준 에릭 비슈리아(Eric Vishria), 에릭 토마스(Eric Thomas), 켄 틴슬리(Ken Tinsley), 피터 소프(Peter Thorp)에게 감사한다. 레이 슈사(Ray Soursa), 필 류(Phil Liu), 폴 잉그램(Paul Ingram)에게도 회사를 구해준 점에 감사한다. 다윈(Darwin)이여 영원하라! 섀넌 캘러핸, 당신에게 감사해요. 당신을 해고했다는 게 아직도 믿기지 않아요. 또한 중요한 것이 무엇인지 잊지 않도록 도와준 데이브 자고다(Dave Jagoda), 정말 고마워요.

라우드클라우드/옵스웨어 공동창업자이자 내 친구인 팀 호웨스에게 감사한다. 우리가 내린 결정이 모두 올바른 것이었는지는 잘 모르겠지만 우리가 나눈 대화로 내가 제정신일 수 있었던 것은 확실해요. 처음부터 끝까지 내 곁에 있어줘서 고마워요.

담당 편집자이자 코치인 칼리 애들러(Carlye Adler)가 없었다면 이 책을 끝내기는커녕 시작하지도 못했을 것이다. 칼리만큼 내가 괜찮은 글을 쓰면 신이 나고 지루한 글을 쓰면 슬퍼한 사람도 없다. 고마워요, 칼리. 당신 덕분에 이 책이 원래보다 훨씬 더 좋아졌어요.

홀리스 하임바우치(Hollis Heimbouch)에게 특별히 감사의 마음을 전한다. 그녀는 페이스북을 통해 나를 찾아냈고, 내가 이 책을 쓰도록 설득했다. 나는 분명 하퍼콜린스(HarperCollins)보다 더 나은 출판사를 찾지 못했을 것이다. 이 책을 담당한 전체 팀에게 감사한다.

빙키 어반(Binky Urban)은 세계 최고의 출판 에이전트이다. 그녀의 고객이 될 수 있었던 것은 대단한 행운이다. 최고 중의 최고와 함께 일할 수 있다는 것은 큰 기쁨이 아닐 수 없다.

내 친구 나시르 존스(Nasir Jones)와 카니예 웨스트에게 감사한다. 그들의 음악은 나에게 많은 영감을 줬고, 표현이 불가능해 보였던 내 감정을 분명히 드러낼 수 있게 도왔다. 또한 팬인 나를 무대 뒤로 불러준 일은 두고두고 고마워할 것이다.

스티브 스타우트(Steve Stoute)는 이 책을 만들어가는 과정 내내 훌륭한 친구가 되어줬다. 나만의 목소리를 찾고 내가 하고 있는 작업이 중요하다는 것을 깨닫게 해줬다.

내 오랜 친구 조엘 클락 주니어(Joel Clark Jr.)에게 감사한다. 그는 43년간 좋은 친구였고, 우리가 어떻게 처음 만났는지 이 책을 통해 이야기할 수 있게 허락했다.

크리스 슈로더(Chris Schroeder)는 원고 수정을 도왔으며 그 과정에서 내가 어마어마한 열정을 유지할 수 있게 격려했다. 이 작업을 하면서 그가 보여준 관심은 실로 놀라울 정도였다. 그가 나보다 더 큰 관심을 가지고 있는 것처럼 보였던 적이 한두 번이 아니었다.

허브 앨런(Herb Allen), 훌륭한 친구가 돼주고 이 책에 당신 이야기를 쓸 수 있게 허락해줘서 감사해요. 당신이 그런 걸 그리 좋아하지 않음을 알기에 더욱 고마워요.

앤드리슨호로위츠의 모든 파트너와 직원들에게 감사한다. 이 책을 쓰면서 내가 보여준 온갖 불평과 나날이 늘어간 비속어를 그들은 모두 참고 견뎠다. 여러분이 아니었으면 아마 해내지 못했을 거예요. 창업 CEO들을 위한 벤처캐피털의 꿈을 실현시켜준 점에 대해 여러분 모두에게 감사해요.

마짓 웬마허스(Margit Wennmachers)에게 특별한 감사를 표한다. 그녀는 내게 뭔가 하고 싶은 얘깃거리가 있다고 여기고 내 말을 들어줄 사람들을 찾아줬다. 이런 훌륭한 사람 가까이에서 일할 수 있는 나는 참 행운아라 하겠다.

그레이스 엘리스(Grace Ellis)는 작업 과정 내내 내 곁을 지키며 상상할 수 있는 모든 기이한 세부사항을 처리했다. 그러면서도 불평 한마디 하지 않았다. 뿐만 아니라 내게 훌륭한 조언을 아낌없이 했고 좋은 친구가 되어줬다.

켄 콜먼(Ken Coleman), 나에게 처음으로 일할 기회를 주셨고, 또 30년 가까이 멋진 멘토가 되어주신 점에 대해 심심한 감사를 드립니다.

나의 처남 카튜 조던 주니어(Cartheu Jordan Jr.)에게 감사한다. 그는 이 책과 내 인생에 중요한 등장인물이다. 재키 로빈슨(Jackie Robinson)에게 브랜치 리키(Branch Rickey)가 있다면 나에게는 그가 있다.

존 와일리와 로레타 와일리는 이 책과 관련해 내가 하는 모든 일에 힘을 실어줬다. 감사합니다.

나의 형제자매 조너선 다니엘(Jonathan Daniel), 앤 리숀(Anne Rishon), 사라 호로위츠(Sarah Horowitz)에게 감사한다. 그들은 성장기를 함께하며 지금의 나를 만들었다. 사라, 언제나 사랑한다.

지금은 고인이 된 위대한 마이크 호머에게 감사한다. 그의 지혜와 지원, 사랑을 잊지 못할 것이다. 멋진 신사이자 친구인 앤디 라흘레프에게 감사한다. 사이 론(Sy Lorne), 내가 곤란한 상황에 휘말리지 않게 해줘서 고마워요. 마이크 볼피(Mike Volpi), 아주 무시무시한 회사에 합류해줘서 고마워요.

마지막으로 부치(Boochie), 레드(Red), 부기(Boogie), 너희들에게 고맙다. 너희들은 아빠가 상상할 수 있는 최고의 아이들이란다.

크레디트

다음의 저작물 사용 허가에 대해 감사드린다.

⟨Gorgeous⟩: words and music by Malik Jones, Gene Clark, Jim McGuinn, Kanye West, Ernest Wilson, Mike Dean, Scott Mescudi, and Corey Woods. Copyright © 2010 Universal Music Corp.; Jabriel Iz Myne, Tickson Music Co.; Sixteen Stars Music, EMI Blackwood Music, Inc.; Please Gimme My Publishing, Inc.; Papa George Music; Chrysalis Music; Let the Story Begin Publishing; Gene Clark Music; Elsie's Baby Boy; Beautiful Sekai Publishing; and Chrysalis One Songs. All rights for Jabriel Iz Myne controlled and administered by Universal Music Corp. All rights for Sixteen Stars Music controlled and administered by Horipro Entertainment Group, Inc. All rights for Please Gimme My Publishing, Inc., and Papa George Music controlled and administered by EMI Blackwood Music, Inc. All rights for Let the Story Begin Publishing controlled and administered by Chrysalis Music Group, Inc., a BMG Chrysalis Company. All rights for Gene Clark Music controlled and administered by Bug Music, Inc., a BMG Chrysalis Company. All rights for Chrysalis One Songs controlled and administered by BMG Rights Management (Ireland), Ltd. All rights for Elsie's Baby Boy controlled and administered by Kobalt Music Publishing America. All rights for Beautiful Sekai Publishing controlled and administered by Shelly Bay Music. All rights reserved. Used by permission. Reprinted by permission of Hal Leonard Corporation, Kobalt Music Publishing America, Shelly Bay Music, and Alfred Music Publishing.

⟨Who We Be⟩: words and music by Earl Simmons and Mickey Davis. Copyright © 2001 Boomer X Publishing, Inc.; Dead Game Publishing; Fifty Four Vill Music, LLC; and Kobalt Music Publishing America. All rights for Boomer X Publishing, Inc., controlled and administered by Universal Music Corp. All rights for Dead Game Publishing controlled and administered by EMI April Music, Inc., and Kobalt Music Publishing America. Fifty Four Vill Music, LLC, controlled and administered by the Royalty Network, Inc. All rights reserved. Used by permission. Reprinted by permission of Hal Leonard Corporation, the Royalty Network, Inc., and Kobalt Music Publishing America.

⟨I Will Survive⟩: words and music by Dino Fekaris and Frederick J. Perren. Copyright © 1978 Universal-PolyGram International Publishing, Inc., and Perren Vibes Music, Inc. All

West, Nashville, TN 37203. All rights for Rufus Music, Ltd, controlled and administered by Sunower Entertainment Co., Inc. All rights reserved. International copyright secured. Used by permission. Reprinted by permission of Hal Leonard Corporation, Sony/ATV Music Publishing, LLC, and Sunower Entertainment Co., Inc.

〈Stronger〉: words and music by Thomas Bangalter, Guy-Manuel De Homem-Christo, Edwin Birdsong, and Kanye West. Copyright © 2007 by Daft Life, Ltd.; Please Gimme My Publishing, Inc., EMI Blackwood Music, Inc.; Edwin Birdsong Music Publishing; WB Music Corp; and Zomba Music Publishing, Ltd. All rights for Daft Life, Ltd., in the United States and Canada administered by Universal Music-Z Songs. All rights for Please Gimme My Publishing, Inc., administered by EMI Blackwood Music, Inc. International copyright secured. All rights reserved. Contains sample of <Harder, Better, Faster, Stronger> by Thomas Bangalter, Guy-Manuel De Homem-Christo, and Edwin Birdsong. Reprinted by permission of Hal Leonard Corporation, Alfred Music Publishing, and Edwin Birdsong Music Publishing.

〈Right Above It〉: words and music by Aubrey Graham, Dwayne Carter, and Daniel Johnson. Copyright © 2010 EMI Blackwood Music, Inc.; Live Write, LLC; Artist Publishing Group West (ASCAP); Warner-Tamerlane Publishing Corp. (BMI); and Young Money Publishing, Inc. (BMI). All rights for Live Write, LLC, controlled and administered by EMI Blackwood Music, Inc. All rights on behalf of Artist Publishing Group West administered by WB Music Corp. All rights on behalf of Itself and Young Money Publishing, Inc., administered by Warner-Tamerlane Publishing Corp. All rights reserved. International copyright secured. Used by permission. Reprinted by permission of Hal Leonard Corporation and Alfred Music Publishing.

경영의 난제를 푸는 최선의 한 수

하드씽

제1판 1쇄 발행 | 2021년 3월 15일
제1판 12쇄 발행 | 2024년 11월 6일

지은이 | 벤 호로위츠
옮긴이 | 안진환
펴낸이 | 김수언
펴낸곳 | 한국경제신문 한경BP

주소 | 서울특별시 중구 청파로 463
기획출판팀 | 02-3604-556, 584
영업마케팅팀 | 02-3604-595, 562   FAX | 02-3604-599
H | http://bp.hankyung.com   E | bp@hankyung.com
F | www.facebook.com/hankyungbp
등록 | 제 2-315(1967. 5. 15)

ISBN 978-89-475-4703-1   03320